社会科学哲学译丛　殷杰　主编

本书受教育部重点研究基地山西大学科学技术哲学研究中心、
山西省"1331 工程"重点学科建设计划资助

实在论的
社会科学哲学

解释和理解

〔美〕彼得·T.马尼卡斯（Peter T. Manicas）◎著
殷　杰　马　健◎译

科学出版社

北　京

图字：01-2017-7082 号

图书在版编目（CIP）数据

实在论的社会科学哲学：解释和理解 /（美）彼得•T. 马尼卡斯（Peter T. Manicas）著；殷杰，马健译 . 北京：科学出版社，2025. 4. --（社会科学哲学译丛 / 殷杰主编）. -- ISBN 978-7-03-081533-0

Ⅰ. C02

中国国家版本馆 CIP 数据核字第 202556HJ96 号

丛书策划：侯俊琳　牛　玲　邹　聪
责任编辑：任俊红　刘巧巧 / 责任校对：贾伟娟
责任印制：师艳茹 / 封面设计：有道文化

科 学 出 版 社 出版
北京东黄城根北街 16 号
邮政编码：100717
http://www.sciencep.com
北京厚诚则铭印刷科技有限公司印刷
科学出版社发行　各地新华书店经销
*
2025 年 4 月第 一 版　开本：720×1000　1/16
2025 年 4 月第一次印刷　印张：14
字数：275 000
定价：108.00 元
（如有印装质量问题，我社负责调换）

总　序

　　社会科学是以社会现象及人的群体行为为研究对象的科学，其所从事的是对人类社会进行理性的、系统的研究；而社会科学哲学则是对社会科学的逻辑、方法和说明模式进行研究的学科，并以社会科学实践的理性重建为基本旨趣。实质上，二者之间呈现出科学与哲学的内在关系。作为人类知识的两种不同形态，自科学脱胎于哲学伊始，其与哲学就不分轩轾，但科学往往以其革命性的动力推动着哲学的发展甚至转向，科学发现为哲学困惑提供了新的出路，同时也使哲学面临着新的问题。

　　一方面，社会科学哲学的发展，从社会科学和自然科学的发展中获得了新的动力，这也是面向科学实践的社会科学哲学发展的基本路径。作为社会科学较为成熟的分支学科，经济学所描述的是，凸显社会状态而非物理状态的人类行为，其方法论被逐步扩展到政治学、社会学、人类学等其他社会科学当中，并且成为社会科学的普遍方法论，比如，理性选择理论依然是当今社会科学哲学所关注的热点之一。自社会学从哲学中分离出来之后，实证方法业已成为社会科学研究的基本方法，由此也开启了社会科学研究的实证主义哲学思潮，当然，实证主义在哲学中的兴盛与当时科学方法论的成功密切相关。时至今日，一系列科学新成果的出现，不断引发社会科学的深刻变化，特别是，人类学与社会学、心理学与认知科学之间的学科交叉发展愈益明显，这更有利于社会科学的"科学性"建设，也有助于社会科学哲学传统问题的实质性求解。比如，用互惠利他理论可以细化囚徒困境的说明，用竞争学习理论来说明跨文化异同，以认知科学中的联结主义来研究社会实践中的"共享"现象，等等。由此，可以看出，社会科学哲学正逐步"参与"到社会科学中来。

另一方面，从本质上讲，作为一种对科学进行的反思性实践活动，社会科学哲学就是要对社会理论的所有内容从根本上进行哲学层面的考察，进而寻找到各种理论性和纲领性的思想。作为哲学学科的分支，社会科学哲学的具体形态必然与一定时期的哲学形态相关联。在当代社会科学哲学中，无论是实证主义到后实证主义的相继出现，还是大陆社会科学哲学与英美社会科学哲学的区分，都与其所在的哲学传统有关。此外，社会科学哲学的历史发展，恰恰是哲学与社会科学互动的历史，也是社会科学不断通过自己的理论和实践表达，阐释和建立自己学科特征的历史。虽然当今社会科学有自觉摆脱哲学形而上瓜葛的倾向，但是社会中价值等规范性现象的合理性，却难以完全依靠经验事实来说明，诸如此类的问题，客观上就要求引入哲学的反思，这就使得社会科学哲学与哲学的发展总是同步进行的。20 世纪相继发生于社会科学哲学中的逻辑转向、语言转向、历史–文化转向和知识转向便印证了这一观念。

综上可见，不能孤立地理解社会科学哲学的发展，因为如果仅按流派来描述其发展理路，则有许多具体的焦点问题得不到应有的关注，这些问题恰恰是哲学与社会科学实践最直接相关、理论最中肯的地方。然而，如果只以具体问题的求解来呈现社会科学哲学现实状况，则有可能在整体语境的缺失下，难以周延问题的全部方面。因此，对于社会科学哲学整体研究的概观性图景的把握，就需要将二者统一起来，点线面结合，同时关注问题的历时性与共时性，这也是社会科学哲学的特殊性对研究者提出的根本要求。

国外社会科学哲学研究可谓方兴未艾。当前的社会科学哲学不能仅仅被视为科学哲学的分支，而是呈现出一种对社会研究实践进行反思的元理论研究。这是一种以社会科学的独立学科建制为基本定位的观点，它把社会科学哲学的研究视为在社会科学本身中进行的事务。可以说，社会科学哲学新的理论定位，直接以具体社会科学的研究对象为目标，不只限于为社会科学提供哲学认识论和方法论意义上的普遍指导，而且更专注于反思社会科学学科当中的社会科学实践，以及寻求具体学科本身的普遍原则和理论。也就是说，社会科学哲学面向科学实践的发展路径正在成为主流。特别是，在当前科学社会学和科学、技术与社会（STS）研究的推动下，社会科学家有组织的社会行为、认知劳动的组织模式、研究者的社会责任、研究共同体的制度化等方面，也正成为社会科学哲学自我反思的重要内容，这也使得社会科学哲学的理论和实践价值得到前所未有的认同。

近 30 年来，国内社会科学哲学研究基本上在各个问题域都有所展开，但是总体上看：一方面，在具体问题研究方面有所深入，在研究范式的形成方面却尚在起步；另一方面，社会科学哲学研究所涵盖的领域并没有形成统一的理解。事实上，这两方面的问题是相互联系的，研究领域的模糊，导致很难形成用以对话交流的明晰问题，于是也就难以形成所谓的范式。这个现状是国际性的，社会科学哲学近一个世纪的发展，其本身特质使研究触角无远弗届。以新康德哲学为代表的大陆社会科学哲学，通过其解释学、系谱学和批判理论传统几乎可横贯整个西方哲学史，特别是，自狄尔泰系统探索用"精神科学"来区分自然科学始，到韦伯时形成了比较成熟的解释主义的社会科学哲学理论。而以语言哲学为代表的英美社会科学哲学，则与分析哲学交织在一起，比如，温奇秉承了维特根斯坦的后期思想，将"语言维度"引入社会科学哲学的研究当中。此外，当前的社会科学哲学又不可避免地与认知哲学、心灵哲学等分支联系在一起。实际上，科学社会学、STS 在一定程度上也被认为是广义社会科学哲学的一部分。更为复杂的是，传统哲学分支中还包括社会哲学、政治哲学、法哲学等，这些哲学分支与相应的具体社会科学哲学关系的界定一直存有分歧。在此，需要特别指出的是，从当前学科建制上来看，社会科学哲学的研究"散落"在外国哲学、科学技术哲学、马克思主义哲学等学科领域当中。虽然这些领域都在研究社会科学哲学，但整体上缺乏一种具有统一性的研究范式，如此一来，各个领域的研究共同体就很难形成相应的学术认同感，由此也导致了学术规范的缺失，使得社会科学哲学也难以作为一门学科持续发展。

　　当然，我们迫切希望社会科学哲学成为一门学科，而不是以一种跨学科的、边缘化的研究状况来呈现，因为它有自己的核心问题，即社会科学的科学地位问题。社会科学哲学学科的建立将有助于其研究范式的形成，而范式的形成更需要学术积累与进步。从近30年国内社会科学哲学发展的状况来看，其积累有一定的成就，但是与研究范式的形成还有距离，至少在与该学科相关的学术资料特别是国外学术资料方面的丰富程度还不够。因此，我们启动"社会科学哲学译丛"的初衷就是，致力于为社会科学哲学研究范式的建立做一些推动性的工作。事实上，只有对国际学术进展有深入细致的了解，并具备广阔的学术视野，才能建立起自己的合理的学术规范乃至学术话语格局，进而做出理论与实践层面的创新。本译丛总体上出于学科建设的需要，遴选代表西方社会科学哲学最新进展的优秀著作，突出学术观点间的异质性，反映一个时期观点间的对话与交锋，重点关注原创性的作品，同时在国内同行已做好的工作基础上，力求呈现社会科学哲学近半个世纪以来的发展图景，为其学科建设做一份厚实的基础性积累。这将是一项艰巨的任务，所以我们把本译丛设计成开放的体系，徐图渐进，以期虑熟谋审，争取力不劳而功倍。

　　本译丛的整体框架由四个部分组成。第一部分的内容以史为主，包括社会科学史、社会科学思想史和社会科学哲学史，如《社会科学的兴起1642—1792》《1945年以来的社会科学史》《社会科学的历史与哲学》。社会科学是社会科学哲学研究的对象，是哲学依赖的事实基础；社会科学发展的规律和本质的研究离不开对历史的审视与重构；社会科学思想史介于科学与哲学之间，是社会科学范式转换发展的呈现；社会科学哲学史是社会科学哲学教学与科研倚重的方面，一门学科的建立首先是其学科历史的建立，有史才有所谓的继承与发展，有史才有创新的基础。第二部分的内容体现为具体社会科学哲学，如《社会科学与复杂性：科学基础》《社会科学的对象》。当今社会科学的发展从深度上讲专业化程度越来越高，从广度上来看交叉发展是不可逆转的趋势，呈现出学科间协作解决问题的态势，学科间的大一统越来越不可能，学科间的整合则时有发生。

因此，对社会科学的哲学批判与反思已不能完全是一种宏大叙事，而需要参与到具体社会科学中来。第三部分的内容聚焦于社会科学哲学专论，主要包括名家名著、专题文集、经典诠释等，旨在呈现某一时期学界关注焦点、学派特色理论、哲学家思想成就等，如《在社会科学中发现哲学》《卡尔·波普尔与社会科学》。第四部分的内容专注于与社会科学哲学相关的教材，如《社会科学哲学：导论》《社会科学哲学：社会思想的哲学基础》。教材建设是学科教学建设的重中之重，成熟教材的译介，为我们编写适合实际情况的教材提供了重要的参照。对此，我们从两个方面来展开：一是社会科学哲学通识课教材；二是其专业课教材。总之，本译丛的规划框架兼顾史论，点线面结合，从科研与教学两方面立意，以期能满足社会科学哲学研究范式建设在著作和教科书方面的需要。

山西大学科学技术哲学研究中心一直以积极的姿态推动中国科学技术哲学的学科建设，以促进中国科学技术哲学的繁荣与发展为己任，在译介西方哲学优秀成果方面形成了优良的学术传统、严谨的学术规范和强烈的学术责任感，曾做过大量而富有成效的工作，并且赢得了国内同行的广泛认可。21世纪初我们陆续推出山西大学"科学技术哲学译丛"，2016年我们组织翻译的大型工具书《爱思唯尔科学哲学手册》9部16册已陆续出版发行。我们将一如既往地秉承传统、恪守规范、谨记责任，以期本译丛能够实质性地推动我国社会科学哲学的教学与科研迈上新的台阶。由于本次翻译工作时间紧迫，翻译和协调难度大，难免在某些方面会不尽如人意，我们诚盼学界同人不吝指教，共同推动这一领域学术研究的进步。

在译丛即将付梓之际，作为丛书的组织者，有许多发自肺腑的感谢之言。首先我谨向各著作的原作者致谢，他们的原创性的成果为我们提供了可珍鉴的资源；其次，感谢科学出版社科学人文分社侯俊琳社长，他的远见卓识和学术担当，保证了本译丛的成功策划和顺利出版，他为此付出了难以言表的辛劳；再次，感谢每一部书的责任编辑，他们专业高效的工作保证了译著能够以更好的质量呈现出来；最后，还要感谢诸位译者，他们克服种种困难，尽最大可能保质保量地顺利完成了翻译工作。总之，我希望我们的工作最终能够得到广大读者的认可，以绵薄之力推动国内社会科学哲学事业的蓬勃发展。

"哲学社会科学是人们认识世界、改造世界的重要工具，是推动历史发展和社会进步的重要力量，其发展水平反映了一个民族的思维能力、精神品格、文明素质，体现了一个国家的综合国力和国际竞争力。"[1]社会科学哲学是哲学，同时是社会科学发展必不可少的思想前提，为社会科学澄清基本概念，以理论模式提供合法化辩护的工具性手段等；社会科学哲学的繁荣必将有力推动社会科学的发展。社会科学哲学译丛的长远意义也正在于此，"安知不如微虫之为珊瑚与蠃蛤之积为巨石也"[2]。谨序。

殷　杰

2017 年 10 月 10 日于山西大学

---

1 习近平. 2017-10-10.（新华网发布）在哲学社会科学工作座谈会上的讲话（全文）. http://news. xinhuanet.com/politics/2016-05/18/c_1118891128.htm.

2 蠃，通"螺"。出自：章太炎. 1981. 译书公会叙//朱维铮，姜义华，等编注. 章太炎选集. 上海：上海人民出版社：36.

致 谢

　　本书中的想法已经酝酿一段时间了。在这期间，我得到了很多人的帮助。我在社会科学方面所受的教育也许是从我在纽约州立大学布法罗分校的博士生导师马文·法伯（Marvin Farber）那里开始的，他和比尔·帕里（Bill Parry）共同引导了我在本书中展开的研究路径。法伯还允许我在哲学系撰写学位论文，这在大多数大学是不可能的。当我在纽约市立大学皇后学院担任当代文明课程负责人时，我在历史和社会科学领域的教学能力得到了提升，这是一门所有学生必修的真正跨学科课程。尽管法伯和帕里使我确信，理解社会科学是至关重要的——我们不仅研读了许茨（Schütz）的作品，还阅读了约翰·杜威（John Dewey）的《逻辑学》，以及科学哲学中的经典著作——但罗姆·哈瑞（Rom Harré）和保罗·西科德（Paul Secord）合著的重要著作《社会行为的解释》（1973 年，虽然我认为书名有误）对我破除潜意识里残留的逻辑经验主义起到了关键作用。虽然保罗和我在纽约市立大学皇后学院当教师时，我们共同进行班组教学，但我清楚地记得，我当时未能理解他们著作中的主要观点与我从纽约州立大学布法罗分校所学知识之间的联系。其中一些观点在纽约市立大学皇后学院每周一的午餐组会上得到了讨论，那是一个引人瞩目的社会科学家（人数太多，无法在此一一列出）的聚会，大家定期聚会，共进午餐，听论文演讲并展开精彩的讨论。我也定期与这个群体中的许多成员共同从事本科生社会科学荣誉课程班组教学——一种如今已经不怎么被容许的效率低下的奢侈品。那个流动小组的成员们，我仅列举几个名字：蒂托·杰拉西（Tito Gerassi）、雷·富兰克林（Ray Franklin）、卡尔·里斯金（Carl Riskin）、迈克·哈林顿（Mike Harrington）、比尔·塔布（Bill Tabb）、保罗·艾弗瑞奇（Paul Avrich）、迈克尔·沃瑞兹（Mike Wreszin）、索尔·雷斯尼克（Saul Resnick）、迈克·布朗（Mike Brown）、伯顿·兹韦巴赫（Burton Zweibach）和莱尼·马科维茨（Lenny Markowitz）——我们之间激烈的辩论是难得的学习经历，尽管我们的激情有时会吓坏本科生。由哈瑞和西科德创办的《社会行为理论杂志》，在过去的 20 年里由风格独特和见解深刻的查尔斯·史密斯（Charles Smith）担任编辑。这本期刊不仅给我提供了检验这些想法的机会，还让我初次接触到了罗伊·巴斯卡尔（Roy Bhaskar）的学术成果。在我的《社会科学的历史和哲学》中，巴斯卡尔与哈瑞的思想占据了重要地位，这是我首次尝试系统地指出我们对社会科学理解中的问题。

　　我曾有幸在夏威夷大学马诺阿分校担任两个职务。在从纽约市立大学皇后学院提前退休之后，我成为夏威夷大学马诺阿分校社会学系成员和跨学科研究主任。在那个令人愉快的部门里，我的两位长期共事的同事——贾什莉·奥丁（Jaishree Odin）和伊曼纽尔·德雷克塞尔（Emanuel Drechsel），他们都是很有影响力的跨学科的思想家，他们对我来说一直都是知识和动力的不竭源泉。在那之前，我曾断断续续地从教于政治学系，我在那里亏欠了更多的人情，尤其是亏欠我的好朋友曼弗雷德·汉宁森（Manfred Henningsen）。每个角色都让我感到兴奋。它们无疑使我延续了自己的跨学科研究的兴趣。我在"社会学 100"的课程部分旨在扩大导引性的社会科学的概念。虽然每个人都会谈到培养"社会学的想象力"，但是很难理解人们是如何依靠糟糕的标准学科教科书和多项选择题考试来做到这一点的。我向研究生和本科生教授一系列社会学理论中的必修课程，迫使自己重新思考那些曾经对我而言看似明晰的观念。我还要感谢我在社会学系的亲密同事和朋友——赫布·巴林杰（Herb Barringer）。

　　虽然我的诸多感激之情还未表达出来，但我必须提及那些曾经阅读过本书并提出建议的人们。除了已经提到的人之外，这些人还包括萨姆·普利（Sam Pooley）、格雷戈里·马斯卡里内克（Gregory Maskarinec）和曼弗雷德·斯蒂格（Manfred Steger）。

目　录

导　论

　　本书从一种仍处于边缘化的、实在论的视角，重新评估了社会科学中的解释问题。因为解释问题是社会科学探究的核心，本书也提供了一种系统的社会科学哲学。它从下述观点开始，即与普遍流传的观点相反，自然科学和社会科学中理论的根本目的不是预测和控制，或对事件（包括"行为"）的解释。相反，确切地说，理论（至少在其一个明确的意义上）旨在提供对共同产生经验的偶然结果的过程的理解。当我们有一种提供因果机制的物理理论时，我们就能理解为什么行星沿椭圆轨道运动，为什么物质燃烧，以及为什么盐会在水中溶解（如果它确实发生）。通过描述分子的性质、盐和水的分子结构、它们的作用原理等原则，我们可以理解燃烧和溶解——以及其他化学过程。事实上，尽管物理学家的理论工作往往始于理解模式的努力，但是他们并不感兴趣，通常也无法提供对特定事件的"解释"或"预测"。例如，一块巨石从山上滚下来时碎裂的轨迹，在物理原理方面能完全理解，但无论是轨迹还是碎片的最终位置都无法解释或预测。但对结果的充分理解是很容易获得的。上述情况似乎既不令人惊讶，也不新奇。但是，由于历史原因，无论是在社会科学中还是在当前许多社会科学实践中，占主导地位的假设违背了这种常识性的观点。

　　不可否认的是，要理解诸如分解、氧化、溶解、受精和死亡等自然过程，就必须理解其中起作用的因果机制——物理的、化学的和生物的，有些机制可以直接通过经验观察到，有些则不能。没有人能看到一个光子，但它们是物理学理论中假定的重要的不可观察量，这些理论使我们能够理解一系列现象。

　　因此，这个论点加入了"实在论者"对经验主义理论概念和休谟式（Humean）因果性概念的批判。一旦这种论点确立，就很容易理解为什么长期以来，对于占主导地位的理论观点和仍然占统治地位的覆盖律解释模型的反对是致命的。

　　但是，通过发展行动者（agents）作为原因以及社会机制作为行动者生成的因果机制的观念，本书以一种新颖的方式将论证延伸到社会科学领域。在这里，我们加入了关于所谓的"方法论个体主义"和诠释学关键作用的旧争论，以及由安东尼·吉登斯（Anthony Giddens）、巴斯卡尔、皮埃尔·布尔迪厄（Pierre Bourdieu）等挑起的社会科学哲学中关于社会本体论的最新争论。因此，"社会结构"的本体论地位得到了澄清和解决。在社会科学中，当我们像在物理科学中一样拥有一种因果机制时，我们就实现了理解，但与物理科学不同的是，有思想的人在使用手头材料工作时将生成社会因果机制。

由于这些主题是相互关联的，本书引入了一种社会科学的哲学或元理论。由于不加批判地受到科学哲学中早已过时的教条的影响，本书认为在哲学家和社会科学家中，仍然存在一套关于社会科学的任务和限制的广泛误解。我们需要理解，自然科学研究和社会科学研究之间存在着重要的区别，但我们首先需要更广泛地了解科学的本质和目标。本书的目的就是通过利用和整合科学哲学的最新发展来做到这一点。

论证结构如下：第一章"解释与理解"始于对所谓"演绎-律则"（D-N）模型或覆盖律解释模型的仔细考察。值得注意的是，尽管关于这种模型的批判性文献是长期存在的，并且许多哲学和社会科学学者都拒斥经验主义（实证主义）科学理论的*认识论*，但是这些学者中有许多未能找到可利用的 D-N 解释模型的强有力替代。一旦发现理解是科学的首要目标，科学的经验主义哲学的整座大厦就崩塌了——从它在形而上学上不合理的事件本体论，包括它关于因果性的反经验的恒常联结概念，一直到它的理论概念。因此，我们表明理解需要诉诸被恰当地设想为生产能力的因果机制。本章提供了这些观点的例证和论证。

第二章"理论、实验和拉普拉斯的形而上学"反对有时被称为"演绎主义"（deductivism）的理念，它认为物理科学中的理论可以被完整地表达为一种演绎系统，其中包含公理和演绎。相反，依据罗姆·哈瑞（Harré，1970）常常被人们所忽视的研究，有人主张，理论界定了"事物"——如分子和原子——是如何构成的，以及它们如何相互作用。当然，理论是表征，但它们旨在表征实在，即现实本身。然后，我们着眼于对于这种理论观的反实在论批评，提供实验在科学中实际发挥作用的说明，并提供对理论接受的后实证主义（后库恩主义）说明。本章最后对经验主义的科学理论所假设的拉普拉斯的形而上学进行了批判。在我们的世界里，大多数事件——出生、成长、下雨、火灾、地震、经济大萧条、革命——都是许多不同种类的原因共同起作用的复杂联结的产物。事实上，正是由于这个原因，自然科学才不再寻求解释具体的事件，而是更加适当地寻求理解自然的机制和过程。这意味着，虽然一切都有原因，但自然和人类历史中都存在根本的偶然性。正如第三章所示，这对人文科学至关重要。

基于上述关于科学的说明，第三章"社会科学中的解释与理解"提供了一种社会科学哲学，阐明了自然和社会世界主题的关键不同点以及研究的意义。在阐释和拒斥了关于科学的关键主流假设之后，通过总结的方式，发展出一种对"人"的描述。前面阐明的因果性观点在这里是至关重要的。一旦我们注意到一系列生物的、心理的和社会的因果机制，在表观遗传上参与了人类的构成及其具体行动，我们就可以看到"先天"和"后天"是密不可分的，因此，我们没有理由相信任何一门科学，无论是心理的或社会的，可以改进我们通常解释和预测行为的方式。与自然科学一样，社会科学的任务是理解社会机制如何"构造"，而非决定结果。然后，我们通过利用"原始事实"或关于（独立于我们而存在的）世界的特征的事实，与"制度性事实"或关于世界（其存在需要人类制度）的特征的事实之间的关键区别，转而说明这一点是如何被构想的（Searle，1995）。通常的"主观/客观"二分法被有效地削弱。因此，依据吉登斯（Giddens，1984）的观点，社会结构被概念化为"实在的"，体现在人的活动中，但相应地，不具有独立的存在。如果是这样，与更强形式的社会结构观念相比，它不能像磁场一样具有因果性。

第四章"行动者与生成性社会机制"，类比物理科学应用因果机制。在物理科学中，回归到更根本的机制有时是可能的。因此，量子理论提供了分子化学过程中的生成机制。但在社会科学中，由于人是社会世界中发生的一切事情的关键原因，生成机制是人"利用手头材料"的行动，而且进一步还原是既不可能也非必要的。借助于行动者/结构二元论的论点，本章提供了一种对社会机制模型的构建的系统说明。本章提供了一系列来自包括马克思（Marx）、威利斯（Willis）、欧文·戈夫曼（Erving Goffman）、蒂利（Tilly）[1]、奥格布（Ogbu）、迈克尔·布洛维（Michael Burawoy）等学者的例证。例如，根据威利斯的理论，社会机制可以被理论化，让我们理解了工人阶级子弟为什么从事工人阶级的工作。通常，这涉及确定他们的社会地位，他们对"世界"的信念——有些是正确的和有些是错误的——以这些信念为基础的典型行为，以及这种行为主要的非预期后果。这一论点表明，民族志（和诠释学）的视角对于把握社会机制是必不可少的，但马克斯·韦伯（Max Weber）早已指出，这仅仅是社会科学探究的第一步。也就是说，虽然我们需要像社会中的成员对它的理解一样来理解社会世界，但是我们需要超越这种理解，并考虑他们对其世界的理解是否充分。由于社会过程是我们活动的产物，而且社会中的成员很可能错误地理解他们的世界，所以社会科学具有潜在的解放性。

第五章"社会科学与历史"在很大程度上受到了韦伯的研究的影响。本章批判性地审视了历史及其与社会学的关系，从一个世纪以来关于"律则的"和"个案的"两种科学之间区别的争论开始，以及关于律则科学中的解释是诉诸"普遍规律"进行的，而人文科学中的解释则需要理解（verstehen）和叙述修辞形式的论证。历史社会学的观点使我们能够直接了解相关问题的当前版本，包括比较分析法在界定原因中的作用。关于历史社会学本质的分歧，可以通过正确理解社会

1　本书所有蒂利均指美国社会学家、政治学家查尔斯·蒂利。——译者注

科学的本质和目标来解决。简单地说，如果我们的目标是理解，例如，为什么工人阶级子弟会从事工人阶级的工作（威利斯）或为什么在"全控机构"（戈夫曼）中结果与他们明确的目标不一致，我们并不需要历史，即使如韦伯所坚持的那样，我们的兴趣仍然是历史的具体性。也就是说，不同于自然科学中存在生成机制的"一般理论"，在社会科学中，生成性的社会机制始终处于历史情境中。因此，虽然诸如氧化的生成机制在任何地方都是一样的，但是解释为什么工人阶级子弟会从事工人阶级的工作的机制需要被具体地理论化。社会科学往往超越了理解社会过程的努力。不同于"抽象的"自然科学，它试图解释具体事件和情节，例如，政权的崩溃、经济大萧条、离婚率的急剧上升。为了实现这个目标，除了理解相关的具体生成机制，还需要历史——正如韦伯正确主张的那样。在这些情况下，解释采用了叙述的形式，界定了重要的社会机制，并将它们与偶然但因果相关的人的行为按照顺序联系起来。

第六章批判性地审视了社会科学文献中最有影响力的、理论化程度最高的社会机制之一：新古典经济学的市场模型。这一传统的计划目标是相当正确的，它的困难并非源于它试图从行为者（actors）的角度来提供解释。主要问题不在于市场不是一种可以通过诉诸人们的行动来让我们理解结果的社会机制——这是方法论个体主义的问题——而在于其基本模型做出了有关解释的假设，并对行为者、他们的条件和他们的行为做出了强势的假设，但这些假设在绝大多数情况下都无法成立，或许只有在极少数情况下例外。主流的新古典理论接受覆盖律解释模型和演绎主义的理论概念。然而，如果这种科学观念是错误的，那么从表面上看，这些模型就不能作为经济学是一门高级的社会科学的依据。此外，为了实施其演绎主义计划，该理论的假设与现实几乎没什么关系。简单地说，根据主流观点，人被设想为是原子化的、历史中立的"理性存在"，并具有大致相似的动机。更重要的是，他们被设想为具有大致相等的权力和能力。但是，公司的首席执行官（chief executive officer，CEO）、夫妻经营的中餐厅老板、心脏外科医生、农场移民工人、非工会组织的水管工、工会的汽车工人、兼职的女性销售员、公立学校的教师、贩毒者——这样的例子不胜枚举——无论是作为生产者还是消费者，并没有类似的信念或能力。本章借鉴了常见的批评，批判性地审视了新古典模型，并认为它被一种虚假的（实证主义的）社会科学理论所拖累。市场是重要的社会机制，但是，根据之前章节的说明，本章表明，一种更富有社会学意义的模型被证明既是可能的，也是必要的。

本书还有四个附录。将它们作为附录包含在本书中，是因为它们论述了关键的文献，并补充了对于本书的核心论证并非必要的材料。考虑到对因果性和解释的恰当理解，附录 A 讨论了多元回归和类似技术的局限。附录 B 和附录 C 注意到当前文献中与本书的论点高度相关的论点。附录 B 思考了西达·斯考切波（Theda Skocpol）和威廉·休厄尔（William Sewell）之间关于叙述和因果分析的争论，批判地考察了后来对于历史社会学中使用约翰·斯图亚特·穆勒（John Stuart Mill）方法的辩护，进一步明确了比较工作的目标。附录 C 探讨了《美国社会学杂志》（*American Journal of Sociology*，*AJS*）上关于历史社会学中理性选择理论（rational choice theory，RCT）的相关性的强烈争论。这一努力是为了澄清争论并解决它。最后，附录 D 提供了对新古典理论的一些额外的解释和批评。

6

第一章
解释与理解

第一节 引 言

尽管社会科学家和许多哲学家之间存在一些争论，但关于社会科学解释的观念显然被认为是理所当然的。但糟糕的是，当我们反复考察时，有充分的理由认为，这些被认为理所当然的观念是完全错误的。大多数社会科学家一直社会化地按照他们的学科所规定的方式进行研究，他们有明确并且或许相当合理的研究项目，他们满足于将哲学问题留给哲学家。事实上，没有人强迫他们去思考那些非本能地接受的关键假设是否存在问题。一些很好的工作已经被完成，但无法与它们所暗含的或者有时是明确的背景假设保持一致。要准确告诉别人我们正在做什么并非总是容易的，而且我们可能也会对自己在做什么产生误解。1933 年，在牛津大学的赫伯特·斯宾塞（Herbert Spencer）讲座上，思想总是走在时代前列的爱因斯坦（Einstein）提出了中肯的建议："如果你想从理论物理学家那里了解他们所使用的方法，我建议你坚持一个原则：不要听他们所说的，集中关注他们所做的。"[1]

社会科学中关于解释的既定观点，很大程度度上归因于 20 世纪后半叶的哲学家，尽管其源头可以追溯到 19 世纪初的孔德（Comte）。"实证主义"这一术语的发明者——孔德已经指出，"事实的解释仅仅是建立单一现象和一些一般性事实之间的联结"，换句话说，科学解释是从普遍规律中演绎出来的。他坚持这一观点的理由也是恰当的。他关注于把科学建立在可靠的经验基础上，从科学解释中排除形而上学的和宗教上的"虚假观念"。这些关注点和观念得到了 19 世纪后期的众多哲学家/物理学家强有力的支持。这份名单令人印象深刻，包括基尔霍夫（G. R. Kirchoff）、威廉·奥斯特瓦尔德（Wilhelm Ostwald）、恩斯特·马赫（Ernst Mach）、路德维希·玻尔兹曼（Ludwig Boltzman）、卡尔·皮尔逊（Karl Pearson）、亨利·彭加勒（Henri Poincaré）、皮埃尔·迪昂（Pierre Duhem）和威廉·汤普森（William Thompson）（开尔文勋爵）[2]。在 20 世纪 20 年代，所谓的"维也纳学

---

1 引自 Holton（1970）的作品，见 Manicas（1987：242）。
2 参见 Manicas（1987），对于更详尽的论述，参见 Passmore（1957：chapter 14）。

派"哲学家注意到这些想法，并发展了后来成为关于科学工作的主导理论的"逻辑实证主义"（或"逻辑经验主义"）。这些理论的核心是后来被称为"演绎-律则"或覆盖律的解释模型[3]。

现在，大多数社会科学家并不特别了解这段历史，也不清楚这些思想对他们的影响，但这些思想却出现在表面上看似平常的短语中，如"科学的目标是寻找规律""科学的主旨在于预测和控制""理论是一套通过演绎方法组织的命题和规律性陈述""一种好的理论能预测"。相对较少的社会科学家在方法论方面的讨论，特别关注社会科学，往往以 D-N 解释模型作为他们的出发点，要么为了显示其与他们的领域的相关性[4]，要么为了论证，如果这是科学解释的正确模式，那么人文科学就不能提供这种解释，要么认为，如果这是正确的科学解释模型，那么，人文科学无法提供科学解释。[5]

第二节　覆盖律解释模型

虽然在某些方面，至少对覆盖律模型的批评是老生常谈，但如果想要理解解释，无论是在自然科学中还是在社会科学中，我们都需要清楚地了解这一模型及其缺点。我们首先考虑卡尔·亨普尔（Carl Hempel）提出的经典公式[6]。对他来说，科学解释采用的是演绎论证的形式，前提和结论如下：

$$C_1, C_2, \cdots, C_k$$
$$\underline{L_1, L_2, \cdots, L_T}$$
$$E$$

"解释项"C_1，C_2，$\cdots$，C_k 是陈述句，描述所援引的特定事实，有时被称为"先行条件"，L_1，L_2，$\cdots$，L_T 是普遍规律。被解释的事件（以下简称"被解释项"）

3 威廉·华莱士（William Wallace）从历史视角详细地概述了从希腊人到逻辑经验主义及其批判者的因果性和解释的观点（Wallace，1974）。虽然覆盖律模型是"经验主义"（实证主义、新实证主义）对科学的理解的一个决定性属性，但现在有大量批判性文献使这一假设陷入了致命的批评之中（参见 Scriven，1959，1962；Harré，1970，1986；Dretske，1977；Bhaskar，1975；Salmon，1978，1984；Achinstein，1981；Aronson，1984；Woodward，1984；Lewis，1987；Kim，1987；Manicas，1987，1989a；等等）。接下来，我将引用这些批评的一些主要观点。

4 杰出的例子包括 Friedman（1968）和 Merton（1957）。最近的例子，请参见 Turner（1987）和 Alexander（1987）。虽然乔纳森·特纳（Jonathan Turner）捍卫新实证主义的科学理论，但杰弗里·亚历山大（Jeffrey Alexander）是明确的"后实证主义者"，赞同托马斯·S. 库恩（Thomas S. Kuhn）的《科学革命的结构》带来的发展。但是，正如许多将自己视为"后实证主义者"的人一样，杰弗里·亚历山大仍然致力于覆盖律模型，因此他也坚信社会科学的目标是"寻找规律"。

5 这就是所谓的"解释社会学"的路径，见下文和第三章。

6 他的重要论文集中在《科学解释的诸方面》（Aspects of Scientific Explanation，1965 年）一书中。

E，是前提集合的逻辑结果。正如他所说的："因此，这种类型的解释描述了我称为演绎-律则的特征，因为它意味着被解释项演绎地包含在具有普遍规律特征的原则之下。"由于解释项和被解释项之间的关系是合乎逻辑的，这被称为解释的认知概念[7]。最简单的实例采取三段式的形式：

$$若\ a，则\ b（普遍规律的形式）$$
$$\frac{a（相关"条件"）}{b（待解释的事件）}$$

当然，只有在前提为真的情况下，这才算作解释。

亨普尔随后扩展了自己的模型，将"概率解释"或"归纳-统计"（I-S）包括在内，这里的"（统计）规律"并不像在演绎模型中那样具备严格的普遍性。根据前提，需要被解释的事件仅仅是可能的，而不是前提蕴含被解释项。因此粗略地说，

$$给定\ a，则\ b\ 的概率是非常高的$$
$$\frac{a}{可能\ b}$$

此外，亨普尔接着指出，无论是演绎的还是归纳的律则解释，都能够在历史著作中看到，尽管其中的"相关的概括"（relevant generalizations）有时被禁止了。他还特别提到历史解释中的两种特殊案例，即他所说的"发生学解释"（genetic explanations）和"动机理由解释"（explanation by motivating reasons）。当然，这种模型也被假设适用于社会科学中的所有解释。

20 世纪 50 年代，针对所谓"标准观点"的批判性文献开始兴起，但当时并未引起足够重视。到目前为止，对于这一模型有许多致命的反对意见，但是在我们开始接触这些之前，首先我们得注意到，科学哲学家之间对于一种可以替代的解释，目前并没有达成共识。本章试图概述至少一种替代性的方案。其次同样重要的是，对覆盖律模型的批判尚未渗透到社会科学的各个学科[8]。亨普尔的总体结论也很重要。他坚持认为，他的主张并没有

> 暗示一种关于人、社会和历史过程的机械论的观点；当然，这些主张也没有否认观念和理想对于人类决策和行动的重要性。相反，上述讨论所表明的是，在解释旨在让我们理解经验现象的意义上，理解的本质在所有科学探究领域基本上

---

7 认识论是对知识基础（希腊语：episteme，拉丁语：scientia）的探究，因此批判性地包括逻辑分析。我们提出的替代性的解释被称为"本体性的"（ontic）。本体论是对"实在"本质的探究，但在伊曼努尔·康德（Immanuel Kant）之后，这种探究在科学上变得可疑。

8 这一主张的一些证据可以在第六章和附录 C 中看到（参见 Tilly，2001：25）。当然，也可参见社会科学入门课程的标准教科书。

是相同的。(Hempel, 1965: 41)

对于大多数研究者来说,这是令人欣慰的,这有助于使这一观点成为传统智慧(conventional wisdom)。可以肯定的是,在这些问题上并非每个人都同意亨普尔的观点,这些问题在人文科学哲学中通常被称为"自然主义"。一些被称为"反自然主义者"的学者认为,亨普尔的任何模型都无法摆脱"对人、社会和历史过程的机械论观点"。他们通常还主张,理解社会和历史中的人类行动(human action)与理解自然现象完全不同,需要一种截然不同的解释观点。基于这种观点,人文科学中任何类型的*因果*解释都是错误的。因此,替代方案是,人类行动只能通过行为者的意义来解释,因此,人们诉诸*理解*或有时被称为"解释社会学"(interpretative sociology)。当然,韦伯曾坚持认为,在理解和因果*解释*(erklären)之间并不存在对立,事实上,在人文科学中两者都是必需的——这一观点在当前的讨论中被认为是正确的[9]。

在第三章,我们需要仔细思考这些异议。在某些方面,它们涉及人文科学的核心问题。但是,我们首先需要处理的问题是,在实现自然科学和人文科学的解释时是否存在重要的类比。也就是说,问题不在于 D-N 解释模型在人文科学解释方面不起作用,而在于它根本就不起作用。本章中接下来的许多内容说明了这一点。 10

首先,我们要注意到,亨普尔的解释是把对事件的解释作为首要任务。为方便起见,事件可以被理解为时/空可定位的、具体的和个别的。还有一些事件通常是典型的覆盖律解释中的结论,例如(指我现在手中有一颗知更鸟蛋),"这颗蛋是知更鸟的蛋:这就是它是蓝绿色的原因",或"在 T 时刻,处在自由落体状态的物体下落至 16 英尺"或"在 T 时刻,盐溶解于水"或"在 T 时刻,月亮的坐标是在 x,y,z"。它们可能会更朴素,并且指称"发生的事情":"1978 年 7 月 5 日基拉韦厄火山喷发了","2003 年 6 月龙卷风袭击了内布拉斯加州"。或者,它们涉及人的行动:"1998 年 1 月 11 日,山姆(Sam)抢劫了第 16 街和百老汇的便利店",或者更加惊人:"2001 年 9 月 11 日,世界贸易中心的两座塔楼倒塌了"。它们也可能涉及复杂的事物,这些事物有足够的相关性,让我们有足够的外延术语来表示,如长毛猛犸象的灭绝、旧石器时代的结束、法国大革命、1929 年的大萧条。关于事件的观点,此处可以进一步讨论,但就当前的

---

9 最初,"诠释学"指的是试图去理解和阐释宗教文本。与孔德认为存在历史规律的观点相反,约翰·古斯塔夫·德罗伊森(Johann Gustav Droysen)认为,我们需要以不同于自然的方式来理解心灵[*感性*(geist)]。因此,*理解*(verstehen)给了人类理解意义的途径。威廉·狄尔泰(Wilhelm Dilthey)发展了这个想法。他的研究激发了韦伯努力解决理解(被理解为 verstehen)和因果解释之间的对立。这成为重要的*方法论之争*(methodenstreit)的一部分,详见第五章。

目的而言，这些就足够了。

也许令人惊讶的是，在大多数确立已久的自然科学中，解释特定事件的尝试并不多见。在它们发生的地方，它们几乎完全发生在那些具有历史意义的自然科学中，如气象学或地质学，或者在天文学中，至少在某些目的上，时间是无关紧要的，例如，在描述地球上某一天月亮的位置时。在韦伯所称的"抽象科学"——物理、化学、生物化学和一般生物学中，它们的缺失是有充分理由的；正如我们将看到的，在它们出现的地方，它们的存在也是有充分理由的[10]。在接下来的内容中，我们认为，按照哲学家的常用用法和实践，解释的观点最常用于以事件的解释为目的的语境中，而相反，物理学家、化学家和生物化学家的目的是要理解一个根本不容易阐明的概念，但一定不要与一般所理解的"*理解*"意义上的理解相混淆。

但是，前文暗示了另一个观察结论：根据覆盖律模型，解释和预测是对称的。如果你能够解释某一事件 b，那么 b 就能够被预测——反之亦然。逻辑是相同的。如果我们有一个形式为"如果 a，那么 b"的规律，那么假定 a 已经发生，我们就解释了 b。类似地，通过这一规律，只有当 a 发生时，我们才能预测 b。这具有表面上的合理性，特别是如果我们将这些事件作为范例，这些事件通常是 D-N 解释模型中的规律的实例：如果把盐放入水中，它就会溶解。但是，如果我们考虑一些事件，如 1992 年尼基飓风席卷夏威夷群岛的考爱岛、1929 年的大萧条等，这些事件似乎至少涉及一系列规律，并且在这些事件中，顺序似乎很关键，覆盖律模型似乎远没有那么合理。一旦有事情发生，我们就可以开始寻求充分的解释。但是，这些事件可以被预测吗？正如我们将看到的，一个人如何回答这个问题取决于其本体论观点。

解释和预测是对称的这一观点导致了这样一种观点：科学的目标就是预测。事实上，如果一个解释不能使预测成为可能，那么它就不是科学的。正如杰西•霍布斯（Jesse Hobbs）所写的："事后的解释，即那些只有在被解释的事件已经发生之后才给予的解释，与支持它们的理论一起，在认识论层面上长期以来被认为是可疑的。"（Hobbs，1993：177）我不知道霍布斯关于对称性论点已经不再被大多数哲学家所假定的说法是否正确，但这种观点在社会科学中仍然普遍存在（并且是有害的）。具有讽刺意味的是，在社会科学中，未能提供"有效预测"被视为其主要缺陷。这一点同样需要我们质疑。我们可以从澄清解释的概念入手，同时也要着眼于其重要的相关概念——理解。这一概念在科学写作中经常被使用，但几乎从来没有被科学哲学家仔细思考过。

---

10 参见他（Weber，1975）很少被研究的《罗雪尔与克尼斯》（*Roscher und Kneis*）和 Manicas（1987：127-140）。

第三节 澄清"理解"与"解释"

"理解"和"解释"都有许多用法，事实上，至少在一些语境下是可以相互替换的。在这里，我们感兴趣的是科学解释以及由科学所提供的理解。我们首先考虑"理解"。富兰克林（R. L. Franklin）曾正确地指出：

"理解"这个词，我们像理解其他任何词一样理解它，但我们在哲学层面上并不理解什么是理解。这个词包含了一些重要的概念，以至于在我们的许多书名中都出现了，然而在语言分析的时代，它在英语哲学中几乎未被研究过。（Franklin，1983，307）

这也许是矛盾的。但 D-N 解释模型的捍卫者，像大多数科学哲学家一样，认为这并不是他们的问题，因为像理解和可理解性这样的概念是心理的和实用主义的。迈克尔·弗里德曼（Michael Friedman）提出了一个重要的异议。他恰当地指出，

"蕴涵关系把一种约束加到解释关系之上，但它本身并没有告诉我们，解释关系的含义是什么，它使我们能够理解被解释的现象，从而使世界更容易理解"（Friedman，1974：7）。事实上，这确实是一个问题：我们如何着手去实现对现象的理解？是什么让世界"更容易理解"？

当然，我们需要警惕一种关于理解的说明，这种说明是主观的，因为它对于产生理解完全是任意的。如果我们对*科学*所能提供的理解感兴趣，那么不是任何产生理解的过程都可以。当我们的目标是客观地说明时，这一说明必然是实用主义的和心理的，因为它会涉及考察我们的目标和兴趣，以及需要和获得科学理解的语境。

迄今为止，没有人提出过一种严密且令人满意的关于理解的说明，在这里，你也不应该假设你会得到一种[11]。然而，要了解科学的理解是如何实现的，是非常容易的。这就需要对科学哲学中的传统智慧做一些根本性的修正，特别是在关于因果关系的关键概念上，这在当前的观点中对于理解和解释都是核心的。

弗里德曼注意到，对事件的解释在物理科学中是罕见的，他转而提出了他认

---

11 参见 Friedman（1974）及其产生的回应：Kitcher（1976，1981）、Gemes（1994）、Hintikka 和 Halonen（1995）。所有这些或多或少都是对"严谨性"的尝试，而且都承认，有很多问题没有得到解答。在当前的观点下，所有这些著作都忽略了对因果性的考虑，也未能对科学的本体论进行恰当的分析。

为的科学的典型问题以及对这些问题的经典回答。具体包括以下几个问题：为什么水在加热时会转化为蒸汽？为什么行星遵循开普勒定律？为什么光会被棱镜折射？对于第一个问题的回答是：

> 水是由处在不断运动的状态下的微小分子构成的。这些分子之间存在分子间力，在常温下，足以将它们保持在一起。然而，如果水被加热，能量增加，分子的运动获得足够的能量来克服分子间力——它们飞散开并逃逸到空气中。因此，水在加热时会转化为蒸汽。（Friedman，1974：5）

这种说明尽管是非正式的，但确实让我们有所理解；它确实让世界变得更容易理解。这并不是对事件的解释，但可以理解为（正如弗里德曼所做的那样）对一种模式或规律——或者非常不准确地说，一种"定律"——的解释。这种理解源于看到水——像其他任何事物一样——由分子组成，而且关于它们如何运动有许多可说的。事实上，这个故事不仅让我们理解了水变成蒸汽的变化，而且让我们理解了一系列非凡的经验现象：盐在水中溶解，铁会生锈，西兰花的营养含量……这些现象几乎是无止境的[12]。的确，正如彼得·阿特金斯（Peter Atkins）在他有趣的著作《伽利略的手指》中所指出的，"化学是连接可感知的物质世界和想象中的原子世界的桥梁"（Atkins，2003：135）。虽然我们是通过模式来提出问题的，并且问题需要回答，而在科学中，答案至少需要理论，但科学的真正目标既不是对事件的解释，也不是对模式的解释，尽管这种观点抓住了一些问题的真相。相反，它的目标是理解自然的基本过程（Harré，1970：260-266；Bhaskar，1975：17，66）。一旦理解了这些，各种现象都可以变得可理解、易懂、不足为奇[13]。

当然，弗里德曼的例子使用了科学理论话语中的重要术语：分子、分子间力、能量。理解达到的深度取决于受众的知识。究竟什么是分子？什么是分子间力？什么是能量？或许可悲的是，我们中的大多数人，对于这些观点没有什

---

12 弗里德曼说，"科学解释并不能赋予个体现象可理解性"，因为它们在某种程度上是"自然的、必要的、常见的或不可避免的"，我们需要注意"解释的总体特征"，即这样一个观点："我们通过减少必须接受为终极的独立现象的数量来简化我们对自然的总体图景。"（Friedman，1974：18）这是在足够明确和重要的意义上的"统一"，即使要对这个概念提供一个严格的正式说明并不容易。正如杰拉尔德·阿伦森（Gerald Aronson）指出的，弗里德曼所忽略的统一性在于表明其他不同的现象有共同的本体论（Aronson，1984）。有一种观点与弗里德曼的相反，即"自然的"、"必要的"和"不可避免的"——尽管不是"常见的"——都包含在理解中。详见下文。

13 包括，也许特别是，反常的模式。黑体辐射的两个特征在 19 世纪被确认，后来称为维恩定律和斯特凡定律，这两个特征不能用经典物理学来解释。这个问题激发了开尔文勋爵（Lord Kelvin）和马克斯·普朗克（Max Planck）提出了后来的量子理论，极大地提高了对"实在的深层结构"的理解（Atkins，2003：204）。

么理解——这是美国（和其他国家）科学教育的失败。这让人倍感悲哀，因为这种无知不仅加剧了对科学的误解——例如，认为科学的目标是预测和控制，或者说理论是一种演绎系统——而且这些观点可以在不需要深入的科学社会化或复杂的数学背景的情况下被理解。

通过研究能量在蒸汽机中的分散方式，阿特金斯以一种高信息量、非数学的方式，阐述了水向蒸汽转变过程中涉及的更本质的原理。他写道： 14

> 让我们假设燃料是石油，一种由碳氢化合物（仅由碳和氢构成的化合物）组成的混合物……[在他的书中，十六烷分子可以用一种图解模型来表征，它是一个由 16 个碳原子组成的链，上面附着有 34 个氢原子]。这是燃料油中典型的分子；它也与肉类中存在的脂肪分子密切相关，这些脂肪分子不仅作为保温层和能量储备，还有助于润滑肌肉纤维。我们吃的食品与柴油燃料密切相关，有些比其他食品更接近，这绝非偶然，但这种想法令人深思。
>
> 当石油燃烧时，其中的分子会被空气中的氧分子侵蚀。受到这种侵蚀的冲击，碳链断裂，氢分子被剥离。碳原子与氧形成二氧化碳分子被带走，而氢分子与氧形成水分子被带走。因为原子之间新形成的化学键比在燃料和氧气中原有的化学键更稳定，因此会释放大量的热量，当旧键被稳定的新键取代时，能量被释放，原子积极地融入更好的序列。那么，为何碳氢化合物会燃烧呢？因为在燃烧过程中，无序程度会大幅降低，因此熵也会大幅降低。这种熵的增加主要有两个原因。一个是能量的释放，它消散到周围环境中，并提高了环境的熵。另一个是物质的扩散，长而有序的原子链断裂，单个原子从燃烧处以微小气体分子的形式扩散开来。这种燃烧展示了热力学第二定律的内容。（Atkins，2003：128-129）

与将水煮沸的例子不同，这种说明通过展示分子如何破碎并重新结合成新的分子，来深化我们的理解。与氧结合，十六烷分子变成二氧化碳和水；熵解释了这个过程中能量的释放。当然，现在，我们需要解释"化学键"的力，我们需要对能量进行说明——这是宇宙中所有进程的绝对普遍特征——而且我们需要了解熵，"所有变化的源泉"。正如阿特金斯所说的，有了对熵的理解，"我们将能够开始理解日常生活中的简单事件，如热咖啡的冷却，我们至少会明白对日常生活中最复杂事件的一点点解释（the ankle of the explanation），如出生、成长和死亡"（Atkins，2003：109）。

阿特金斯表述情境的方式是恰当的。"我们对日常生活中最复杂的事件有一种理解，但只是一点点解释。"对事件的解释预设了理解，而我们只得到"一点点解释"，因为我们需要的理解要比对熵的理解多得多。但是，上文的说明甚至 15

没有涉及解释分子之间和分子之内过程的力的问题，我们也没有提到原子之下的层级，即电子、s-和 p-轨道、夸克、波和粒子的世界：这对于更深入地理解所有化学过程，乃至物质本身都是必不可少的。

　　达到这一层次的理解并不容易——但也不必那么苛刻。问题提出的都是实用的，旨在服务于某种目的，因此也给出了答案。如果一个小孩问我为什么手里的蛋是蓝绿色的，我告诉他这是一只知更鸟的蛋，而且所有知更鸟的蛋都是蓝绿色的，那么，他可能就能够明白了。事实上，这个答案也提供了一些理解，因为它为经验提供了一种秩序。但是，我们大多数人会想要更多。而且，对于这个问题的科学回答，无疑需要得更多。这需要一种对因果性的说明，以及它在科学中如何运行。

第四节　理解与因果性

　　这些例子为我们描述了自然科学中理解是如何进行的，但我们现在需要将这些例子与因果关系的说明相关联，尤其是因果机制的概念，这是理解和解释事件的一个重要特征。根据目前的观点，科学的目的是提供对自然基本过程的理解，这要求对在世界中起作用的因果机制[14]进行界定。

　　如前所述，让我们从占主导地位的因果性的观点开始，尽管这种观点是错误的。这一观点来自大卫·休谟（David Hume，1711—1776），他认为我们所能了解的因果关系只是两个事件之间存在的可观察到的恒常联结。因此，"a 是 b 的原因"的意思无非就是"如果 a，那么 b"。原因是一种引起结果的力这一观点被作为一种形而上学观念而摒弃，因为根据这一观点，经验中没有

---

14 我的说明受到哈瑞（Harré，1970）和巴斯卡尔（Bhaskar，1975）的著作的影响。但也可参见 Cartwright（1989），以及后来的 Glennan（1996）、Machamer 等（2000）和 Bunge（2003）的说明。这些作者之间存在着术语和实质性的差异，我们不在这里详细探讨。一个关键的区别在于对"规律"的理解和"规律"的相关性。Machamer 等（2000：3）的说明似乎最接近目前的说明。他们将机制定义为"实体和活动这样组织起来，从开始或建立到完成或终止条件，它们能产生规律性的变化"。邦格提出异议，他坚持认为，这个定义是不完整的，"遗漏了具体系统的概念——包括物质、能量、状态和突现，这是主流本体论中缺失的一个类别"（Machamer et al.，2000：3）。但提到"具体制度"，相比它解决的问题，可能会带来更多的问题，见第四章。Machamer 等（2000：2）的说法，即"对什么是机制以及它们在科学中如何运作，没有进行充分的分析"，也许是正确的。当然，"充分"是一个实用主义的术语。但所有这些作者似乎都认同，因果机制对理解至关重要，并且这是科学的目标。正如 Machamer 等（2000：1）所说的："在许多科学领域中，所谓的令人满意的解释，需要对机制进行描述。"邦格指出，按照本章所述的"理解"意义，"机制与理解的相关性是这样的，即在科学文献中经常会看到这种形式的歉意，'不幸的是，没有一种机制可以为所讨论的事实（或方程式）提供基础'"（Bunge，2003：186）。我们在前面提到了"解释"和"理解"这两个词经常互换使用。

什么能够说明 *a* 产生 *b*。休谟关于这一问题的观点并非常识性的——它也不是经验性的，如果经验主义意味着由经验得知的话，根据这种观点，当我们把门推开时，我们的行动是原因，它产生了结果。事实上，正如哈瑞和马登（Madden）所写的："有谁能认真地否认，我们有时真切地感觉到海浪侵蚀海岸、斧头劈开木头、雪崩摧毁乡村。"（Harré and Madden，1975：49）诸如"侵蚀""劈开""摧毁"这些术语显然是因果概念，我们通常对因果性的理解很可能直接来自我们的经验，特别是以我们自己的行动作为原因的经验，比如在推开一扇门的语境中。

根据休谟的概念，我们也不能把必然性归于此关系：正如经验所证实的，*a* 到 *b* 的联结是纯粹偶然的。正如休谟所说的："如果我们对于任何客体中的力和效力，或原因和结果之间的任何真实联结都一无所知，那么一种效力在所有作用中是必要的这一点就没有任何意义。"（Hume，2000：Part III，Section xiv）但是，正如上述充当因果术语的主动动词所示，看到"真实联结"是没有问题的，即使我们还需要更多地讨论因果关系的科学应用中的"力和效力"。人们通过说鸦片有一种"催眠力量"（*virtus dormitiva*）来解释服用鸦片产生的嗜睡感，这种假定的荒谬性在这里是恰当的例子。避免这种"荒谬性"有力地激发了休谟的下述观念，即因果规律必须被分析为不变的（尽管是偶然的）关系，正如孔德所说的，是"关联和相似"的关系。在科学哲学的主流观点看来，若说鸦片具有"催眠力量"，仅仅意味着"若人服用鸦片，就会产生睡意"，如上所述，这是一种不变的联想关系。

休谟的观点成为传统智慧是有许多原因的，但最重要的是激励着休谟和孔德的经验主义禁令。如果"科学"想要建立其独立的权威，它就不得不击退形而上学的哲学家和神学家，这意味着经验和实验是其主张的基础。事实上，皮埃尔·迪昂（1861—1916）更进一步，坚持认为，因为我们无法把解释和因果性分开，*科学并不寻求解释*。他写道："一个物理理论并非一种解释。它是一种旨在尽可能简单地、完整地、精确地表征一组实验规律的数学原理系统。"（Duhem，1954：19）伯特兰·罗素（Bertrand Russell，1872—1970）明确拒斥与现代科学相关的这种常识性观念，他指出，因果性是"过去时代的产物"，并建议将其作为对于科学而言不必要的观念而予以删除。这也表明，之所以放弃关于因果性的这一常识性声明，有一部分的原因在于，我们能够运用数学表达关系并从中进行演绎。牛顿（Newton）对天体力学系统化的工作对此有很大影响。因此，在 19 世纪末，恩斯特·马赫（1838—1916）认为，理论中的数学函数是"精简的说明"。因此，对实在的简明表征必然包含着"消除一切康德意义上的形而上学的冗余假设"（Mach，1959：210），

17

即超出了经验的界限[15]。

这就把我们带回到了覆盖律模型。事实上，人们认为，正是假定的休谟的因果性概念赋予了它许多（如果不是全部的）的效力。可以预见，如果因果必然性必须从科学中抹去，那么*逻辑必然性*很可能会适合它的位置。这更为根本地涉及了一种解释的*认知*概念而不是常识性的*本体论*概念——这种概念在形而上学净化过的科学中可能毫无地位。也就是说，要依据理性论证来理解解释，而不是依据作为产生力的原因来理解它。

因此，在一部使用广泛且备受推崇的教材——《社会科学研究方法》中，查瓦·法兰克福-纳克米亚斯（Chava Frankfort-Nachmias）和大卫·纳克米亚斯（David Nachmias）写道："自大卫·休谟以来……对于解释这一术语的应用曾被认为是通过普遍规律，把待解释的现象与其他现象联系起来的。"（Frankfort-Nachmias and Nachmias，1992：10）

让我们回到 D-N 解释模型最简单的形式，看看休谟的概念如何巧妙地与当时被广泛接受的科学逻辑分析相契合，如何避免了理解中的语用学和心理学因素，以及如何通过不合法的合并，假装完成了所需的工作。

> 如果将盐放到水中，那么它会溶解。
> 盐被放到了水里。
> _____
> 因此，盐溶解了。

作为一种演绎，被解释项合乎逻辑。如果 P，那么*必然* Q。如果前提为真，我们就提供了充足的理由来相信被解释项为真。因此，可以推测，这一事实得到了解释。但是，为前提为真的 D-N 解释模型构造反例是很容易的，下面这些 D-N 解释模型就很愚蠢。它们不仅没有做出解释，甚至也没有提供理由让我们相信这个被解释项为真：

> 任何定期服用避孕药的人都不会怀孕。
> 约翰（John）定期服用他妻子的避孕药。
> _____
> 因此，约翰不会怀孕。

当一个女人服用避孕药时，存在着一种起作用的能防止怀孕的因果机制。这可以解释琼（Joan）为什么没有怀孕。但是，这显然不是约翰的问题所在。他是

---

15 19 世纪一个重要的例外是赫尔曼·亥姆霍兹（Hermann Helmholz）。在 20 世纪，例外包括阿尔伯特·爱因斯坦、马克斯·普朗克和戴维·玻姆（David Bohm）。在写给石里克（Schlick）的一封信中，爱因斯坦针对性地指出："总的来说，你的陈述与我的概念风格不符，因为我觉得你的整个方向可以说太过实证主义了……我直接告诉你：物理学是对现实世界及其合法结构的模型进行概念重建的尝试……简言之，我忍受着经验的实在与存在的实在之间的不明显区分。你会对'形而上学的'爱因斯坦感到惊讶。但是在这个意义上，每一个四足动物和两条腿的动物实际上都是一个形而上学者。"（引自 Holton，1970：188）

男性，在生物学上，怀孕对于他来说是不可能的。（对于休谟主义者而言，*唯一的*不可能性是逻辑上的。）

构建前提为真的 D-N "解释模型" 是很容易的，这种解释中甚至没有因果性的暗示。为了便于论证，假设中国鸡蛋的价格和微软股票第二天在纽约证券交易所的表现完全相关。我们可以构造一个 D-N 解释模型，它通过诉诸鸡蛋在中国的价格走势解释了微软股票的价格波动！正如我随后所提出的，强相关性对于预测非常有用，然而对于解释却不是同样有用的——正如几乎每个人都赞同的那样[16]。也就是说，如果在这两个变量之间存在强相关性这一点为真，无论明天股票交易价格波动的正确解释是什么样的，我都可以通过了解今天中国鸡蛋的价格在纽约证券交易所获利。

这里的关键点是，甚至连前提集合与结论之间的逻辑必然性也无法使得一种论证成为解释。这是错误的关系。我们需要必要性，而非逻辑必然性。（如上文所述）把实例包含在内的规律（更何况仅仅是概括）无法解释，因为"蕴含"（entails）是错误的关系。正如德雷斯克（Dretske，1977）写道："*每个* F 都是 G 这一事实并不能解释为什么*任何* F 都是 G。"

再次思考我们关于盐的例子。这似乎是一种解释——即使所传达的理解是最少的。这无疑是前科学的；"类规律"的大前提是一种概括——并且有成千上万这样的例子，数百年来一直被人们所熟知，并且对日常生活不可或缺。

我们当然可以承认，这种特殊的盐不会溶解在这种特殊的水里，除非有人把它放在水里。所以，根据常识性的思维方式，这也是导致结果的原因。事实上，正如休谟式的分析，"如果……那么……"的陈述甚至看起来就像一个因果规律。这也许解释了一些困惑。如果把盐放到水中对于结果是必要的，那么我们认为我们拥有一种解释，而且至少在某些语境下，这也许就足够了。但如果是这样，那也是因为我们想当然地认为，盐和水都有某种性质，当我们把盐放在水里，它就会溶解。盐是水溶性的。这无疑是因果的，但它并不是所提供的该解释的一部分。

更糟糕的是，如上文所述，类规律的大前提，"如果将盐放到水中，那么它会溶解"，甚至并不为真：当它被放到水中，出于各种原因，盐并不总是溶解。当然，有人可能会修正这一点，并说，它通常如此，因此，在这里我们拥有的并不是一个 D-N 解释模型，而是一个"归纳-统计"的解释。考虑一下它的作用。

16 维恩定律和斯特凡定律（见上文）提供了完美的关联，但作为 D-N 解释模型发挥作用，这些关联显然是失败的。事实上，虽然每一本采取定量方法的教科书都警告学生不要混淆关联性和因果关系，但如何做到这一点却通常让人感到困惑。事实上，这留给了人们的常识和直觉去判断。也就是说，人们必须怀疑是否存在一种机制在起作用。详见附录 A。

虽然至少有一个为真的普遍规律可以保持对个例的把握，但任何没有那么具有普遍性的规律都会丧失所有的解释作用。假定 67%暴露于疱疹病毒的人会被感染；山姆和哈里（Harry）都接触到了，但为什么山姆感染了这种病，而哈里没有？同样地，假设我们主张大多数得州人是共和党人，并且琼斯（Jones）是得州人。由此得出结论，琼斯很可能是共和党人。但是，假定大多数哲学家不是共和党人，并且琼斯是一名哲学家。由此得出结论，他可能就不是共和党人。或者考虑这样一种解释，如果患感冒的人饮用大量的可口可乐，那么他们可能会在一个星期内康复过来。琼斯这样做了，而且他的感冒好了。但是，不仅大多数感冒大约持续一周，而且我们知道没有任何机制会将这一行为与这一结果联系起来。在这类情况下，不存在解释，因为在饮用可口可乐和一个星期内从感冒中康复之间没有"真正的联系"。在 D-N 解释模型的例子中，我们可能更容易被误导，因为在解释项和被解释项之间至少还有逻辑必然性。解释与理解一样，需要有一种"真正的联系"，一种产生或导致被解释事件（或模式）的生成机制或因果关系。

因果关系预设了一种*律则的*和*必然的*联系。我们不必回避这一点。事实上，金在权（Jaegwon Kim）想要指出，"大多数哲学家现在会同意，缺乏一些必然性概念的因果关系观念不是我们的因果关系观念——也许根本就不是一种因果关系的观念"（Kim，1987：234）。这种基本观念是足够清晰的。原因导致它们的结果，要么作为开启情况变化的事件，例如点火的火柴；要么作为具有因果力的机制，燃烧的（并且不蒸发或变成醋的）可燃物。

我们前文曾提到"因果力"和"因果（或生成）机制"——这些概念是因果性的另一种实在论说明的核心。请看下列改进版的解释。

如果将盐放到水中，由于盐是水溶性的，那么它会溶解。
将盐放到水中。
_____
因此，盐溶解了。

根据休谟的解读，"由于盐是水溶性的"这一条件句是冗余的，因为它只能意味着，"如果盐被放到水中，它会溶解"。虽然对这种倾向性概念的经验主义分析在当代说明中——特别是在社会科学中——赢得了相当多的赞许，但可溶性不能依据"如果—那么"从句来剖析。如果盐是水溶性的，那么存在关于它的某些机制使得，如果它被置于水中，它会溶解。"水溶性"是一张通过提供一种因果机制来填写的*本票*（promissory note）。将"*催眠力量*"归因于鸦片也是如此。这种归因很难令人满意，但它确实给了我们更好的解释的希望，因为它指引我们去寻找相关的生成机制。尽管如此，正如哈瑞所指出的，甚至只是拥有这种希望也是一种进步，这仅仅是因为这一解释不再假设，结果只不过是由"它被放进水中"这一事实所导致的。即使我们重复这个实验一百次，我们也不能更好地理解结果。相反，我们现在要考虑的是盐和水——或鸦片——有什么性质，从而导致盐溶于水，鸦片导致嗜睡。这就把问题从这样一种假设中转移了出来，即人们可以从中演绎出被解释事件的任何类规律的规律性，都可以算作是科学解释。关键的是，它也把解释的问题转变为关于盐和水的性质的问题——科学理论的问题，正如我们已经指出的，这一问题的答案能够提供真正的理解。

物理学家戴维·玻姆写道："很明显……因果关系的概念不仅仅意味着有规律的关联，即一组事件在时间上先于另一组事件。此外，它还意味着（当然排除了偶然性）未来的结果是通过一个满足必要关系的过程从过去的原因中产生的。"（Bohm，1984：5f.）此外，由于将事件视为原因，而忽视了这样一个必要的概念，即*事物因其本质而具有因果属性*。正是在这里，必然性可以被定位。玻姆写道：

因此，定性因果关系，即水在冷却时变成冰，在加热时变成蒸汽，是液体的本质属性的一个基本组成部分，没有这种属性，它就不可能是水。同样，氢和氧结合形成水这一化学规律是氢气和氧气的基本属性……物体在真空中（或在其他条件下）运动所满足的一般数学运动定律是这些物体的基本属性，没有这种属性，它们就不可能成为我们所熟知的物体。这样的例子不胜枚举，可以无限延伸。（Bohm，1984：14）

我们需要一些新的语言来了解这里发生的事情。我们可以把一个事物的因果属性看作是一种效力或倾向的归属，因为它是这一事物，所以对它而言为真[17]。因此，因果规律不是"如果 X，那么 Y"这种形式的一般条件句。相反，因果规律看起来更像"凭借其内在结构 S，当 C 被触发时，C *phi's*[18]就会运行"，其中 *phi-ing* 指机制 C 的活动。这里需要注意的是，C 的 *phi-ing* 的结果是其他的因果机制也在起作用的函数。如果将盐放到水中，它会溶解；如果将铁放到水中，它会生锈。

此外，盐通常溶于水中，但是如果它没有溶解，那么虽然解释这一现象的因果机制可能被触发，但还有其他原因在起作用。发生了一些事情，但不是我们所期望的。最后，通常，我们所经验到的是具体的盐。*氯化钠（NaCl）是一个通过从具体事物中抽象出来的理论对象*。它存在，但也许仅仅或通常以一种不那么纯粹的形式存在。同时，如果我们的理论是正确的，氯化钠必然溶解于水（H_2O），如果在某些场合，盐被放到水中时没有溶解，我们几乎肯定会假设我们放到水中

---

17 效力的概念没有出现在科学的话语中。在此话语中也不必提及原因，即使它充满了暗示因果性的术语。但事实上，人们经常提到"机制"。"效力"和因果性是科学哲学家为了更好地理解科学如何进行而使用的术语。

18 Phi（Φ/φ）是希腊字母表中的第 21 个字母，根据上下文分析，此处可能是作者的特殊用法，无实际字面意思，特指当机制 C 被触发时所导致的某活动或模式（*phi*），而下文中的 *phi-ing* 可能是指机制 C 正在运行，故而用了 ing 来表达一种"进行时"。——译者注

的不是盐，或者是盐，但是水中有某种东西阻止它溶解。如果足够精细的话，我们可能会认为，溶液超饱和了，也许是因为太冷了。的确，在我们的世界里存在着偶然性，但在一个只有偶然性的世界里，就没有稳定性。当人们将盐放在水中时，盐不会爆炸，也不会把水变成杜松子酒，等等。

在我们的世界里，既有必然性，也有偶然性，用约翰·杜威的话来说，其结果就是稳定和不稳定共存。

因此，为了补充玻姆潜在的无限例子，我们来思考明显非因果的概念"铜"。科学家认为铜具有许多属性，包括可锻性、熔融性、延展性和导电性。这些属性赋予了铜效力和责任——铜在特定条件下会做什么或经历什么。它们是可能被分析为倾向的本票[19]，可以被理解为永久的（或相对永久的）能力或责任，无论它们是否被行使，或者它们被行使时是否实现。科学不仅仅把因果属性归于事物：在说明赋予事物这些属性的因果机制的意义上，它解释它们，从而履行本票。诚然，这样的因果机制的操作组件和模式将依据它们解释的现象而有所不同。更重要的是，一般来说，它们不会像老式时钟典型的内部运作"机制"那样。根据热力学第二定律，电子转移的"机制"不同于废热被丢弃的"机制"。[20]

因此，理论告诉我们，水分子和盐分子由原子组成，而原子依次由电子、中子以及更基本的夸克和光子组成。在每一个层次上，理论都提供了对生成机制的说明，这些机制说明了下一层级的因果属性，换句话说，它们为什么具有这些效力。正如哈瑞所指出的，"解释机制成为科学研究的新主题，对它们的运作原理的解释需要更深层的解释机制假设、新模型的建立等"（Harré，1970：262）。理论不仅提供了对水为什么变成蒸汽和盐为什么溶解于水的理解，而且提供了对处于相互作用中的这些分子的所有*可能行为*的理解。

正如阿特金斯所说的，对于化学家来说，元素周期表是"他们最重要的概念。它概括了元素的属性——其物理属性的变化，例如，它们与其他元素形成的化学键的数量和类型……一眼我们就可以看出一种元素是否具有金属（铁）、非金属（硫）或介于二者之间的（硅）的属性特征"（Atkins，2003：159）。门捷列夫（D. Mendeleev）根据该元素的观测属性经验地编制了元素周期表。但是，阿特金斯继续说道，"他对于元素的结构一无所知，而且可能对于元素周期表的深层基

23

---

19 本票（Promissory Notes）是金融学中的术语，是指由签发者给出的一种书面承诺，具有法律效力，收款人或持票人凭票可在指定时间或见票时无条件获得指定的支付金额。作者在这里以本票来隐喻事物的属性或倾向，科学通过揭示因果机制来解释现象，就像在兑现或履行本票。本书第四章第六节有关于本票的详细论述。——译者注

20 这一点很重要，足以表明我们在这些语境下放弃了"机制"一词，但是我找不到更好的替代词。因果过程需要因果机制，另见 Machamer 等（2000）、Bunge（2003）。

础完全不懂。我们有这样的理解。正如我们现在所知道的，元素周期表是对于原子的能级填充的周期性变化的描绘"（Atkins，2003：160）。因此，为了使他的说明更加完善，

对于氢原子（其只有一个电子），给定壳层中的所有轨道具有完全相同的能量。对于除氢原子以外的原子……每个壳层包含逐渐增高的能量的轨道。在所有的情况下，p-轨道首先在第二壳层变得可用，d-轨道在第三壳层变得可用和 f-轨道在第四壳层变得可用。

有两种简单的想法——电子自行组织起来，以便实现尽可能低的能量，并且至多两个电子能够占据任何给定的轨道——物质的模式变得可以理解。（Atkins，2003：161）

显然，凭借这样一种强有力的理解，化学家解释为什么盐溶解于水就几乎不再会是一项复杂的任务——无论在人们所要求的哪一个理解层次上。

但是，如果理解盐的性质是任何懂化学的人都能做到的，那么还有很多其他非常稳定的模式需要更复杂的说明。考虑一下我们前面的例子，知更鸟的蛋是蓝绿色的。如上所述，这最多是误导，但是它可以被很容易地改写为更科学、准确的表述。因此，"在正常情况下，一只知更鸟的蛋将对正常的观察者呈现蓝绿色"。显然，在这里存在着许多起作用的生成机制，它们合在一起，解释了此概括（generalization）。这包括人们已经很清楚的生物属性，它们可以解释生物的遗传特征（为什么知更鸟产的蛋只会孵出知更鸟），以及材料表面的化学和光学特性。还有一些不太为人所了解的人类感知系统的神经生理学属性。但最后还有一个完全不为人所知的过程，它能让正常的鉴赏者在看知更鸟的蛋时看到蓝绿色。这样的概括预设了"事物"的自然必然性，而且，事实上，正是这些必然性使得依据我们的概括来行事变得合理。在正常情况下，如果被认为是知更鸟的蛋的物体呈白色，那么我们会理所当然地怀疑。也许，毕竟，它是一只小鸡的蛋，或者遗传的问题？也许只是因为有一种未被注意的光效应？因为科学家通常对解释这类模式不感兴趣——他们需要理解不同学科中理论化的机制——你在任何一本生物学家、物理学家或化学家的书中都找不到这个例子。

为了完善这部分的论点：通常所说的"抽象科学"旨在理解自然的基本过程。辨别一种模式可能会激发这样的研究，但并非所有的模式都会成为被关注的问题。事实上，从实验生成数据中出现的模式十分重要，例如，拉瓦锡（Lavoisier）对化学天平的仔细运用。最后，正如我们随后将建议的那样，他们对具体事件的兴趣充其量也只是微不足道的，而且在很大程度上限制于可以提供对理论特别有效的检验的事件。这就提出了一组有待考虑的新问题。

24

25

第二章
理论、实验和拉普拉斯的形而上学

第一节　引　言

第一章指出，当我们拥有一种关于生成机制的充分证实的理论时，就获得了理解。在本章中，我们思考理论建构和确证的要点，包括实验在那些可以实验的科学中的作用。关于理论的文献既庞杂又有争议，在这里，我们可以相对简洁一些。我们的目的是关注对社会科学哲学绝对必要的方面。在本章中，对我们来说更重要的是，努力削弱那些在谈论科学理论和科学目标时被认为是理所当然的、坏的形而上学。一个关键的主题是要表明，天体力学对于社会科学和自然科学都是一种极为不恰当的例子。

第二节　理论是什么

尽管许多论调与此相反，但在物理科学中没有一个真正的理论可以完全表达为演绎系统，并由此产生公理和推论。这个想法有着悠久的历史，至少追溯到笛卡儿（Descartes）、牛顿伟大的研究，以及更古老的观念，即数学是知识的典范（Harré，1970：8）。正如哈瑞所说：

事实上，在科学实践中，演绎系统是相当罕见的：这种系统的片段可以在物理学中发现，但科学家们提出了结构的描述、力的归因和变化的规律，主要通过具有公共的对象，而不是能立刻从共同的公理集合中推论出来而关联。（Harré，1970：10）

对于一些理论——尽管当然并非全部——数学会起到至关重要的作用，尤其是在发展抽象的系统动力学时。但是以数学方式来表达对象的规律和描述并不能使它们成为数学命题：它们的意义仍是非数学的——即使在我们所拒斥的将数学与可视化模型相关联的情形中也是如此。事实上，阿特金斯勉强总结道："如果真的存在终极理论，它很可能是一种关于世界基本结构的纯粹抽象的叙述，一种我们可能拥有但不理解的叙述。"（Atkins，2003：358）他指出，这"可能是一种太过极端的观点"。他继续说："人类善于解释数学，特别是被用于支持物理学的数学，在通常的意义上，人们始终能意识到他们的解释（interpretation）充满危险性和不完整性，但尽管如此仍然能解释。"（Atkins，2003：358）

哈瑞对理论的定义承认了解释的必要性："理论是由事件发生于其中的永久性系统的结构表征所组成的，而那些事件作为现象是这一永久性系统的主题，并且由它生成。"（Harré，1970：14）正如哈瑞坚持认为的，理论提供了"关于事物的构造和行为的描述，那些事物的相互作用是明显的行为模式的原因"（Harré，1970：35）。他们辨别出"事物"——如分子和原子，它们的结构如何，以及它们如何相互作用。无疑，它们是表征，但它们必须表征实在——就其本身而言。

根据哈瑞的想法（Harré，1970），人们很容易认为这一表征包含以下几种假设。①存在主义的："存在原子"；②模型描述："分子在做随机运动"；③因果假说："压力是由分子的影响所引起的"；④模态转变："温度是平均动能的另一种构思方式。"采自阿特金斯（上文）的例子是为了暗示这一点（另见于Machamer et al.，2000）。

第三节　实在论与工具主义在理论术语概念上的对立

作为经验主义承诺的结果，至少从马赫开始，贯穿了逻辑经验主义的全盛期，哲学家之间一直存在着很多关于理论术语功能的争论。与上文中简要概括的实在论观点相反，对于占据主导地位的经验主义观点，理论术语可以在不做出"存在主义的"承诺的情况下起作用。因此，像"电子"这类术语的意义和应用完全是由"操作性定义"（operational definitions）作为其中一种重要类型的"还原句"或由更间接地把理论术语（T-术语）和观察语言中的术语（O-术语）联系起来的"对应规则"所赋予的。从而：

"X 具有理论属性 T"是指"如果 X 被置于测试条件 C 之下，那么这种测试会产生可观测结果 O"[1]。

几乎所有使用定量方法的社会科学教科书都会以某种形式重复这一点。比较一下上一章中查瓦·法兰克福-纳克米亚斯和大卫·纳克米亚斯的例子。他们写道：

27

---

1 在第一章中，这也是对倾向性术语（如水溶性）的标准经验主义解释。所以"X 是水溶性的"意味着，"如果把 X 放在水里，X 就会溶解"。对于实在论者来说，大致就是，"X 是水溶性的"意味着，"X 和水之间存在某种关系，如果把 X 放在水里，它就会溶解"。对于实在论者来说，水溶性指的是 X 和水的性能与倾向。理论对此提供了说明。

由概念表示的经验属性或事件常常不能被直接观察到……在这种情况下，概念（原文如此）的经验存在必须被推断出来。这种推断是通过操作性定义进行的。（Frankfort-Nachmias and Nachmias，1992：31）

当我们提到 T 时，我们的意思是："如果 C，那么 O。"因此，T 已经被"还原"：实际上，它已被省略。1958 年，亨普尔注意到，对理论的说明中存在着严肃的问题，这种说明没有做出任何存在主义的承诺。他说："在科学中使用理论术语引起了一个复杂的问题：当科学试图在可观察事物之间建立预测性和解释性的联系时，为什么要诉诸关于假定实体的假设呢？"（Hempel，1965：179）事实上，如果这是他们的目标，问题可以表述为一种困境：

（1）理论术语要么能达到其目标，要么不能。

（2）如果它们达到了其目标，因为它们建立了可观察事物之间的预测和解释性联结，那么它们是不必要的。

（3）如果它们不能达到其目标，它们当然是不必要的。

（4）因此，理论术语是不必要的。

的确，如果它们的意义和应用可以由 O 类语言的句子来表达，它们仅仅是组织实验数据的便捷位置标记（place-markers）。因此（2）。但也许这根本就不是它们的目的？亨普尔逐渐认识到，理论术语还服务于另一个更重要的目标。正如他所说的：

当科学家引入诸如电流、磁场、化学价或潜意识机制之类的理论实体时，他打算将它们作为解释因素，这种因素的存在独立于它们表现出来的可观察的症状。（Hempel，1965：205）

28   确实，正如第一章中指出的，诉诸这些观念可以准确地进行解释，因为它们被用来表示产生相关观察结果的生成机制。所有有用的理论都做出了不可避免的本体论承诺。但这难道不是将形而上学的思辨引入科学中吗？它如何保持经验性？

第四节   建立科学共识的后库恩主义根据

库恩的《科学革命的结构》（1962 年）引起了巨大的轰动。许多人得出结论说，科学并非人们所认为的理性事业。但这是从库恩的研究中得出的错误结论。相反，他和其他几位学者一致认为[2]，科学并不像逻辑经验主义者所认为的那样是

---

2 这里包括 Quine（1961）、Hanson（1958）、Toulmin（1953，1961）、Sellars（1963）、Feyerabend（1975）。关于这一主题优秀的论文集，可参见 Suppe（1977）。此外，Brown（1977）的说明至今仍然很有用。

理性的。当下，人们会一致赞同，不存在能够充当真理论断基础的"理论中立"的观察语言，证实或证伪的逻辑失败了，科学实践的历史和社会环境对于理解科学成就是至关重要的。正是因为这些因素，科学界在某一时刻就一种理论达成了共识。诚然，这为科学并不比任何其他实践更理性的观点打开了一扇门，因为它提出了一个问题：是什么让科学界达成了这样的共识——认同存在性的、描述性的和因果性的假设为真？也许，可以有把握地说，虽然几乎没有学者还坚持有时被称为经验主义的"基础主义"[3]的立场，但是，现在也很少有学者会主张，科学仅仅是下述实践中的一种，这些实践没有给我们提供关于世界的特殊知识。在下文中，我们将概述第三种选择。

　　问题始于承认，作为人类研究者，我们所能做的就是表征世界。正如现在人们普遍承认的那样，由于没有"理论"或"概念-中立"的方式来做到这一点，我们也不能肯定，我们的表征是按世界本来的面貌去真实地表现它[4]。这个问题始于我们的日常经验，一直延伸到复杂的科学理论。换言之，我们无法走出我们的历史，以上帝的视角看待世界[5]。　　29

　　这导致了一种难以解决的可误论（fallibilism）：没有真理论断是确定的，所有的真理论断都能按照新的经验和新的理论来修正。但是，我们没有必要放弃真理的观念。科学实践的成果证明，自然科学作为修正关于世界的信念的首选方式，是正确的[6]。就像陪审团一样，科学界也达成了一致，但科学界的每个成员都受到历史生成的价值观、目标和实践的约束，作为一个共同体，他们接受这些价值观、

---

　　3 经验主义的基础主义假设存在一种"理论中立"的观察语言，这种语言锚定了所有的理论。根据它，理论被检验、证实或证伪。见下文。

　　4 按照它的现代版本，这一问题是由哲学家伊曼努尔·康德提出的，康德区别了"经验到的事物"（现象）与"自在之物"。康德指出后者是不可知的，但是，他通过坚持心理范畴是一般的，所有的"理性存在"都是如此这一观点来拯救科学客观性。关于现代认识论历史的深刻见解，参见 Rorty（1981）。

　　5 库恩的关注点完全是科学理论的表征，但他的论证路线与其他所谓的后现代认识论相一致。因此，现在有人认为，例如，妇女、殖民地居民或原住民对于意义和经验有着不同的观点或经验框架，这些观点是特殊的，或者至少某个科学观点并不是特殊的。我们将在第三章探讨这个观点。

　　6 与"科学方法"一样，"科学实践"这个词既高度抽象又不精致。两者都是从那些精通科学实践的人那里学来的，作为从他处学来的词，两者都不可能以任何明确的方式表达出来，并且正如我们在开头引用爱因斯坦的文本所言，当它们被表达出来时——尤其是被哲学家和教科书作者表达出来时——它们往往是对实际实践的扭曲。自库恩的书以来，大量的文献表明了这一点。例如，参见 Latour（1987）、Latour 和 Woolgar（1979）、Pickering（1992）、Knorr-Cetina（1981，1999）、Hacking（1983，1992，2000）。为了辩护知识社会学中所谓的"强纲领"免受错误的认识论相对主义的指控，可参见 Manicas 和 Rosenberg（1985，1988）。当好的科学实践被违反时，我们就会得到"伪科学"、"鲁莽科学"和"肮脏科学"。对此最好的解释仍然是 Ravetz（1971）的作品。事实上，随着"大科学"的发展，维持"良好的科学实践"变得越来越困难了。例如，可参见 Lewontin（2004）对最近两篇相关说明的评论。

目标和实践。我们不要忘记，世界本身仍然是最关键的制约因素。没有一套信念会允许人类像鸟儿一样飞翔，只吃芝士汉堡就能保持健康，建造永动机，污染空气和地球，并无限期地维持一个适合人类生活的环境。

思考一个寓言：可能有这样一个社会，社会中的成员认为，应该禁止女性吃香蕉，因为他们认为女性吃香蕉会损坏她们的生殖能力。这个信念也可能是由他们的创世故事和日常生活中其他正在进行的实践所支持。而我们会说，香蕉不会对女性生殖产生不良影响。事实上，我们认为，香蕉是非常有营养的。究竟谁是谁非？或许，两者都是正确的？

在我们的文化中，我们接受这样的科学观——即使我们并不总是清楚为什么我们应该接受。我们可能对我们的新朋友说，他应该让女性吃香蕉，然后看看我们谁是正确的。很可能，他不会这样做；即使他这样做了，而且吃香蕉的女性能继续生育，我们可以肯定，他会通过他所尊敬的神的干预来解释这一结果。与我们的逻辑相符，他可以坚持认为，仍然存在着许多尚未检验的案例。我们如何知道在这些情况下会发生什么？我们确信香蕉营养丰富，对女性和男性都有好处，部分原因是我们认为，他关于创世和所有由它赋予合理性的*卡普制度*（kapus）的信念是错误的——也许很有趣，但并不合理。此外，更为重要的是，在认识论上，尽管我们的人类实践是社会建构的，但香蕉不是——即使在社会互动中附加到它们的含义是。香蕉不仅存在，而且独立于我们对它们的信念而存在。我们知道他们对香蕉的看法是错误的，因为我们知道为什么香蕉营养丰富。我们可以产生关于香蕉的种植、健康和生物化学性质的成熟理论。

当然，我们的同胞可能不会被说服。此外，有人可能会争辩说，他们的信念体系是更可取的。也许这使他们能够重现一种愉快且公平的生活。（他们的女性可能不同意！）因此，我们可能不希望干扰我们的"科学"思想，我们可能希望他们能够维持他们喜欢的生活方式。事实上，仅仅因为我们相信某些说法是正确的，就认为强制干预是正确的，这是一个巨大的错误[7]。这与他们对香蕉的看法是错误的是一致的。事实上，我们现在可以提供基于这些知识的技术，就能够防止亚健康、延长寿命和提高生育率。当然，这是第二个支持相信科学主张的明显论点。今天，我们被各种技术所包围，这些技术只有通过物理科学提供的理解才能实现——无论是好是坏。

在上文中，我们不加批判地提出了一个假设，即香蕉对女性和男性都有好处。我们需要立即驳斥两种关于科学方法的错误观点，它们都将陷入绝境。一种是归

---

7 这也不是说强制干预从来都是不合理的。对一个巨大的困难主题的一些讨论可参见 Seyla Benhabib、Martha Nussbaum、Jonathan Glover 在 Nussbaum 和 Glover（1995）出版图书上的文章。

纳主义的假设，即通过积累案例来证实假设。对于像我们例子中的假设，这是合理的——即使正如我们所指出的，我们的同胞支持我们的逻辑。对于任何有限数量的实例，不仅总会有更多的实例尚未得到检验，而且我们需要确信样本是合适的——这是一个不可低估的重要问题。例如，从样本群体的基因标记来推断祖先是十分困难的（第三章）。另一个错误是由卡尔·波普尔（Karl Popper）提出的，即（相对于归纳主义者）既然我们不能肯定地证实假设，我们可以证伪它们。这里没有涉及推理谬误。于是，那些反对证伪的假设就被接受了。 31

波普尔旨在对科学与非科学进行划界，他主要关注的是，一些假设在原则上是反对证伪的，例如，上帝是善良的，因此它们不可能是科学的。这仍然是一种划分科学和非科学的可行方法。但是，试图通过证伪假设来逃避推理谬误的想法也无法做到这一点：证伪任何假设总是涉及辅助性假设，因此，就形式逻辑而言，当检验为否定时，它就不再像检验为肯定时，具有决定性作用。如果 T 是理论，A 是进行检验所需的辅助假设，O 是观察，这就是该情境的逻辑：

确证	*证伪*
若 T（且 A）则 O_1	若 T（且 A）则 O_2
O_1	*非 O_2*
那么，T	那么非 T 或非 A

左边的论点犯了肯定后件的形式谬误，因此是无效的。也就是说，前提可能都为真，结论为假。右边的论点是有效的（这是波普尔的观点），但它表明，根据证据，T 不需要被拒斥。更一般地说，这个对科学的经验主义理解至关重要的想法，即有可能发展出一种具有数理逻辑力量的确证逻辑，现在似乎已经被抛弃了[8]。

很明显，理论需要根据其与观察和实验数据的匹配程度来评判——即使我们承认，评估证据重要性的问题总是存在的，而且经验系数也有存在的可能性——但与理论接受度相关的第三个被忽视的因素是理论的解释作用。也就是说，好的理论的一个关键特征是，其表征是对实在令人信服的描述，但可能是无法观察到的过程，这不仅说明了现成的观察结果，而且说明了通过可控实验（在可能的情况下）得出的观察结果。正如亨普尔最终看到的，与工具主义（反现实主义）的理论概念不同，理论的作用是提供解释——或者依据第一章所说的意义，提供更好的理解。但除此之外，正如迈克尔·弗里德曼和其他学者所坚持的，*在科学界建立共识的一个基本标准是解释的统一性*。例如，气体动力学理论使我们了解了玻意耳-查尔斯定律（Boyle-Charles law）中给出的模式，但是其他现象，例如，气 32

---

8 在这场现已被遗忘的争论中，早期一些关键的论文可以在 Manicas（1977: section VI, Induction）中看到。

体遵循格雷厄姆定律（Graham's law），也变得能够理解。

即使同意上述条件，人们也经常说，对理论的真正检验是其预测能力。从某种意义上说，这是真的，但在另一种意义上，情况并非如此。对于典型的实验来说，这是事实，但是尽管有许多与之相反的神话，一般来说，预测并不是对理论的可靠检验。为了澄清这一点，我们首先需要介绍闭合（closure）的概念。这一讨论引出了对下述事实的含义的概述：在现实世界中，无数生成机制都是以开放系统的方式运行的。其结果是根本性的偶然事件，并且因此产生了对我们预测能力的重要限制。

第五节　实验与闭合的概念

依据哈瑞（Harré，1970）和后来的巴斯卡尔（Bhaskar，1975），实验的主要特点是实验者积极干预自然过程。它促使本来不会发生的事情发生。除了所谓的"探索性实验"，如解剖，其他实验的目的是分离或使所有这些特性保持不变，除了人们想要研究的那些特性。粗略地说，实验者有一个关于某种生成机制/因果过程的理论，这种机制或过程一旦开始，（理论上）就会产生可预测的结果。因此，它的目的是触发这一机制，但排除任何可能对预测结果产生影响的因素。这个想法是为了表明，由于在实验情境中没有其他潜在的原因起作用，所以只有被操纵的原因才能说明结果。这是一件非常难以成功的事情，需要做的事情随着要解决的问题而变化：从试图通过让一个球沿着斜面滚动来测试平均速度定理，以便容易精确地测量距离和时间；到迈克耳孙（Michaelson）和莫雷（Morley）把他们的干涉仪漂浮在一个水银槽中，以将其与振动和其他干扰隔离开来，这些振动和干扰会影响他们预期发生的事情；再到将一种元素的原子核与另一种元素的原子核相撞，期望它们形成尚未被发现的元素的原子核。为了在这里使用其他语言，*实验者寻求闭合*。

我们拥有闭合，当我们能够确定所有相关的初始条件；我们既可以孤立理论所说的与结果有关的生成机制，也可以连续地保持它们不变；我们可以确信，外部条件是恒定的。在这种情况下，系统不仅具有确定性，这意味着无论发生什么都是由它引起的，而且那种偶然性已经被完全消除了。*系统的内在结构（生成机制）确保对于每一组先行条件，只有一个结果是可能的*。

实验的前提是我们能够人为地建立闭合或者利用我们能找到的部分闭合（Conley，2001）。一个成功的实验是对一个理论的十分有效的检验，因为如果闭合的条件接近满足，理论的预测也会被检验。正是在这个意义上，人们说一个好的理论可以预测。与以前一样，从逻辑上讲，如果实验不能产生预期的结果，那可能是因为理论的某些假设是错误的，或者是因为其他一些因素已经在未曾察觉的情况下进入过程，从而产生了实际的结果。

这种情况与开放系统中的预测结果非常不同。自然界中没有闭合系统——即使在天文学中，没有实验，但人们有等同于闭合的事物。事实上，正是这一事实使理论可以在数学上形式化的想法变得合理，因此，结果将被解释为数学计算的简单产物。

这很容易说明。在分析太阳系的动力学时，我们合理地假定，我们已经确定了所有的质量，控制已确定的所有这些质量运动的所有相关因果机制都是已知的（实际上只有两个），并且没有一个尚未确定的大的质量随后将成为系统的一部分。我们的动力学描述似乎是不变的。实际上，线性方程组有效地模拟了这一系统。确定物体在任何时候的位置的问题就变成了严格的计算问题。因此，我们可以预测月球进入无限未来的任何时间的确切位置。但要做到这一点，我们可以合理地假定，没有巨大的质量会飞入我们的太阳系。若非如此，我们所有的预测都会失败。到那时，闭合系统被打开。我们所有的计算就会是错误的。

或者，当我们想到经典物理学时，也许我们会想到一个抛射体，抛物线公式 $y=ax^2+bx+c$ 精确地描述了其路径。但是，我们不会想到一片落叶或一块巨石从山上掉下来，碎片洒落在山的一侧。然而，原则上，这些现象也可以用同样的物理学来描述。我们可以相当精确地预测行星和抛射体的位置；但我们不能预测树叶和巨石。为什么不能呢？

落叶仍然遵守运动规律，但它可能会去任何地方，因为我们不能确定初始条件，而且系统中存在各种各样的因素——它下落时经过的不稳定的气团、一个骑自行车的人以极快的速度从它旁边穿过——这些都会影响它的下落轨迹。系统是开放的状态。（然而，我们可以设计一个实验：我们可以在一个封闭的腔室里创造出真空状态，等等。）

在这里，我们可以超越自己，对比一下发条士兵和真实的人的行为，真实的人的行为显然是开放系统的。正如巴斯卡尔所说：

发条士兵和机器人比真实的人更接近于遵守力学定律。当然，它们的特殊性源于这样一个事实，即如果上了发条并且放任它们自由行动，那么，它们的内在结构确保在每一组先行条件下，只有一个结果是可能的。但是在闭合的领域之外，正如安斯科姆（Anscombe）所说的，力学定律"就像国际象棋的规则一样，虽然没有人违反规则，但比赛的结果几乎不会被决定"。（Bhaskar，1975：110）

在我们的世界里，大多数事件——出生、成长、下雨、火灾、地震、萧条、革命——都是由多种不同原因的复杂联系所产生的，它们结合起来发挥作用。因

34

此，正如巴斯卡尔所指出的，"谓词'自然的'、'社会的'、'人类'、'物理的'、'化学的'、'空气动力学的'、'生物的'、'经济的'等不应被视为能够区分不同类型的事件，但它们能够区分不同类型的机制"（Bhaskar，1975：119）。事实上，衡量抽象物理科学成功的一个很好的尺度是：研究者能够忽略具体的复杂性，并且通过对实际的具体内容进行抽象化处理，他们能够将物理、化学和生物化学机制理论化，就好像它们是在没有相互干扰的情况下运作。这涉及一种还原主义策略，正如阿特金斯所说的："他们更喜欢解开世界令人敬畏的复杂性，一点一点地检查它，并在更深入的理解下重新将之构建起来。"（Atkins，2003：2）这里重要的不仅是实验，而且在层级方面——物理、化学和生物——处理具体实在的能力，一直是物理科学成功的关键特征。

回到前面的例子，我们可以把元素周期表看作是对所有元素的化学可能性的抽象总结，它们具有什么因果特性，什么分子是可能（和不可能）的，以及在开放系统中，它们作为化学元素必须具有什么因果特性，即使它们正常发挥作用时也是如此。同样，我们可通过物理学的生成机制，以及生物学的生成机制来理解机制结果，它为我们提供了生物机制的理论体系。但是，因为在世界上，它们是以开放系统的方式运行的，所以这一知识虽然有影响力，但不足以说明或预测任何具体的结果，甚至不足以说明或预测一特定勺匙量的盐在我手中的玻璃水杯中的溶解。与此相关的是，如果缺乏兴趣关注这件事的话，那么*盐必须进入水中，而且水的状况必须是适当的*。

上述内容对人文科学有着巨大的影响，我们会在后面的章节中进行探讨。在此，我们只能注意到人文科学中实验的结果，因为我们不仅没有办法寻求相对的闭合，而且无法干预，从而使原本不会发生的事情发生，否则很可能是不道德的。但还有一件事尚未完成。

第六节　说明和预测并非对称的

在人文科学中，与理解和说明问题极其相关的观点是，说明和预测是对称的。我们必须彻底拒斥这个观点。如前所述，人们常常会遇到这样一个观点，即好的理论能做出有效的预测。但是，在这种思想适用的地方，并不意味着某些自然发生的事件可以因此得到预测。相反，它涉及下述有影响力的观点，即在理论的基础上，我们能够检验我们的理论，并且有时甚至能够做出新的发现。有很多这样的实例。一个很容易描述的例子是元素周期表的填充。我们注意到，门捷列夫缺乏原子结构及其动力学的知识，只能凭经验编制他的周期表。尽管如此，通过在表中相邻元素的已知属性之间进行插值，他能够填补一些该表中的空白。（阿特金斯指出，他也"预测了一些实际上并不存在的元素"。）但是，尼尔斯·玻尔（Neils Bohr）和薛定谔（Erwin Schrödinger）发展了有影响力的量子论，使得化学家能够推断一些元素的存在，而这些元素随后被实验证明确实存在。门捷列夫开始于 61 个已知元素。我们现在知道，存在大约 110 个元素。

但是，这与我们可以通过一个理论在开放系统中预测事件的能力来评判它是完全不同的。因此，正如米尔顿·弗里德曼（Milton Friedman）所说的："理论要依据它对其本身意在'说明'的一类现象的预测能力来评判的"（Friedman，1968：512）。正如他所说的：

> 关于理论"假设"的相关问题不是它们是否在描述上是"实在的"，因为它们从来都不是，而是它们是否足够地近似于当前的目的。这个问题只能通过观察这个理论是否有效来回答，这意味着它是否能产生足够精确的预测。（Friedman，1968：517）

同样，如果预测意味着，鉴于我们对化学机制的了解，在两个已经确定的元素之间应该存在一个未知元素，那么证明它存在的证据就是对该理论的有力检验。但是，如果这意味着理论将允许我们预测世界上任何的、所有的化学结果，那么尽管理论让我们理解了对可能发生的事情的强有力约束，但对于*将要*发生的事情，仍然存在无限的可能性。我手中的盐可能永远不会溶解，也不会成为罐子生锈、牛排调味等的因素。

这里确实存在一个悖论：我们不需要当前的理论来对许多化学结果做出很好的预测。我们之前注意到，为了说明特定数量的盐溶于水，我们需要理解盐是水溶性的（但我们不需要理解说明这一点的机制），并且（值得一提的是）我们需要知道它是放在水里的。也就是说，我们通常可以并且确实提供了条件预测：如果 X，那么 Y 就会出现。事实上，这些都是日常生活中常见的事物，只要我们在谈论我们所能得到的无数的概括——所有这些都是独立于科学发现的——我们一*般*不会失望。但这不仅不是往往被视为科学理论的检验的预测和控制，而且如前所述，我们也常常会失望，要么是因为在一个开放系统的世界中，先行条件没有得到满足，要么是因为它们没有构成一套充分的条件。如果不是这样的话，我们在股票市场上都会发财，而且也不会有离婚这件事发生。

第七节　世界并非拉普拉斯式的

皮埃尔·西蒙·拉普拉斯（Pierre Simon Laplace，1749—1827）是一位杰出

的数学家，他给我们留下了一个很有影响力的观点：一个包含 n 个变量和 n 个方程的理论可以使所有科学都具有可计算性。事实上，我们可以把宇宙看作一个巨大的闭合系统。值得注意的是，这种假设位于所谓的"规律决定论"的背景下，即"世界是如此构成的，以至于能够被描述，因此，对于每一个事件，简单的公式——'每当这样，就那样'都适用"（Bhaskar，1975：69）。当然，经验主义"寻找规律"提出了这种假设作为说明性科学的目标。

但是，如果宇宙中发生的事情是运行的生成机制之间特定结合的产物，并且这些机制的排布随着时间的变化而变化，那么就不会有这样的描述了——而且会有大量的偶然性。这意味着，在一些事情发生后，我们常常能够说明它——它是由某种原因引起的，但我们无法预测它——有时甚至无法对其概率进行适当的估量。这是许多我们感兴趣的事件中的典型特征：一场战争、柏林墙的倒塌、经济的迅猛增长、持续的干旱、地震、酒店火灾、致命的卒中、新病毒的出现。

37　　规律决定论的假设促进了两种相反的回归。如果预测结果没有发生，人们会追寻"缺失的变量"，或者继续扩大系统以包含新的"变素"，或者将元素还原到他们假定的原子成分。一个人能走多远是没有合理的限度的。在第一种（可能更典型）情况下，系统继续扩大来包含变量，直到它包含所有的变量。在第二种情况下，由于不存在内在于系统的条件，因此还原将继续进行，直到它不包含任何内容。经济学家兼社会学家维尔弗雷多·帕累托（Vilfredo Pareto）的愿景很好地说明了这一点。对他来说：

> 为了详细掌握一个社会的形式，首先要知道所有的元素是什么，然后要知道它们的功能——从数量上来说……方程的数量必须等于并且要决定未知事件的数量。（Pareto，1935：vol. 4，paragraph 2072）

帕累托所处的时代尚未出现超级计算机，对他而言，问题完全在于求解线性方程所面临的实际困难。[9] 因此，经济系统只是"社会系统的一小部分"，但即便如此，"在 100 个个体和 700 个商品的情况中，也会有 70 699 个条件……我们必须解决 70 699 个方程组成的系统"。

社会科学家并没有忽视帕累托的观点，这也许并不令人意外。例如，塔尔科

---

9 我们可以用线性方程组来表示一个稳定的、闭合的动力系统。一般均衡理论就是一个很好的例子，见第六章。非线性方程组被用来模拟"混沌系统"。爱德华·洛伦茨（Edward Lorenz）提出了三个非线性方程用于天气分析（Lorenz，1996）。他编写了这些程序并进行了序列。在另一轮运行中，他在序列的中点停止了，但是他没有回到起点，而是将中点值输入计算机，然后从那里运行序列。这两个序列最初相差很小，然后逐渐增大。计算机存储了 6 位数字，但打印出来的只有 3 位。当他从中点开始序列时，变量的输入值有一个很小的差别，但随着序列的运行，这些值被放大了。参见下面关于气象学的讨论。

特·帕森斯（Talcott Parsons）认为，"理论命题不仅存在于彼此的逻辑相互关系中，这样它们就可以被认为是构成了'系统'，而且在本质上，理论系统应该尝试成为'逻辑闭合'。也就是说，一个系统从一组相互关联的命题开始，这些命题涉及所讨论命题的逻辑框架内的经验观察"。实际上，"从这个意义上理解闭合系统概念的意义的最简单方法是考虑联立方程组的例子。当独立方程和独立变量一样多时，这样的系统是确定的，即闭合的"（Parsons，1937：9-10）。帕森斯对实证主义原则的坚持在这里已经很清楚了。但是，正如前面所指出的，世界并非拉普拉斯式的，天体力学不是一个恰当的科学模型。

很明显，为什么我们常常能够说明我们无法预测的事情：时间决定一切。因为宇宙不是一个闭合系统，所以，已经发生的事情会对接下来发生的事情产生影响。这些观点也许可以通过考虑两门历史科学来进行完美的阐释：进化生物学和气象学。

达尔文给了我们一个科学的概念，它与经典物理学（错误地）遗留下来的思想截然不同。关键的区别在于：达尔文告诉我们，至少在生物方面，历史非常重要（Manicas，1989c；Rosenberg，2005）。粗略地说，他为我们提供了一种从"纯粹而简单的历史路径"的角度来理解生物的分类顺序的方法。也就是说，物种及其特征被解释为适应，重要的是，适应是对环境（包括其他有机体）选择性需求的历史序列的反应。因此，达尔文指出，我们完全没有必要将某种形式的设计、内在目的或意义归咎于存在的事物，同样重要的是，对于哪些物种已经灭绝，哪些物种已经存在，也没有任何必然性。我们必须清楚这一点。

达尔文没有说明物种的进化。他提供了一个强有力的机制来说明这一点：自然选择。说明自然选择结果的前提是我们有关于有机体及其与环境的关系的详细信息。如果我们从生命之初就有了这些信息，我们就可以开始重建进化过程。不幸的是，我们现在以及将来都无法得到这些信息。正如理查德·布里安（Richard Burian）所写的，"即使在相当大的范围内，进化过程也充满了历史性事故和意外事件的影响"（Burian，1989：160）。这并不意味着生物现象是完全或部分地无前因的。相反，这意味着，与任何具体事件一样，物种的进化就像干旱的突然来临，是不断变化的结构中多种原因的结果。正如上面所说的，把某件事称为历史上的偶然事件只不过是说，这件事是无法预测的，实际上发生的事情是"不可预料的"。意外事件是说，我们没有理由相信世界就像经典物理学所描述的太阳系，所有质量和它们之间的关系都被计算在内，不会发生任何新的事情。

气象学和进化生物学一样，是一门历史科学，和地质学一样，它引用了与气体、固体和液体的力学及热力学特性有关的非地质规律。它关于预测的问题众所周知，但我们现在可以清楚地明白原因。天气是混沌系统的一个很好的例子。这样的系统在"有限的时间内混合"，也就是说，"最初对系统的了解，在概率上与它的未来无关"（Hobbs，1993：124）。这有赖于我们注意到，系统对初始条件敏感，这意味着，随着我们对这些条件了解的准确性的变化，即使在相对闭合的条件下，后续状态也会有一定的自由度。

这一点可以通过连续将网球打进森林的例子最好地来说明。两个连续击出的球，以几乎相同的速度击中一棵树的几乎相同的位置。但每次它们被弹开时，它们的轨迹就会改变。初始时很小的差异会导致所有后续击中的差异。因此，这两个球最终可能会落在两个完全不同的位置。事实上，正如韦伯很久以前以一块从崎岖的山上滚下的巨石为例所指出的那样，即使我们假定了"先前观察的理想条件"，我们可以计算"分裂的出现及其大概的角度"，但我们也无法计算出"碎石的数量或形状、它们静止时形成的图案或无数其他方面"（Weber，1975：122）。即使抛开山的地形不谈，在下落轨迹的每一个瞬间，分裂本身也改变了未来的下落和分裂的条件。因为正在发生的事情会对随后发生的事情产生影响，所以，他的下述思想是正确的，即这是一种不可计算的"不可预料性"。从数学上讲，这是一个非线性系统。对于此类系统，原则上存在不可预测性。霍布斯将这个想法应用于天气。

例如，气象学家使用温度、湿度、压力、风向和风速等参数进行预测。这就使得系统具有 5 或 6 个自由度，乘以测量或表征这些值的不同位置的数量——这一计算复杂性的水平需要最大的超级计算机来运作。即便如此，由于气象混乱，由此产生的"精准天气"（accu-weather）预报也可能被称为"不准天气"（unaccu-weather）预报。但是，假设勇敢的气象学家投入更高的精度水平，结果会是怎样呢？

如果他们成功了，他们将遇到爱德华·洛伦茨所说的"蝴蝶效应"——在混乱的气团中，一只蝴蝶翅膀的意外拍打会扰动气团，从而打乱所有的长期天气预报。（Hobbs，1993：124-125）[10]

尽管我们不必在此继续探索这一点，但抛开蝴蝶翅膀的意外拍打和更高的精度带来的计算问题，霍布斯怀疑，"投入"更高的精度水平是否会提高我们的预测能力。与所有混沌系统一样，精度的极限实际上是无限的。因此，虽然我们有决定论——结果是因果关系的产物——但也有原则上的不可预测性。

---

10 天气预报员对解释并没有什么兴趣，但气象学家能够对气象现象提供很好的理解，无论是在现象发生之前还是之后。也就是说，像物理学家一样，她可以对产生气象现象的关键生成机制提供很好的说明，例如，海洋冷却的热力学特性。

　　这些因素意味着，我们不能说一件事必然会发生。可以肯定的是，一旦发生什么事情，我们总是可以追溯过去，找出相关的生成机制和因果的意外事件，并能够对此事件进行说明。这通常采用叙述的形式，在时间发展过程中确定原因的特定组合。正如哈瑞所说的：

　　　　时间概念允许我们将影响排序为前因后果。每一个原因都是从外部作用于某种机制的影响，因此它本身是由另一种机制产生的；也就是说，它本身就是一种结果。使其产生的刺激或刺激因素是原因，要在一个持久机制的世界中存在，它们本身必须是结果。结果成为进一步结果的原因，而原因则是先前原因的结果。（Harré，1970：262）

　　我们对事件的所有说明都是不完整的。当我们满足了寻求说明的要求时，寻找原因的努力就停止了。[11]

　　在接下来的章节中，我们可以利用前面的解释来研究人文科学中的说明和理解问题，并希望能够产生一些有用的策略来回应它们独特的任务。　　　　41

---

　　11 因果关系解释的这种时间回归与微观解释的回归类似，从"盐是可溶性的"到分子层面的说明，再到原子、夸克层面的说明（参见 Harré，1970：chapter 10）。

第三章
社会科学中的解释与理解

第一节 引 言

人们经常假设，由于社会科学必须处理人的问题，社会科学要么完全不可能，要么难免是无法胜任的。不幸的是，许多对自然科学持有错误看法的学者无意间宣扬了这种观点。这些作者假设：

（1）如果科学是经验性的，它必须是实验性的。

（2）科学的主要任务是预测。

（3）成功的科学既能解释也能预测事件（包括之后的个人行动）。

（4）在科学规律是形式的规则性（"每当这样，就那样"）的意义上，自然是统一的。

（5）理论是"演绎系统"。

（6）科学观察是理论-中立的。

如果我们以这些基础中任何一个来衡量社会科学，它们看起来就会非常糟糕——甚至是毫无希望的。但事情并不像看上去的那么糟，因为上述命题都不是真的。在前面的章节中，我们试图说明原因。已提供的替代性选择表明：

（1）存在非常成功的非实验科学。

（2）任何科学的主要任务都是描述和理解，预测起着次要作用。

（3）解释具体的事件通常既不是科学的旨趣，也不在科学的能力之中。

（4）自然是统一的，不是指存在"相似和继承的不变关系"（规律决定论），而是指事物有因果力，使我们能够进行概括和做出预期。

（5）理论几乎从来不是演绎系统；相反，它们表征了可观察的和不可观察的因果机制与过程。

（6）最后，独立于某种概念的指称框架来"观察"任何事物是完全不可能的，但这并不妨碍我们追求对现实的真的表征。

在本章中，我们将把这些观点中的一些想法进行应用。然而，我们并不认为，人文科学研究和自然科学研究之间没有重要的差别。不幸的是，一般来说，这些差别没有得到恰当的理解。这些误解通常是对科学更普遍的误解中的一部分。

这里，我们有两个非常大的差别要考虑。第一，研究人与研究"事物"显然是不同的。第二点紧随其后。与自然科学研究的客体不同，社会科学研究的客体——制度、社会结构、社会关系——并不独立于我们而存在。正如我们将要解释的，它们是实在的，但是依赖于概念和行动。我们从对人的描述开始。

第二节 解释人类权力

人是有机体，但他们也是社会存在。我们需要明白这是什么意思，在此处我们需要仔细一些。无论是在普通的交际中还是在社会科学中，我们都倾向于谈论"个体"，而不是"人"。我们这样做是因为我们倾向于通过"个体"来意指人——个体拥有许多其在互动中使用的能力。理解这些能力是必要的第一步。然后，我们就能得出一些重要的与解释人的行动相关的结论。

我们所概述的因果性的观念非常有助于我们澄清争论中的问题，同时，我们也想要消除一个虚假问题：生物学对于人类行动的影响。我们可以从这样一个事实开始，即（除了同卵双胞胎外）没有两个人的基因型是相同的，从受孕的那一刻起，发育过程就是表观遗传的（epigenetic）。换言之，所发生的一切都是随着时间的推移，原因和过程之间复杂交易性互动的结果。

在这里，恰当地定义"基因型"（genotype）、"表型"（phenotype）、"后成说"（epigenesis），可能是有用的。基因型是所有生命有机体都携带的"内部编码的可遗传信息"。表型是有机体可观察的物理特征，包括生命有机体所有的可观察的结构、功能或行为的部分。另一种描述后成说的方式是说，表型是基因与基因交互（gene-gene transactions）、基因与环境交互（gene-environment transactions）、环境与环境交互的非叠加基因作用的因果产物（nonadditive causal product）。至于表型结果（phenotypical outcomes），甚至大多数遗传性疾病，几乎都是表观遗传的因果产物（epigenetic causal product），这一点非常重要。

我们每个人（在受孕时）开始只是两个细胞——建立基因型的基因组。人们常常错误地认为，"遗传密码"（genetic code）是一个"程序"，似乎我们将成为什么样子都完全由脱氧核糖核酸（deoxyribonucleic acid，DNA）链"决定"。但是，正如生物学家保罗·韦斯（Paul Weiss）所说的，首先，基因组"一直都受

43

制于*有/序*环境"，"虽然基因组在与环境的相互作用中有助于该环境的特定属性形成……但只有依靠卵子细胞质组织的原初结构，个体才能维持整体设计的统一"[1]。对于整体设计如"家猫（*Felix catus*）或智人（*Homo sapiens*）"而言，当然不是任何 DNA 链都能起作用，但是一个极其复杂的——和偶然的——因果过程的相互作用决定了有机体的具体特性。也就是说，DNA 包含了建立和维持一个有机体的所有必要信息，但它需要生活在环境中的活的有机体中。而它的建立和维持涉及一种奇妙复杂的因果关系。

从生物学的角度来看，有机体是一个由有序复杂系统组成的有序复杂体。生物化学从原子和分子的层面开始，逐步向上研究更大、更复杂的分子，再到复杂的系统、细胞器、细胞、组织、器官、系统，最后到有机体本身。作为因果交互的结果，系统内的活动可能具有更高层面的属性。这些被恰当地称为突现属性。例如，蛋白质至少能够进行 8 种主要活动，而聚合而形成蛋白质的氨基酸却不能。即使掌握了未知蛋白质的所有原子位置的完整信息，我们也无法推断出这种蛋白质是一种酶，更无法推断出在一个特定的系统中它的特定的因果性质或功能可能是什么。它的功能取决于其在系统中的关系。这一规律适用于各个层，包括心理层面。

此外，较高层面的属性与较低层面的功能和属性相关。有机体的协调运动是例证。猫伸手去抓线球。为实现它的目标，奇妙的约束强加在协调所涉及的系统、感知、肌肉、结构等的阵列中。

有机体不是一个闭合系统。也就是说，微过程在分子层面上的影响不仅在该44 层面上被介导，而且还被更广泛的环境中的介质所介导，该环境严格地讲一直延伸到宇宙的远处。例如，遭受辐射、酒精、毒品、营养不良等的影响，对于有机体的发展过程是毁灭性的。正如韦斯所写，"在这种持续不断的相互作用中，各个层面的组成元素的表观遗传变化的范围……是巨大的"。

当然，表观遗传的"变幻莫测"（epigenetic vagaries）并不是无限的：如果你愿意那样说的话，它们受到我们的"生物决定的"（biologically determined）人类本质的限制。在这里，限定一个被广泛却含混（通常错误地）使用的术语的意义，可能是很有用的。我们可以说某个特质、能力或差异是我们的（生物决定的）"人类本质"的特征，只有在实现这一特质时，发展中的概念经历了一种典型的人类发展，以至于该过程发生的地点和时间基本上是无关紧要的。可以肯定的是，人类的发展并没有什么特点，因为发展与各种不同的环境是一致的。尽管如此，

---

1 下面的内容很大程度上受益于 Weiss（1968, 1971, 1972）的各种著作，也参见 Hull（1974）、Wimsatt（1976a, 1976b）、Craver（2001）。

这个想法已经足够清楚了。我们想在这里排除（至少目前是这样），像唐氏综合征（Down syndrome）和沙利度胺婴儿（thalidomide babies）这样的遗传和环境事故。最重要的是，虽然我们必须承认，人类需要一种人工环境来实现其独特的人类能力，但我们希望（暂时）抛开所有人类发展中遇到的社会和文化差异。

考虑到这种受限的意义，有一些明显的生物决定的特质：我们的人体解剖学和生理学是其中之一。这使得一些能力成为可能，而另一些则不可能。人类不能飞，没有鳃，不能在水中呼吸。生物学决定性别，并表现出标志着家族相似的身体特征，如面容、体型和肤色。但种族并不是由生物决定的，因为在所有的证据中没有生物学依据将人们分成不同的种族。[2]换句话说，在我们愿意称之为"种族"的种群和邻近种群之间，不存在非任意的统计学显著差异。事实上，"每个种群都是一个微观世界，概括了整个人类宏观世界，即使精确的基因组成略有不同"（Cavelli-Sforza，2000：25，29）。古尔德（Gould，1981：323）用理查德·列万廷（Richard Lewontin）的精彩说明作了总结："如果大屠杀发生，新几内亚森林里的一个小部落是唯一的幸存者，那么现在在我们 40 亿人（1980 年）的无数群体中表现出来的几乎所有遗传变异都将被保存下来。"

45

种族（如民族）是一个社会建构：我们简单地采用社会商定的差别作为分组的标准。当然，也有历史的原因可以解释为什么与外貌相关的差异集群成为区分"种族"的标准，但这一重要问题无法在这里深究。[3]然而，由于最近的一些研究复兴了种族作为生物学概念的想法，而且由于事关重大，对种族这个话题进行简短分流是必要的。这也将为解释和预测表型结果方面的问题提供有用的例子，包括这里的最佳研究案例——包括镰状细胞贫血、2 型糖尿病和多发性硬化等一系列疾病。

第三节　生物学、种族和疾病

这种新的活力，伴随着一些陈旧的问题，随着基因研究已经改变了法医学的广泛传播的观念而出现，其被用于理解和预测疾病的概率，以及制造所谓的"民

---

2 关于证据的审查和摘要，除 Gould（1981）外，另见 Lewontin（1982）、Drechsel（1991）、Cavelli-Sforza（2000），以及《自然-遗传学》2004 年第 36 卷的特刊。

3 参见 Hannaford（1996）、Voegelin（2000）、Henningsen（2004）。特别是参见 Lentin（2004），他认为，种族主义并不是现代民主国家中的一种反常现象："相反，根据鲍曼（Bauman）、阿伦特（Arendt）、沃格林（Voegelin）等主要学者的观点，'种族'和'种族主义'不仅是现代性的一种特性，特别是自 19 世纪中叶以来的特性，而且是以 Gilroy（2000：59）所谓的'治国方略'为基础的，在特定历史时刻，这种治国方略需要一种种族等级概念作为其行动的合法化框架。"（Lentin，2004：11）

族药"（ethnic drugs），例如，用于治疗非裔美国人心脏病的拜迪尔（BiDil）。所有这些都对大众的想象造成了影响，但往往是以一种误导或完全错误的形式出现的。[4]因此，关键是要明确核心问题。

第一，人们一致认为，在任何人口统计学群体的所有个体中都不存在遗传变异，而在任何其他此类群体的个体中不存在遗传变异。事实上，他们之间的种群内遗传变异要多得多（Bonham et al.，2005：12）。第二，表型结果和遗传变异之间存在相关性，这一点是毫无争议的。第三，正如已经强调的，问题不在于基因并不能因果地决定表型结果，而在于通常对这些结果的解释不能被还原到遗传机制。

那么问题是什么？它源于这样一个事实，尽管如卡瓦利-斯福扎（Cavalli-Sforza）所说，"每个种群都是一个微观世界，概括了整个人类宏观世界"（Cavalli-Sforza，2000：28），但是"遗传变异的频率和单体型在世界各地都不尽相同"也是事实（Bonham et al.，2005：12）。这里的关键是所谓的单核苷酸多态性（single nucleotide polymorphism，SNP），一种特殊的遗传"标记"。[5]人们在识别 SNP 方面投入了大量的聪明才智和精力。这些对于存在"民族药"或者与"基于等位基因频率变异的种族估计"特别相关的药物也至关重要（Duster，2004：7）。

产生误解的途径很容易确定。首先，人们注意到非裔美国人和欧裔美国人之间某些疾病（如镰状细胞贫血）的发病率的统计差异。接着，人们确定了这些差异和两个群体中遗传变异的差异之间的关联：在表型界定的"种族"的成员和共

---

4 一个特别令人震惊的案例是对霍华德大学医学院国家人类基因组中心的研究成果的误报。2003 年 5 月 27 日《纽约时报》的头条新闻写道："收集黑人的 DNA 来对抗疾病。"文章报道说："样本将被用来发现与高血压和糖尿病等黑种人发病率特别高的疾病有关的基因。"但事实上，它的目标没有那么狭隘，它被误解了。相反，它的目标是"研究环境因素和遗传因素之间复杂的相互作用"，参见 Rotimi（2004）。另一个例子是阿曼德·马里·勒卢瓦（Armand Marie LeRoi）于 2005 年 3 月 14 日在《纽约时报》上发表的专栏文章《每个基因中的家谱》（A Family Tree in Every Gene）。勒卢瓦似乎认为，相关性足以建立不同的种族群体。他似乎也混淆了"种族"和"血统"，参见下文。另见杰里·科因（Jerry A. Coyne）对文森特·萨里奇（Vincent Sarich）和弗兰克·米勒（Frank Miele）的评论——《种族：人类差异的现实》（Race: The Reality of Human Differences），2005 年 2 月 25 日发表于《泰晤士报文学增刊》（Times Literary Supplement）上。

5 这里可以引入一些更重要的术语：等位基因是编码表型某一可能结果的基因形式。例如，孟德尔（G. J. Mendel）发现有两种形式的基因决定了豌豆荚的颜色。因此，等位基因具有因果性。SNP 是指序列只有一个核苷酸发生变化的等位基因。例如，在遗传密码中，GGG 变成 GGC。"彼此相近的遗传变异往往是一起遗传而来的。例如，所有在染色体上某个特定位置有 A 而不是 G 的人，在 A 周围的染色体区域的其他 SNP 上都可能有相同的遗传变异。这些变异相连的区域称为单体型。"据估计，包含大部分遗传变异模式的信息的标签 SNP 为 30 万～60 万个，远远少于 1000 万个普通的 SNP。因此，单体型可能与疾病有关（见 www.hapmap.org）。这种做法虽然方便，但人们普遍认为其中存在明显的危险，其中一些危险在下文中做了说明。

有特定的遗传变异之间建立的一种关联。由于基因肯定是因果关系，我们错误地得出结论，种族差异解释了表型结果的差异。谬论是显而易见的：这些都是相关性，而不是特别强的相关性。因此，社会建构的种族和民族性（ethnicity）在实际使用中与血统（ancestry）有一定的合理性[6]，但考虑到个体可能同时是几个生物地理集群中的成员，并且这些集群的边界并不明显，且受抽样策略的影响，血统并非种族。此外，虽然血统比种族具有更好的预测价值，但它与基因组变异的相关性较弱。[7]一个例子能说明这一点："希腊中部小镇奥尔霍迈诺斯（Orchomenos）的镰状细胞贫血发病率是非裔美国人的两倍，而且……南非黑种人并不携带镰状细胞性状。"（Rotimi，2004：545）也就是说，一个人可以表型为"黑色"，且没有变异，而另一个人可以是"白色"，且具有变异，因此，种族（从生物学意义上理解）并不能解释任何问题。[8]

事实上，表型特征的结果表明，即使一名非裔美国人患心脏病的概率比欧裔美国人高，但这不需要从基因方面解释，更不用说从种族或血统方面解释了。同样，一个例子能证明这一点。达斯特指出，一个典型的流行病学研究（使用与基因/疾病研究相同的定量方法，见附录 A）得出的结论是，非裔美国人的高血压不一定是基因的直接结果；相反，"在美国，肤色越深，就越难获得社会上稀缺和珍贵的资源。表型和与这一表型相关的社会实践之间存在着复杂的反馈循环和交互影响"（Duster，2005：1050）。

最后，从道德角度来看，使用种族作为 SNP 的替代不仅可能重新将种族视为一种解释性的生物学范畴，而且有可能拒绝为可能受益的人提供适当的治疗。例如，在高血压治疗方面，尽管存在相关性模式，但"许多非裔美国人比许多欧裔美国人对血管紧张素转换酶（angiotensin converting enzyme，ACE）抑制剂反应更好"（Jorde and Woodling，2004：528）。[9]

同样，达斯特也正确地指出，这些新能力有恰当的和不恰当的司法鉴定用途。由于基因型是独一无二的，对于嫌疑人有罪或无罪或已经被错误地关押的人，基

6　与 SNP 研究相反，从 DNA 推断血统需要非常大量的基因座。从这些数据推断血统仍然是概率性的，参见 Jorde 和 Woodling（2004：531-532），也参见 Cavaria-Sforza（2000：31）。

7　这可能过于绝对，因为标准技术只检验了 DNA 中的几个选定的基因座。正如达斯特（Duster，2004：8）所说的，"被评估的是每个群体的 DNA 中某一特定点的遗传变异频率"。

8　换句话说，数据库问题是巨大的，并且它是这样一个事实的结果（前面已经提到）："不仅所有人都有相同的一组基因，而且所有人类群体也共享这些基因的主要变异。"[Rotimi，2004：544，引用史蒂夫·奥尔森（Steve Olsen）的话]因此，从一两个非洲人口中得出的推论可能与从完全不同的地理位置抽取的 100 个非洲人口的样本不同。

9　对拜迪尔案例的探讨，参见 Rotimi（2004）和 Duster（2004，2005）。

因匹配（或没有匹配）可能具有决定性意义。"'特殊人群中的等位基因频率（allele frequencies）'与'通过表型进行的警方分析'的危险交集出现了问题。"（Duster，2004：10）问题在于，在通过"种族范畴"确定了某人后，犯罪行为就会通过等位基因频率来"解释"和"预测"。抽样偏差也不能通过拥有一个通用的 DNA 数据库来完全克服，因为如果警方不阻止可卡因的白人使用者，那么他们的 DNA 是否在数据库中都无所谓。当然，"DNA 只有在人类测试它时才是可靠的"（《纽约时报》，2005 年 5 月 16 日）。

48

　　第一章指出原因不仅仅是相关性，第二章坚持认为说明和预测并非对称的。这两个观点都是在上文所讨论的种族和生物学的背景之下提出的。在本节中，我们认为，虽然基因必定包含在解释当中，但是正确理解种族作为一种生物学范畴的种族却并不是。表型结果，无论是疾病还是行为，都是因果关系复杂的产物。我们必须抵制这样一种简单的假设，即来自物理的、化学的、生物化学的、生物和社会的事件和机制中的任何单一机制或事件，足以说明一些成果，无论是精神分裂症（schizophrenia）还是智商测试中的测量能力。但是，一旦我们抛开"800 磅（1 磅≈0.45 千克——译者注）重的大猩猩就是种族"（达斯特）——这可能比我们想象得更难，而且我们完全承认了其中的复杂性——毫无疑问，目前的遗传学工作可以让我们更好地理解遗传机制在表型结果中的作用。通过认识到数据库问题和利用相关性的局限性，许多研究人员现在渴望在医疗决策中直接评估与疾病相关的遗传变异情况。[10]

第四节　意识和集体意向

　　要完整说明人类能动性的本质，并真正理解人类特有的行动和结果，我们需要迈出关键性的一步，为社会机制奠定基础（第四章）。这就要求我们确定人类特有的脑和中枢神经系统所产生的一项关键突现性因果产物（a critical emergent causal product）。这是意识和心灵表征自身之外的对象和情境的能力——从技术上讲，这就是所谓的意向性（Searle，1983，1992）。虽然不可否认人类具有这种能力，但我们仍然缺乏对它的任何形式的充分理解。

49

---

　　10 人类基因组单体型图（HapMap）有争议地假设了"常见病-常见变异假说"。该假说进一步假设，复杂疾病受"在人类群体中相对常见"的 SNP 的影响（Rotimi，2004：543）。HapMap 计划也倾向于鼓励种族分类的具体化。但是，在直接评估与疾病相关的遗传变异变得可行之前，在权衡将现有技术用于预测、诊断和治疗方面，仍然存在分歧，特别参见 Duster（2004，2005）、Jorde 和 Wooding（2004：532）和 Rotimi（2004）。

它包含一种通常被忽视的集体意向性能力，以及一种常常被注意到的语言能力——并且可以肯定是人类社会的一个基本特征。继塞尔（Searle）之后，集体意向性不仅意味着，人有从事合作行为和使用语言的能力，而且可以"共享意向状态，如信念、愿望和意图"[11]。

对于集体意向性的概念，我们没有什么理由感到紧张。可以肯定的是，有些人认为它需要一种站不住脚的本体论承诺，一种独立存在的黑格尔精神（Hegelian spirit）或涂尔干式的"集体意识"（collective conscious）。当然，所有的意识都是个体的，在某人的大脑。正如乔治·赫伯特·米德（George Herbert Mead）和约翰·杜威有力论证的那样，心灵必然是社会性的。因此，考虑到社会的不同，如果人类随时随地抽象地具备这些能力，那么他们将以各种各样的方式来具体地实现。

区分实现了的能力，例如，说"荷兰语"的能力，与作为潜能（potentialities）的能力，即习得语言的能力，是有益的。作为潜能的能力是生物决定的，但在实际发展（与我们的心灵实验相反）中，实现了的能力却不是。也就是说，社会机制（如遗传机制）是必要的原因。*智人*在任何地点和任何时间都具备"思维"潜力和语言潜力，更普遍地说，具备在社会中发挥作用的潜力（potential）。不过，当然，根据时间和地点的不同，孩子会习得一些非常不同的语言。也就是说，在现实世界中，潜力是在不同的社会中具体实现的。[12]

可能有生物学上的趋势或其他类型的倾向，如癌症和精神分裂症，或许产生个性（personality）特质，如性情，以及音乐或数学的心理倾向（pre-dispositions）。有些人没有乐感（have a tin ear），有些人打不了弧线球，另一些人可能尤其擅长

50

11　塞尔（Searle，1995：23-26）给出了一个语言学论证。米德的"社会行为主义"无疑是我们拥有的对下属事实最好的解释，即我们可以共有意图，合作——实际上是进行交流。在反驳冯特（Wundt）和华生（Watson）时，他的问题恰恰是用与达尔文一致的术语来解释思想和意义。总之，"自我"预设了"交流"，交流预设了"意义"，意义预设了"重要符号"，重要符号预设了"声音手势"，声音手势预设了低等动物已经可以使用的"手势的对话"。"行为"是"社会性的"，确切地说，因为"人类动物有超越于低等动物的调节的能力，能够识别和分离刺激。心智（mentality）在于向他人和自我表明这些价值观，这样人们就可以控制自己的反应"（Mead，1967：132），另见 Gillespie（2005）。当然，这仍然有许多问题没有得到解答。Bickerton（1990）利用进化论、生物学和语言学对语言的起源进行了有力的说明。

12　正如我们从进化史中所预料的那样，根据血统和语言定义的群体之间存在着重要的关联。卡瓦利-斯福扎问道："这两个截然不同的系统怎么可能遵循平行的进化轨迹，'共同进化'呢？原因很简单：两个分隔的群体在基因和语言上都有差异。地理、生态或社会障碍造成的分隔，降低了群体之间联姻的可能性，因此，相应地，分隔的群体也将独立进化并逐渐变得不同"（Cavalli-Sforza，2000：15）。不仅分隔是一个高度相关的问题（接触是连续的，并且在语言和基因上都显现出来），而且因为微观世界是对宏观世界的概括（上文注释 2 和注释 7），根据同族结婚行为（一种在群体内结婚和生育的倾向）来定义的群体不是种族。

于数字或机械类的东西。人的许多潜能要么根本没有实现，要么勉强实现。原因有很多。一个显而易见的原因是，实现这些能力的其他必要条件缺失：蛋白质不足；没有小提琴；没有老师。另一个明显的原因是，实现某些能力往往需要付出努力，而这往往是以牺牲其他目标和利益为代价的。

从出生开始，为了实现他们独特的人类能力，人类需要与其他人类进行互动。这也是一个复杂的表观遗传因果故事，既需要来自发展中的积极参与的孩子的付出，也需要来自更广泛的社会环境的贡献：直接养育者、家庭、朋友、同伴与教师等。[13]由于这一过程是随时间发展的，发生的每一件事都可能对将来发生的事情产生影响。在某一刻——显然在很早的时候——一个具有个性的人就会显现出来，这种个性是由一系列独特的习惯、态度和信念所构成的。

似乎遵循以下三个基本原则：

（1）除了人性（humanness），*没有什么是被规划的*（programmed）。但我们可以更好地理解相关机制，生物学的、心理学的和社会的机制，它们结合在一起，产生了"个性"，并基于这一知识，我们有可能提供一些非常有用的概括，例如，对于生活中经历危机情况的人来说，拥有两份 5-HTT 基因的长等位基因的人患抑郁症的可能性较小。[14]

（2）人类发展的因果复杂性保证了，即使对于相同的基因型，具体的人也将会是特殊的个体。

（3）虽然关于生物学在人类行为中的重要性仍存在巨大争论，但没有人否认，所有的发展都离不开先天和后天的共同影响（Ridley，2003）。但也有一个共识正在形成，即决定这两者各自的分量是一个无法回答的问题。因为发展是表观遗传的，而且原因并不是附加的，所以我们没有合理的方式来区分无数因素中任何一个因素的因果重要性，无论是牵连机制的巨大范围，还是结果中涉及的可能无法确定的偶然事件（见附录 A）。

（4）考虑到某些人复杂而又特殊的生平，我们没有理由相信，任何科学能够

---

13 在一个有力但不被广泛认可的说明中，朱迪斯·里奇·哈里斯（Judith Rich Harris）解释了"为什么孩子们会变成现在这样"（Harris，1998）。对于她来说，"父母没有你想象得那么重要，而同龄人更重要"。从目前的观点来看，尽管她用行为遗传学的证据反驳了标准的心理学误解，尤其是在削弱相关性假设方面，但她似乎没有关注到发展的交互性或表观遗传特征。

14 这是 2003 年 7 月 18 日《纽约时报》报道的一项英国和新西兰的纵向研究的结论。机制也得到了确定。5-HTT "包含了产生一种蛋白质的编码，这种蛋白质保护化学信使血清素穿过脑细胞或神经突触之间的空隙，然后清除剩余的血清素。百忧解（Prozac）、帕罗西汀（Paxil）、左洛复（Zoloft）和西酞普兰（Celexa）等对治疗抑郁症非常有效，它们通过作用于血清素系统发挥作用"。

大大有助于提高我们解释一个人的具体行为的方式。[15]假设我们的性格与我们的行为有因果联系，那么，我们在任何特定情况下所做的事情也取决于多变的具体情况、我们如何理解这些、我们做出了什么特别的判断，以及我们如何评估目标和方案。物理学无法解释或预测落叶最后降落到的地方。行为是有原因的，但是一旦我们掌握了所涉及的因果关系的复杂性，任何科学都应该能使我们提高解释和预测个体的具体行为的能力这一点几乎并不合理。我们直接转向这个问题。

第五节　科学与对人们的行为的解释

人们常常认为，解释行为是社会科学的任务。进一步假设一个人的所作所为有其自然原因，因此，解释行为需要他们的身份。如果是这样，即使我们认为我们有自由意志，我们的行为也是被决定的。

这种观点认为，被决定的意味着是有原因的；但在自由意志与决定论的二分法的语境下，它批判性地暗示了一个人"不可能做另外的事"。也就是说，它否认了人的能动性（agency）。它坚持认为，即使我们认为我们本来总是可以做不同于我们最后所做出的事，但事实上，我们就像一台自动机（automata），通过原因编程来决定我们所做的事。于是，我们无法解释和预测行为，这仅仅是由于我们的无知：如果我们拥有所有的相关规律，以及对所有的初始条件的精确描述，预测行为就会像预测行星的位置一样。事实上，尽管这种科学观点是错误的，但人们通常认为，如果人文科学要成为可能，我们就必须预先假定这一点。这个观点在历史上一直是始于哲学家康德的争论的主因。所谓的自然主义者的立场是，我们必须坚决否认自由意志。反自然主义者采取的常识性的立场是，既然我们还可能有其他做法，我们就需要完全拒绝因果解释模型。这种观点的另一种替代模型是历史学家的模型：因此，柯林伍德（Collingwood，1969：12）写道：

在寻找原因或事件的规律方面，历史学家不必也不可能（如果不成为历史学家的话）仿效科学家。对于科学来说，事件是通过感知它而发现的，而对其原因

---

15 尽管有人坚持认为"解释行为"是一个目标，但这也包括作为一门科学的心理学——理由都是一样的。与其他科学一样，心理学的任务是理解，尤其是对人类力量的理解：感知、认知、动机、学习、想象、语言等。参见 Manicas 和 Secord（1984）、Margolis 等（1986）。虽然发展这一点需要另一本书，但这个观点并不新鲜。例如，见 Campbell 和 Misanin（1969：77）："现在很少有心理学家相信，那些曾经被称为基本驱动力的条件，如饥饿、口渴、性和物质行为，主要受一些共同的潜在的普遍驱动状态所支配，即使有一些激活或激励状态是许多基本驱动力所共有的，很明显，这些驱动力所引发的特定行为是由环境刺激、荷尔蒙状态、生理失衡、以往经验等复杂的相互作用所控制，基本驱动力的概念对于阐明这些复杂性没有什么价值。"

的进一步探索是通过将它分配给它的类，并确定该类与其他类之间的关系来进行的。对于历史来说，要发现的对象不是单纯的事件，而是表达它的思想。发现这一思想已经是理解它了。历史学家查明事实之后，并不会有进一步的过程来探究它们的原因。当他知道发生了什么事情，他已经知道为什么会发生。

柯林伍德的观点可以被普遍化。理解罗马历史要求我们理解布鲁图斯（Brutus）为什么刺杀恺撒（Caesar）。我们要把握他的理由和信念。对于解释为什么山姆抢劫便利店，也是同样的做法。（这两个人本来可以不这么做。）当然这似乎是正确的。但柯林伍德的主要结论是错误的，因为他的因果性（和科学）的形象是错误的。因为他假设，理由不是原因。

正如第一章中我们所认为的，因果规律并不是"每当这样，就那样"的形式，既然宇宙不是拉普拉斯意义上的宇宙，那么偶然性就是世界上所有的事件的一贯特征，包括人的行为。我们可以预测行星的位置，因为只有两个相关的原因（惯性和引力）和三个相关的变量（质量、速度和位置）。最关键的是，没有"蝴蝶效应"：实际上，这一系统是闭合的。请记住，我们无法解释或预测滚下山的巨石上掉落的碎石的最终形式，即使在这个完全不涉及人类的非常简单的例子中，也有一种内在的不可预测性，它源于这样一个事实，即每一瞬间发生的事情对下一瞬间发生的事情产生影响。既然人类也是如此，而且人类是非常复杂的开放系统，那么我们不能用天体力学的简单和确定性来预测（或解释）就不足为奇了。实际上，假设就在我正要开始这句话的时候，一个不小心扔出的棒球打碎了我办公室的窗户。我开始要写的句子没有被写出来。

事实上，正如在前一章中所指出的对预测的说明，存在一种解释和预测人的行为的悖论。事实上，我们很擅长解释和预测人的行为，完全独立于人文科学所提供的知识。事实上，作为普通的社会化的人，我们在解释和预测人类行为方面比尖端科学在解释和预测落叶的最终结果要更擅长。*而且，事实上，相比我们自己以非常前科学的方式所做的，人文科学没什么希望能够更好地解释和预测人类行为。*

当然，我们对于日常行为的解释不是科学的。它们采取为人们的所作所为提供理由的形式——就像柯林伍德所提议的。虽然这个话题在某些领域仍然是有争议的，但是没有充分的理由表明，原因是不是原因；并且有充分的理由表明，它们是（原因）。如果说，山姆做了 A，因为他相信 B，似乎不可避免地意味着，山姆的信念 B 是山姆做 A 的原因，否则理由与行为之间就没有真正的联系。正如巴斯卡尔所写的："如果而且每当他们解释……理由必须被阐释为原因，否则就是终止所有解释。"（Bhaskar，1979：115）在这里人们可以赞同我做某某事的理由本身是由原因引起的，但这无疑并不重要，因为它是我的理由。如果我选择了其他方式，那也会成为我的理由。

此外，像其他类型的原因一样，拥有一个理由也可以是一种状态或性情：诚实给了一个人说实话的理由。坚持自由主义给了一个人为民主党投票的理由。正如其他必须被分析为倾向的原因一样，即使不被运用，理由也可能是存在的，而即使运用了，它们也可能无法解释行为：在这种情况下，它们不会是行动的理由。另一方面，不经过思考，只要有适当的条件，我们就会行动。事实上，我们绝大多数的行动都属于这一类：它们一般不要求我们承认、阐明或承认我们行动的理由。当然，我们可能被要求回顾性地说明我们行动时的状态。当然，这是有关于民族方法学文献的一个强有力的见解。

这一点非常重要。正如塞尔曾指出的，在社会科学文献中，有两种旨在解释行动的主导理论。一种是"心理因果关系，根据这一理论，行动者可以有意识地或无意识地把一套合理的程序运用于一组或多或少确定的意向状态（例如偏好计划或内化规则）"（Searle，1995：141）。这种模式现在被称为"理性选择理论"，但它已经以各种形式存在很长时间。[16]另一种模型"并不诉诸意向状态，而是诉诸绝对的物理因果关系"。与行为主义联系极紧密，它肯定因果性，但陷入规律决定主义的模式——"每当这样，就那样"——它完全否认能动性。塞尔是相当正确的，我们在这里需要的就是一个因果说明，它"将解释行为的错综复杂性，复杂性和敏感性，并解释其自发性、创造性和独创性"（Searle，1995：141）。

从人们对于他们的所作所为是有理由的这一观点开始，理性选择理论是在努力说清楚，是什么使人们做出理性行为的决定。可以肯定的是，这种模型有时可能会显得很恰当。我们有时会对我们的处境进行认真的评估，明确我们的目标，并尝试根据一些理性排序，来评估可选方案的优缺点。但是，首先，这种情况通常并不会发生。此外，即便它发生了，我们也不是逻辑机器。按照现代逻辑的标准，我们经常做非常愚蠢的事情——即使我们有自己的理由。因此，根据这一理论，如果一个人喜欢 a 胜过 b 而且喜欢 b 胜过 c，那么他并非喜欢 a 胜过 c，是不合理的。基于这个理论，如果你评价两样东西，比如你的生命和一枚五分钱硬币，那么一定会存在一些概率，你会拿你的生命来赌这枚硬币。决策论认为，如果你否认任何这样的概率，那么你就不是理性的。但是，事实上，谁是不理性的呢？

第三种模型拒斥了这两种模式，并从已经指出的观点开始，即拥有一个理由必须进行倾向性分析扩展。更一般地说，如亚里士多德（Aristotle）、乔治·赫伯

---

16 亨普尔提出，他所谓的"理由解释"满足了 D-N 解释模型（Hempel，1965：463-487）。理性选择理论在现代微观经济学中占有重要地位，并在社会学和政治学中占有重要地位，见第五章和附录 B。

特·米德、约翰·杜威、赖特·米尔斯（C. Wright Mills），以及后来的皮埃尔·布尔迪厄所注意到的，我们所发展出的性格和习惯，对我们的所作所为有巨大的影响，之所以这样，是因为它们赋予了我们能力或力量，而这些能使我们倾向于以特定的方式行事。正如理论性的科学事物的力量一样，这些都是趋势，尽管在因果上很关键，但在开放系统中，这些趋势并不生成不变性。已知山姆不喜欢摇滚乐，当他被问到是否喜欢最近发行的吉米·亨德里克斯（Jimi Hendrix）的专辑时，我们可能会认为他会进行批判，但他说的话并非"确定的"。的确，他可能让我们大吃一惊，并告诉我们，他对其中几段歌词感到惊喜。同样，如果他是诚实的，答案很可能是诚实的，但如果有充分的理由不说实话，那么答案可能就不是了：例如，如果他也倾向于取悦你。在下一章中，这种观点将进一步复杂化，包括一个人在社会关系中所处的地位对行动的限制和激发。我们可以预见到，这些将与"我们是谁"因果相关。

　　由于我们知道一个人所做的事和做这件事的理由之间存在联系，我们对此有着大量概括，这些概括给了我们相当大的预测能力。因此，通过知道山姆通常在某时间感到饥饿，他不喜欢饿着，没有什么能阻止他满足他的吃饭欲望，我们就可以预测（或解释），山姆很快就会去吃午餐。与任何事件一样，这里有许多因果机制在起作用，物理的、化学的、生物的、心理的和社会的，并且至少前三者都是相当清楚的。事实上，从目前的观点来看，我们对相关的心理和社会机制的无知在很大程度上是由于误解了人文科学的目标，尤其是假设他们的目的是解释行为。无论怎样，即使在没有任何对于这些机制的充分的科学理解的情况下，我们也仍然非常好地解释和预测了山姆的行为。社会生活先于现代科学几千年，但是非常难以想象缺少这种能力的社会生活。这方面的知识反映在人类语言中，人类语言关于行动的概念和对行动的区分是长期历史经验的产物。韦伯正确地指出，作为人类，我们一直"在自己日常经验的世界中被教育"。

　　在这里，我们可以思考一个火星社会科学家的问题。他缺乏人类的历史经验——或许也缺少不同的自然历史。如果是这样的话，也许他的感知系统，更不用说他的社会系统，根本不同于我们的。对他而言，我们的行动是完全无法理解的。他首先需要确定人类日常生活的模式，然后从运作中的因果机制方面寻求对这些的理解。他很可能对物理、化学和生物化学机制比我们有更好的理解，但他需要把这些理解付诸实践来理解人类，在此之后他需要做一些非常严肃的人类民族志研究。哈瑞和西科德（Harré and Secord, 1973）坚持认为，火星人的社会科学问题完全不同于我们的社会科学问题，这一点他绝对正确，但是我们的社会科学在很大程度上好像与我们普通的人类的理解完全无关。

　　这里需要面对之前被忽略的一个悖论。没有社会就没有人，没有人就没有社会，但社会不像自然，独立于我们的活动而存在。接下来我们转向这些问题。

第六节　社　　会

在我们努力为研究社会科学提供一种元理论的过程中，我们转向自然科学与社会科学之间的第二个巨大差异：自然独立于我们而存在；社会则不是。塞尔曾正确地指出，比"自然"和"文化"或"物质"与"精神"之间的差别还要更基础的是，独立于我们存在的世界的特性与依赖于我们而存在的那些特性之间的差异。树和分子独立于我们而存在。即使人类种族突然灭亡，它们仍会存在——即使我们对它们的表征会消失。相反，金钱和科学会与我们一起灭亡。当然，对我们来说代表一美元钞票的纸依然存在。它仍然是具有特定的因果力的分子的集合。例如，它仍然会燃烧，但它不会是钱，因为没有人用它来买东西。

塞尔（Searle，1995：27）区分了"原初事实"，即关于独立于我们存在的世界的特征的事实，与"制度性事实"，即关于需要特定的人类制度而存在的世界的特征的事实。制度性事实必然需要集体意向性：我们都相信，这张纸是一美元钞票，让我可以从你那里购买甜筒冰淇淋。H_2O 是水是一个原初事实。一个甜筒冰淇淋要花一美元是一个制度性事实。制度性事实还有其他关键特征：

（1）原初事实在逻辑上先于制度性事实。制度性事实是由"自然的"（独立存在的）物质世界的东西组成的（和维持的）。但这些不一定是物理对象（如传统货币的情况），但可能是磁带上的磁迹，或者在谈话中，从我们嘴里发出的声音。

（2）制度性事实与其他制度性事实相互关联。正如塞尔写道："为了让社会中的任何人都能拥有金钱，社会必须有一个用商品和服务交换金钱的系统。但要有交换系统，就必须有财产和财产所有权的系统。"（Searle，1995：35）这进而又需要法律系统。这也表明，制度性事实可能预设了其他制度性事实——有不同程度的深度和普遍性。但不能由此得出，制度性事实的集合包含一个完整的整体。

但是，如果我们现在把社会看作是一个相互关联的制度的集合，我们就必须面对一个令人担忧的后果，即社会的存在完全依赖于我们。如果是这样，那么一切似乎都是在我们的头脑之中，因此，要知道它如何因果地发挥作用是很难的。在一般解读中，涂尔干（Durkheim）是第一个看到这个问题的人。按照涂尔干的一般解读，社会事实外在于我们，并且有强制力。那么，这就很容易解释行动的稳定性和规律性了。事实上，说社会影响了我们的行为，这看起来几乎是常识。尤其是自帕森斯有影响力的研究以来，社会科学家常常不经意间已经或多或少地致力于涂尔干的某些观点。表现为，诉诸社会动力，或根据社会结构解释行动。一些外部的、实在的和因果的东西，如大自然的力量，似乎是解释的必要条件。但是，我们开始的叙述提供了一种"唯心主义"的社会实在的本体论。它一直困扰着当代学者，对他们来说，安东尼·吉登斯的"结构化理论"常常是一个出发点。在这一点上的关键概念是"社会结构"的概念或仅仅是"结构"的概念。[17]

第七节　社会结构的概念

吉登斯（Giddens，1984）区分了"系统"、"结构"和"结构化"。

（1）*系统*："行为者或集体之间的再生产关系，作为常规的社会实践组织起来。"作为相对有限的实践集合或多或少有一个模式，这些集合是可观察的。从这个意义上说，系统通常被称为"社会"，但这里要小心。我们看不到社会。我们看到父母教导子女、工人在老板的监督下工作、立法机关制定公民遵守的法律等。其次，广泛使用的术语"系统"通常被用来意指，其部分在功能和一致性上是聚合的。但是，与制度性事实一样（上文中的），吉登斯没有做出这样的假设。[18]可观察的模式是研究的经验出发点。

（2）*结构*："规则和资源，作为社会系统的属性被组织起来。"结构不是模式化的实践，而是赋予实践以模式的原则。因此，结构是一个理论术语，而且是一个高度抽象的理论术语。可观察的模式（系统）是具体的，而结构是从它们中抽象出来的。规则和资源是相互关联的。

规则"意指有系统的社会互动程序"，可适用于各种语境和场合的"一般化程序"。它们有两个方面：意义的*构成*（constitution）和行为模式的*认可*。最后，也是最关键的，"规则的概念化不能离开*资源*，资源指的是将变革关系实际纳入社会实践的生产和再生产中的模式。因此，结构属性表现了统治和权力的形式"（Giddens，1984：18）。

（3）*结构化*："支配结构的连续性或转换的条件。"对于预测：如果模式是

---

17 正如休厄尔（Sewell，1992：3）所说，"'结构'是当前社会科学词汇中最重要和最难懂的术语之一"，但不管怎样，"任何试图合法地废除它的尝试都是徒劳的"。

18 尽管吉登斯在著作中敏锐地拒斥了社会理论中的功能主义，但他自己对"系统"的使用却没有理论化，甚至可能是不必要的。他最好的陈述可能是："英美社会学中通常使用的'社会结构'一词所具有的'可见模式'的内涵，在我的术语中是由系统的概念来表达的：关键的条件是，社会系统通过社会再生产的连续性，在时间和空间上被模式化。"（Giddens，1979：64）在这之后，他还说："因此，社会系统就是一个'结构化的整体'。"但这充其量只是一种广泛的误导。休厄尔就社会和结构的"多重性、偶然性和断裂性"提出了一些非常有用的主张。我们回到这里。

58

可观察的，而且结构是抽象的，那么结构化就是指产生这种模式的机制。对于吉登斯来说，结构只是一个"虚拟的存在"。正如他写道，"结构同时进入行动者和社会实践的构成，并且在这一构成产生的那一刻就'存在'"。这当然是吉登斯的系统阐释的中心思想。

结构化涉及"结构二元性"的观念，即社会生活从根本上说是"递归的"，也就是说，行动者和结构互相预设：没有无结构的行动，也没有无行动的结构。因此（正如米德所主张的），不存在有行动者而无社会的情况，反之亦然。因此，我们不应该说，人创造社会。相反，因为所有的个体都出生在现实存在的社会中，所以，社会结构对他们来说是预先存在的，并体现在成员正在进行的活动中。因此，他们成为社会中的人，并且通过他们的行动再生产和改造社会。

59

我们希望保留涂尔干关于社会影响行为的见解。我们可以更清楚地看到这一点是什么意思。我们可以把社会作为实践的集合。首先，存在着成为一个人的社会过程。婴儿出生在一个成年人用手头的材料来行事的世界。因此，他们的活动是结构化的，既受到激发又被约束。也就是说，有些材料被人们以特定的方式应用。这些个体中的一些人培养着那个孩子，把一系列关于他们的社会活动的隐性知识传授给他。孩子创造性地适应了这一点，成为一个积极的参与者。形成了一系列的性情，赋予了那个人一种个性。每一代人都有特定的材料，这些材料是前几代人的活动所提供的，可以追溯到过去。这在一定程度上解释了为什么历史对任何人文科学都很重要。

但是，社会（具体化在人的活动中）也影响着行为，因为社会结构使得社会中可供选择的范围适用于社会化的人，这一点的运作从明显到不那么明显。你可能懂印地语，但如果你生活在一个没有说印地语的人的社会中，你就不会说印地语了。如果你不会那个社会的语言，你可能会努力学习它。不太明显的是，不同的社会为不同的人们提供了不同的选择。种族、性别、阶级和地位的理论就是从这里开始的。例如，在一些具体的社会制度中，"阶级"可以指人与人之间客观的社会关系。"阶级"是一个理论术语，抽象地说，它很可能是一种原则，在许多制度性事实的背景下，解释了实践的结构化模式，例如，劳动力市场的机制。

因此，结构既是意识活动的媒介，又是意识活动的产物。在下面的意义上，结构是媒介，即它是应用材料，既激发又约束。例如，一个人懂一门语言，因此可以讲这种语言。她用语言的材料创造了她的句子；她用它来描述、宣言、解释等。另外，她也被她的语言所限制。要想被理解，她必须或多或少地遵照该语言的规则（尽管这些规则主要是默认的，不为说话者所承认）。有些句子毫无意义。有时，她也许通过创造性地使用一个隐喻来努力表达她的意思。而且有些东西根本就表达不出来！

这些特征是完全可概括的。我们所做的一切都涉及社会上可用的材料，这些通常被称为制度。当我们工作时，我们使用材料、语言，以及所有构成工作活动的特定规则、关系和工具。因此，我们有任务和完成这些任务的方式，我们有可以解雇我们的老板，我们使用电脑、文件、电话等工作。所以，当我们玩耍、结婚、祭祀、从事政治等，也是一样。当我们下棋的时候，比如国际象棋，棋子的移动是有规定的，但是在这些规则中，我们可以自由地决定做出怎样的移动。当我们结婚时，双方都接受角色和责任，获得一些权利同时又失去另一些权利。我们所做的一切都是如此。

另一方面，社会结构是某种意义上的产物，既然语言体现在具体的话语中，作为一种无意识的结果，当我们集体地或累积地说话和写作时，我们再生产和转换了它。而且，与所有其他活动相类似：我们的工作活动实现了在此类工作活动中体现的规则和关系；我们与伴侣的互动实现了家庭生活等。

由于结构是虚拟的，并且只作为正在进行的实践的具体化而存在，因此社会科学必定是历史的和具体的。如果我们想了解当前的实践，我们必须承认它们是历史的产物。但不同的历史经验将会使那些在其他方面类似的社会具体不同。人们可以抽象地谈论作为资本主义社会的法国、韩国、萨尔瓦多和加拿大，但它们截然不同的历史使它们现在在许多重要方面截然不同。

社会科学的历史性和具体性给理论带来了特殊的问题。虽然理论化在任何科学中都永远无法完成，但在社会科学中，理论是可以不断地被修正的，不仅因为新理论取代或修正了旧的理论，而且在现实中正在发生变化。考虑到美国社会的巨大变化，例如从 20 世纪 50 年代以来，过去被发展出来理解美国家庭的理论，今天有可能并不适用了。

理解社会变革确实是社会科学的一个关键特征，根据具体的物质和历史条件，有各种各样可能的对于社会变革的解释。但事实仍然是，除了自然事件、飓风等，社会上发生的一切都是由人们用手头的材料产生的，有时是有意识的，但通常是他们活动的无意识后果。因此，要理解社会变革，就需要对现有的社会机制做出具体的假设，具体地说，这些假设详细说明了行动者所具有的能力和他们所受的限制，他们知道和理解了什么，最后，他们把他们的能力和知识用于什么何处（第四章）。为了简要说明这里的问题，我们来对比一下苏联的近代历史和美国近期的国家选举。两国经济结构的巨大差异、政治安排等方面的不同，导致了从领导人[如普京（Putin）或布什（Bush）]到普通工人和公民的能力和限制方面的巨大差异。

社会的历史性的和具体性也为概括带来了风险。由于社会现象是历史的和具体的，因此，旨在适用于许多或所有社会的概括很容易导致无意义或扭曲。例如，几乎必然为真的是，"相比在正常时期，一个组织更可能在外部危机时期保持高度集中"或"相互竞争的国家的经济/人口资源决定了军事统治能力"。但这些对于理解拿破仑战争期间法国的行为或（例如）苏联在 20 世纪 50 年代完全不同的情况是极其无用的。同样地，我们需要扭曲对"企业家"的一般理解，来主张"在所有社会中，企业家都是变革的催化剂"。这并不是否认概括在社会科学中的重要性，因为是它具有潜在的描述性和启发性。在这里，我们不妨提醒自己，正如在第一章所讨论的，科学的一项重要任务是解释重要模式和概括。社会科学亦是如此。正如我们能够理解氧化、理解铁为什么生锈一样，我们需要理解性别歧视，以及为什么尽管人们努力做出反抗，但仍然存在着"玻璃天花板效应"（第四章）[是指在企业和机关团体中，限制某些人口群体（女性、少数民族）晋升到高级职位的障碍——译者注]。

第八节　双重解释学

由于社会结构并非独立于人类活动而存在，因此关于对社会的探索，存在着关键的认识论意蕴。在所有的科学中，因为科学家们必须就其关于世界的主张开展相互沟通，希望达到共同的理解，所以，他们从事解释学——"阐释的艺术"。[19]

为了就所宣称的主张达成共识，所有的科学家都必须不断地就这些主张、所采用的标准和方法、所引证的证据等寻求相互理解。对于自然科学家而言，自然是独立于我们存在的。原初事实指的是那些不考虑我们人类的利益或我们可能会强加给它们的意义的事实。对于有关社会的主张和理论，社会科学家也必须达成一个共识；因此，同样地，社会科学家彼此之间也致力于一种解释学过程。

但对于社会科学家而言，有一种"双重解释学"（Giddens，1984）。社会科学家所描述的、交流的和寻求共识的世界本身就是一个有意义的世界，一个对所研究的社会成员有意义的世界。正如我们所说的，由于人类行动涉及成员共有的概念、规则、规范以及信念，因而活动是有意义的。这一基准是社会科学研究的出发点。社会科学家必须就其成员正在进行的活动的阐释达成共识，这些成员的活动构成了他们的世界。作为科学家，如果我们要交流和确认关于那个世界正在发生什么的主张，我们必须理解这个世界。我们需要掌握成员的动机和他们的生活准则。我们需要知道对于成员们来说，什么是婚姻或孝道，什么是不道德的、犯罪的、民主的、公正和不公正的。这对于我们自己的社会及其亚文化来说，同

---

19 解释学（hermeneutics）最初是阐释《圣经》的理论和方法，狄尔泰将其扩展到人类的行为和产物上。

样如此，就像所谓的"异域"社会一样，即使我们经常——灾难性地——认为我们能理解或解释结果，而不考虑活动对于成员们来说意味着什么。事实上，这正是许茨对实证主义社会科学的批判：实证主义者自认为是一个对其赋予意义的"客观"世界提出主张的自然科学家。在他对帕森斯的研究的批判中，许茨正确地指出：

> 帕森斯教授正确地洞察到如果没有主观观点的应用，关于行动的理论就会失去意义。但他并没有从根本上遵循这一原则。他通过一个只有观察者才能理解的对这种事件的阐释方案来取代行为者心中的主观事件，从而混淆了阐释主观现象的客观方案与这些主观的现象本身。（Grathoff，1978：36）

> 但是，回答我们的问题，"社会世界对我这个观察者来说意味着什么？"以回答完全不同的下述问题为先决条件，即"这个社会世界对于这个世界中被观察到的行为者意味着什么，通过他（行为者）在其中（社会世界）的行为意味着什么？"有了这些问题，我们不再天真地毫无疑问地把世界和其目前的理想化和形式化视为现成的和有意义的，而是着手研究理想化和形式化的过程本身，即社会现象对于我们以及行为者的原初意义，人类相互理解和理解自身的活动机制。（Wagner，1983：48）

63　　这显然不仅是民族志的强项，也是符号互动论取向、常人方法学（ethnomethodology）、戈夫曼的研究和其他形式的定性研究的强项。[20]但是，事实上，这种"民族志的时刻"对于任何社会科学——而且就此而言，对于历史——的任何解释努力，是必不可少的（见第五章）。

这就提出了两个难题。首先，社会科学家（历史或语言学家）作为局外人是否有可能把握所研究的社会中的行动的意义？也许只有当地人、内部人士才能真正理解正在发生什么。其次，也许更成问题的是，我们能否问问当地人对于他们的世界的理解是否充分？他们真的理解发生了什么吗？

第九节　民族志的怀疑论

民族志的怀疑论是健康的，但不必把问题变成不可能。[21]再想想我们在日常生活中认为是理所当然的相互理解的能力。正如韦伯所指出的，这涉及他所谓的

---

20 定性研究有多种形式，包括参与式观察、访谈、文本和文件分析、焦点小组等，它们提供了一些方法来掌握成员对他们的世界的理解，有些方法比其他方法更好。经常诉诸问卷调查的定量工作并不是更好的方法，但我们在这里必须放弃讨论这些问题。如附录 A 所述，定量研究在描述和证据上仍然是重要的。例如，参见 Mills（1959）。

21 有关例子和讨论，参见 Clifford 和 Marcus（1986）、Rosaldo（1989）。

理解，即人类把握另一个人的行动的意义的能力。我们千万不要以为理解是某种特殊的、直觉的、富有同情心的理解，或是一种对别人经验的重温。"理解"是我们所有人一直在做的事情。当我们判断一个站在梯子上的人在粉刷房子，或判断另一个人脸上的表情是由于我们不经意的言论而产生的痛苦时，我们就在进行"理解"。的确，当我们学会使用语言时，我们就学会了这样做。这些判断没什么可怀疑的，因为它们与任何判断一样，都需要证据而且可能随后就会被拒斥。

其次，我们的民族志学者不是火星人，而是人类。即使她所研究的文化完全不同于她自己的文化，但它仍然是一种人类文化：*理解*仍然是至关重要的。[22]因此，在最坏的情况下，研究者可以获得与成员相同的证据——成员的行动和产品（如文本和人工产品）。有些行动会立即被理解：他们正在寻找食物或建立一个住所。此外，正如哲学家蒯因（W. V. Quine）所认为的，关于意义的假说受到了检验，要么似乎是有效的，要么就不起作用。最终，（按照米德关于这个主题的观点）相互作用成功了，期望得以实现，就有沟通和理解。当然，这需要一些时间，而且当然，我们的民族志学者可能会出错——或许是在细节上，或许是在一些基本的方面。 64

此外，当地人拥有其他人无法获得的优越的或独特的理解，这一观念遇到了逻辑上的困境。我们都处在一个没有上帝视角的世界里。然后，我们来思考其他可能享有特权的视角：被殖民者、有色人种女性、上层阶级的有色人种女性、城市底层的有色人种女性等。问题不在于这些声音是否在以白人男性为主导的实证主义社会科学中受到压制：它们确实受到了压制。问题也不是说，许多定性工作做得不好，通过这种或那种方式被扭曲了。不如说这个问题是认识论的：因为在逻辑上，我们每个人都具有独特的人生经历和社会地位，每个人的观点都是独一无二的。我们似乎已经超出了相对主义，而转向了激进的主观主义。我无法成为本地人，但我也不能成为你。也就是说，理解其他人的问题始于自身。在日常生活中，我们并非不存在问题。事实上，正如米德和许茨所坚持的那样，如果我想要和你沟通，我必须在一定程度上采取你的立场。[23]

因此，任何观点都会漏掉一些东西。社会科学家有义务注意倾听其他声音，并尽可能使其说明是客观的。假定这样的客观性是情境化的而非绝对的，情境客观性需要布尔迪厄意义上的自反性（reflexivity）。除了明显的潜在立场偏见之外，还有一个问题："在特定时刻提供给他或她的可能的智力立场的客观空间……"

---

22 萨林斯（Sahlins, 2004: 5）认为，民族志学者想要取得任何进展，就必须成为一种文化动物，但可以肯定的是，成为人类（文化存在）本身就是一个巨大的优势。

23 这里同样，一开始就反对笛卡儿式出发点的米德/杜威的意义理论，给了我们所需的哲学基础。

最后，还有将世界解释为"一种奇观"的理智主义偏见（很久以前被约翰·杜威坚决地拒斥了）（Bourdieu and Wacquant，1992：39）。按照目前的观点，知识并不是一种对现实的反映，也不仅仅是一种建构，而是"由它所涉及的差异性所约束"（Pickering，1992：412）。[24]萨林斯恰当地引用了巴赫金（Bahktin）的下述说法：

有一种持久的、片面的，因而也是错误的观点认为，为了更好地理解外国文化，人们应该生活在其中，并通过这种文化的视角来忘记自己原来对于这个世界的看法……诚然，在一定程度上进入一种异域文化并通过它的视野看世界，是理解过程中的一个必要环节……[但]创造性的理解并不放弃它自身、它在时间中的位置、它的文化；它不会忘记任何事情。理解的首要问题是进行理解的人与那些他想要创造性地理解的东西之间的外位性（exotopy）——在时间、空间和文化上……

在文化领域，外位性是理解最强有力的杠杆。只有通过另一种文化的眼睛，异域文化才更加全面和更加深刻地（但绝不是彻底的，因为随之而来的其他文化将看到并了解更多）呈现出自身。[25]

在下文中，我们提出，坚持社会科学家可以比成员更好地理解社会这一观点是不矛盾的——否则确实很难理解从事社会科学的意义。这有两个原因。首先，民族志学者可能有义务努力阐明成员们没有阐明的东西。有能力的成员必须有足够的知识来开展活动——他们有实践知识，尽管他们经常无法论证性地提供这些知识。我们可以认为定性研究的目的在于搞清楚行为者究竟知道些什么，既可以是论证性的也可以是非论证性的。因此，经过调查，民族志学者可能比成员们知道得更多，完全是因为她们发现了与日常活动有关的隐含规则、方法和规范。这也是比较方法的优点之一。

掌握成员们对她们的世界的信念和理解，只是理解和解释社会科学的必要的第一步。因为她们可以采取第二个步骤，并提供对（解释该社会中典型活动的）

24　在这里，我也许扩展了皮克林所说的"实践的混乱"和"抵抗与和解的辩证"（Pickering，1992：412）的意义，另见 Fabian（1991）、Williams（2005）。

25　引自 Sahlins（2004：5）。萨林斯从茨维坦·托多洛夫（Tzvetan Todorov）的《米哈伊尔·巴赫金：对话原则》（*Mikhail Bakhtin: The Dialogical Principle*，明尼阿波利斯：明尼苏达大学出版社，1984 年）中引用了巴赫金的话。另见帕特里夏·希·柯林斯（Patricia Hill Collins）写道："每个群体都从自己的立场发言，分享自己部分的、处于特定位置的知识。但是，因为每个群体感知自己部分的真理，所以其知识是不完整的。每个群体变得能够更好地考虑其他群体的立场，而不放弃自己立场的独特性或压制其他群体部分的立场。"（Collins，2000：330）

社会机制的理解，所以，她们的理解更加有力。[26]

最后这一发现将在下一章加以阐述，它提出了一个自然科学无法获得的机会。提高我们对自然世界的理解当然可以帮助我们更好地调整，甚至更好地影响其进程的结果。但是我们不能改变自然世界的进程；即使我们能够制造出强大的发动机，将火箭送入太空，我们也无法使重力停止发挥作用。不过，提高我们对于社会世界的理解确实给我们提供了机会，以更适宜于我们的价值观和利益的方式来改变社会现实。

66

第十节　解放性的社会科学

尽管活动要求成员们具有实践知识，但它并不要求他们掌握产生和维持成员们信念的机制。因此，大众媒体在信念的形成方面起着什么样的作用呢？这与政治经济的机制是如何相关联的？与投票行为是如何相关联的？行动也不要求所有维持这些机制的信念都是正确的。事实上，一种实践的再生产可能要求其成员对他们的活动所维持的实践抱有错误的信念。如果可以证明一些对于实践的再生产来说必要的信念是错误的、受到歪曲的或不充分的，条件不是他们看起来的那样，并且结果是非预期的，那么，行动者有理由改变他们的实践。想想男性更优越的信念。这个信念对于定义传统的父权制家庭的实践是必要的吗？但是，如果（随着人们越来越意识到）这种信念是错误的，人们就有充分的理由改变他们的行为，从而改变继承的角色和关系。这并不是说社会科学家已经把他（或她）的价值观嵌入到了研究中。而是说，当我们观察到信念如何进入实践的构成，并追问这些信念是真是假时，就会产生一些内在的实践意义。我们必须承认，确定我们关于世界的信念的真假，是任何科学的任务。对于社会科学来说，这还具有一种额外的解放潜力（Giddens，1984；Bhaskar，1979）。

第十一节　问题和异议

上述社会理论存在哪些问题？关注于对结构化理论的典型批判是有用的。值得注意的是，也许吉登斯既被解读为一个有力地拒斥了能动性的结构主义决定论

---

26 布尔迪厄和吉登斯都认为，符号人类学家[如克利福德·格尔茨（Clifford Geertz）]、符号互动论者以及受许茨影响的那些人[如哈罗德·加芬克尔（Harold Garfinkel）]的工作提供了不完整的说明，停留在了这里所谓的"第一步"。对布尔迪厄和吉登斯来说，这里有必要解释一下为什么社会世界是这样的。福柯的谱系学也很适合这里。

者，又被解读为一个"强调我们对世界的控制"的唯意志论者。

因此，理查德·阿什利（Richard Ashley）受后结构主义批评的影响，认为吉登斯陷入了结构主义的决定论中（Ashley，1989）。他认为，吉登斯采取了两个行动。首先，他的叙述将"历史的绝对任意性"和"社会整体的形式理论所表征及其连续性理论所叙述的结构"二分化；其次，"知情的（knowing）行动者"位于"这个*已经确立的*对立的前沿；作为一种存在，在他们后面，是在社会整体结构的反映中构成的他们，向前看，只有在他们管理历史偶然性的情况下，才能发现叙述的意义，并将其转向构成他们的结构的再生产上"（Ashley，1989：277）。因此，结构对实践的依赖仅仅是一种补充——"一种使结构主义者在面对有可能破坏结构在决定历史意义上的霸权地位的偶然事件时逃脱的一种方式。"（Ashley，1989：277）根据阿什利的说法，吉登斯有效地使"结构对实践的依赖"从属于"实践对结构的依赖"。撇开文字的模糊性，阿什利认为吉登斯抹杀了能动性，而且似乎是通过赋予结构一种很有确定性的社会科学的解读特征来完成这一点的：既过度社会化个体，又在行动中赋予结构以唯一的因果作用。

但更多的批评者把吉登斯解读为唯意志论者（和主观主义者）。[27]根据这种观点，由于结构是虚拟的，因此对行动没有客观的约束。这条论证路线和前一条一样，是通过赋予结构一种关键的因果作用来进行的，关于这一点我们需要谈论更多。但是关于约束行动的两点可能很快会再次强调。

首先，因为我们是处在物理环境中的有机生命体，所以存在着严重限制我们的客观物质条件。这些限制是非常强有力的，并且常常被低估（或忽略）。它们为我们所做的——以及所遭受的一切提供了背景原因。

其次，存在由历史施加的客观约束。行动者在行动中再生产和改造结构：他们并不创造它；正如自然理论的陈述通常所假定的，他们不同意从无到有地形成一个社会，也不同意从无到有地创造他们行事所依据的结构。因为他们只能用手头的材料进行创造，所以他们所继承的遗产是严重受限的。但是，对于结构化理论来说，与对结构的决定论理解相反，行动者通过行动来再生产和/或转换结构。因此，变化（通常是无意的）和稳定总是并存的。与赖特·米尔斯（社会学家——译者注）相呼应，结构化理论中也不存在社会变革的一般理论。对于行动的约束，如转换结构的能力，在历史上是可变的，既与物质条件和所沿袭的制度环境有关，也与"行动者关于这些环境所具有的丰富知识的形式"有关（Giddens，

---

27 迈克尔·布洛维（Burawoy，1998：15）的研究是最近关于后者的一个很好的例子，他重视自反性和民族志学的深度，认为对于吉登斯来说，"关于结构的直觉概念最终消失了，留给我们的是一种强调我们对我们的世界的控制的唯意志论观点"。

1984：179）。对结构决定论和唯意志论的指控否认这一点。

最后，对于社会成员而言，也有由生活中的运气所施加的约束（和激发）。我们无法选择我们的父母，相应地，我们也无法选择我们出现在历史和社会中的时间和地点。这两者都产生了客观条件的约束，最好理解为"在一种给定的情况或情况类型下，施加约束于一个行为者或多个行为者开放的选择范围"（Giddens，1984：177）。此外，正如涂尔干所指出的，这些限制表现为"真实性"（facticities），或者如马克思所说，是"自然的"。但是，这与此处所表明的观点不一致，即"'社会'显然不是外在于个体行为者的，就像周围的（自然）环境外在于他们来说是一样"（Giddens，1984：172）。

进一步的批评涉及规则和资源的关系和本体论地位，在吉登斯看来，这两个元素构成了结构。不幸的是，在哲学文献中极为重要的关于规则的观点，却误导了吉登斯的一些细心读者。例如，休厄尔（Sewell, 1992）提出，"文化图式"（cultural schemas）是一个更可取的术语，因为它提供了规则的通常意义所不能提供的机会。文化图式是文化人类学重要的部分（并且应该补充的是，民族方法学家和其他人的工作，如戈夫曼），并打开了一个丰富的领域，包括"各种约定、配方、方案、行动原则、习惯语音和手势"，以及"由章程、箴言、礼仪、宪法和契约所阐明的那一类事物"（Sewell, 1992：8）。我们可以赞同这个建议（不论我们是否将它视为对吉登斯的思想的澄清或延伸）。但对于休厄尔来说，关键的是，后面的这些"更正式声明的规定"应被视为"资源"而不是规则。对于他来说，资源不是虚拟的，而是实际的。

吉登斯认为资源是虚拟的这一观点，困扰了一大群学者，如休厄尔。他们认同规则（图式）被理解为虚拟的是恰当的。对于这些学者来说，资源与规则不同，具有客观性。当然，章程、宪法等诸如此类的东西，实际是存在的。但是，这忽略了要点。纸上的痕迹，像纸一样，独立于我们而存在，但它们成为章程，仅仅是由于我们的信念，我们行事所遵照的信念。用塞尔的术语来说，这些是依赖于概念和活动的制度性事实。此外，正如我们所承认的——这些更正式声明的规定中没有一个是自我阐释的。也就是说，写下语法规则并不能在吉登斯的意义上减少它们的虚拟性；它们只在行动中被具体地实现。

休厄尔提出了另一个论证，支持资源是真实的而不是虚拟的。"说图式[而非资源]是虚拟的，就是说它们无法被还原为它们在任何特定实践中的或在时空中任何特定位置上存在：它们能够在一种潜在广泛的和未预先确定的情境中被实现。"（Sewell, 1992：8）但是，很难理解为什么资源并非如此，因为资源也"在广泛的和未预先确定的情境中"赋予行动者以自主权。

休厄尔正确地指出，对于吉登斯而言，"资源可以是任何在社会互动中作为权力源泉（a source of power）的事物"（Sewell，1992：9）。为了扩展和澄清这一点，休厄尔提出，这些动力源可以是人类的或非人类的。非人类的资源是独立存在的客体（objects），例如，资本家拥有的工厂；人类的资源是力量、知识等。值得注意的是，他忽略了人在社会关系中的位置，对于吉登斯来说，这无疑是最关键的权力源泉（resource of power）（Giddens，1984：25-26，83-86，89）。但正如上面所说的，一幢建筑之所以是资本家所拥有的工厂，仅仅是因为一系列制度性事实，仅仅因为成员拥有一系列观念和信念，他们依照这些观念和信念行事。事实上，正是这些使得拥有一家工厂的人成为资本家，并相应地赋予了他的工人所没有的权力。

　　一些解读者对巴斯卡尔非常相似的"社会活动的转型模式"（Transformational Model of Social Activit，TMSA）提出了一个更为可信的版本。虽然吉登斯指出，他的观点假定了一种实在论本体论，但他对社会科学的意义没有巴斯卡尔那么具体。

　　巴斯卡尔同意吉登斯的观点，认为结构不断地被再生产（转换），而且"仅仅凭借人类能动性存在和运行（简言之，它们需要积极的'作用者'）"（Bhaskar，1979：51）。"这样一个把行动和结构联系起来的观点，必须既具有持久性，又能够被个体立即占据……我们需要的中介系统是由个体所占据（填补、假设、制定）的位置（地点、功能、规则、任务、职责、权利等）构成的，以及由于他们占据这些位置（反之亦然）而参与的实践（活动等）。"（Bhaskar，1979：51）

　　显然，巴斯卡尔所强调的是作为动力源的社会关系，但与吉登斯不同，对他来说，吉登斯所谓的规则和资源的东西已经被瓦解了——也许这是明智的。这些差异一直被认为是无关紧要的。[28]但至少，他的一些阐释者坚持认为，与吉登斯不同，巴斯卡尔是坚定的唯物主义者，在社会关系方面保持着强烈的客观主义观点。

　　因此，波尔波拉（Porpora，1989：202）坚持认为，"对实在的唯物主义和唯心主义研究路径上的差别"开启了"作为客观实在的社会结构的概念与作为主体间实在的结构的概念"之间的差别。因此，"吉登斯以结构来意指的是文化而非物质条件"。波尔波拉以关于贫困的论据来阐明其观点。一方面，有人将贫困归因于"文化因素，归因于将每一代新穷人再社会化为使贫困持续化的规则、规范和思维方式"（Porpora，1989：202）。这似乎与吉登斯非常相似。另一方面，有些人认为，贫困的原因是"穷人发现自己所处的社会地位的客观环境"，它的一个特点是缺乏文化资本，波尔波拉说，吉登斯也可以承认这一点。但是"客观

---

28 我是其中一个持这一观点的人。近来，我已经确信，巴斯卡尔在此问题上的研究存在一个尚未解决的冲突。有关出色的说明，参见 Varela 和 Harré（1996）。

环境的另一个特点……涉及社会中就业或社会地位的分配……我们在这里谈论的是一个社会系统的关系属性……[和]这些关系对穷人的生活机会的因果影响"。他总结道:"最终,我们正是将这些关系作为那种对行动的外部约束因素来谈论,正如我们看到的,吉登斯想要否认它的存在。"(Porpora, 1989:207)

这种非常典型的回应可能会引起许多结构主义学者的共鸣,但是很明显,它(这种回应)通常会将结构和文化、主观和客观分开。制度性事实和原初事实一样客观。目前的失业率是一个客观事实,尽管它取决于世界的一些特征,这些特征需要特殊的人类制度来实现,而且如前所述,这些都取决于集体意向性——或主体间性[29]。至于行动的外部约束,其目的是足够安全的。没有工作,因此人们找不到工作。但这一事实并不外在于人的活动;它不是一个原初事实,而是一个制度性事实。

超越现在常见的文化/结构二分法,这是吉登斯研究的一部分。规则是文化的一部分,但正如他所坚持认为的,规则"无法撇开资源而被概念化"。资源产生能力、权力,包括关系型权力或掌控他人的权力(power over others),这些权力都是由规则来维持的,规则为活动提供意义和约束。坦率地讲,资本主义/雇佣劳动关系(the capitalist/wage labor relationship)不平等地分配资源,但资本家拥有工厂,工人为工资而工作这一事实,需要一系列广泛的制度性事实,而这些制度性事实又是成员在活动中所维系的。

当然,失业使得缺乏文化资本的人处于极为不利的境地。但就业的原因不是社会力量、市场力量或社会结构。它是行动者——资本家、工人、消费者、政府官员等——用手头的材料进行的资本主义再生产的无意识的产物。

当然,如果社会结构被具体化——独立地成为现实——它可能是因果的,但是这不仅在本体论上是可疑的,而且对于被波尔波拉所辩护的立场,也不是一个可用的策略。玛格丽特·阿切尔(Margaret Archer)也提出类似的观点,她认为,在巴斯卡尔之后,结构和文化都是突现属性,就其本身而论是"因果力的载体"(Archer, 1995)。不过,阿切尔引用巴斯卡尔的观点指出,"实在论者致力于捍卫'社会形态的因果力是由社会能动性来介导的'"(Archer, 1995:195)。需要提出的问题是:为什么假设结构或文化的存在是因果相关的,如果要具有因果效应,这些必须由社会行为者来介导?

这意味着另一项策略。保罗·刘易斯(Lewis, 2000)曾恰当地指出,如果人们坚持认为,社会结构具有因果效力,那么哈瑞和马登(Harré and Madden, 1975)所提出并在本书中被假定的对因果性的分析,就不是一个合适的框架。正如路易

71

29　与塞尔所说的"事物在本体论上的主观特征"相反,更好的说法是"事物在本体论上的主体间性特征"。

斯所说的："社会结构并非有效的原因，因此并非强有力的殊相（powerful particulars）（正如哈瑞和马登对后者的理解）。"（Lewis，2000：257）诚然，他同意，人们作为行动者是"强有力的殊相"：作为行动者，他们可以让事情发生。因此，正如他指出的，为了维持社会结构的因果性概念，人们需要另一种框架。根据巴斯卡尔的建议，刘易斯提出，社会结构可以被认为是社会行动的一个质料因（a material cause）。因此，遵从亚里士多德的观点，雕刻家塑造的大理石板是已完成的作品的一个质料因。基于前文中的说明，行动者确实在处理手头的材料，但这需要从他们的人力资本和他们置身其中的实际存在的社会情境这两方面来理解。这两者既激发又约束了他们的行动。大理石既激发又约束了雕塑家的行动，这也是事实：如果她使用其他材料——如木头——她会受到不同的激发和约束。根据目前的分析，这些差异是木头和大理石因果属性的结果。但显然，大理石板并非独立于人们及其行动而存在，因此能够具有因果力。正如刘易斯不会否认的那样，社会结构依赖于概念和活动。但如果是这样的话，这种类比就不成立了。事实上，如果一个原因不是一个强有力的殊相，那么就很难看出它是否可以成为一个质料因。

72

同样的问题似乎出现在最近的一些论点中，这些论点主张机制的实在论观点，但认为社会结构是一种具有因果力的突现属性（Sawyer，2003；Wight，2003）。邦格（Bunge，2003：191）正确地主张，"机制是在具体（材料）系统中的过程，无论是物理的、社会的、技术的还是其他一些类型的系统……相比之下，概念和符号系统具有组成部分、环境和结构，但没有机制"。

当然，组织有一些不能归属于其成员的属性。例如，官僚政治是难以消除的，它们的运作不带个人感情，而且往往得出结论的过程十分缓慢。但是，首先，这些属性都并非因果的；其次，它们通过观察官僚机构的组织方式以及什么能够限制个人在其中行动来解释。事实上，正如我们在下一章所论述的，我们通过提供解释这些属性的社会机制来理解官僚政治。

另外，人们不需要接受哈瑞对社会现象的语言学描述，即"通过对话和类似于对话的活动所产生的"（Harré and van Langenhove，1999：10）。当然，这些都是相关的，但除非对话和类似于对话的活动仅仅是对各种各样的交互和互动的扩展性隐喻，其中有些是不自觉的，太多被忽略掉了（May，2002）。在这里也许邦格的警告（上文）是相关的。我们也不需要接受哈瑞的观点，即像"阶级"这样的概念无法指称客观的社会结构，而只是用来对人和实践进行分类和标记的分类学类别（Harré and Varela，1996）。与原初事实一样，制度性事实也可以被理论化。如前所述，"阶级"是一个理论术语，通过抽象，可以很好地解释实践的结构化模式。更一般地说，怀疑自己会向涂尔干靠拢，哈瑞一直不愿意将他的实在论扩展到制度性事实。因此，他的说明很容易受到波尔波拉和阿切尔的唯物主义的批判。

　　将制度性事实解释为所有人类行动的基础，并且坚定地承认事实上存在的社会结构的物质和历史约束，足以提供结构主义见解的所有好处，而没有"将因果性归因于概念和活动依赖的社会结构"的任何明显缺点。的确，似乎会遗失许多东西。除了因果性理论的潜在不一致性之外——这种理论使得一些并非强有力的殊相的东西可以拥有因果效力，我们还有社会结构的具体化、陷入决定论以及丧失能动性的风险。[30]

　　就目前来看，行动者、自然和自然事件都是原因——对社会发生的事情产生深远的影响。"社会力量"是一个具有误导性的隐喻——而且具有强大的破坏性。根据人们使用手头的材料进行的活动所产生的社会进程，可以很容易分析它想要把握的观点。事实上，这将是我们论点的关键部分，即宏观结果的生成机制必须根据人们的行动和互动来理论化。原子与分子的属性的类比是相当准确的，只不过社会结果的原子是不能还原的社会人。这是下一章要讨论的主题。

73

74

---

30 看看休厄尔对此的处理。他合理地论证道，"尽管他强烈攻击了笛卡儿式和列维-斯特劳斯（L'evi-Strauss）式的'客观主义'……但布尔迪厄自己的理论已经成为极度客观化和过度整体化的社会概念的牺牲品"（Bourdieu and Wacquant，1992：15）。当然，这个问题完全类似于帕森斯的结构主义理论。

第四章
行动者与生成性社会机制

第一节　引　言

在那些我们所谓的"抽象"科学中，理论提供了生成机制的表征，包括关于本体论的假设，例如存在原子和关于因果过程的假说，例如原子按照结合原理构成分子。我们也注意到，回归到更为基本的元素和过程也成为可能。因此，量子理论提供了分子化学过程中的生成机制。典型地，对于任何过程而言，至少有一个机制在运行，但是对于像有机生长这样复杂的过程，会有许多机制在起作用。表征生成机制的理论赋予我们以理解。我们正是在社会科学的理解上迈出了这一步，当然，只不过机制是社会性的。对于复杂的自然过程，通常会有许多机制在运作。就像在物理科学中一样，在努力理解过程中对机制进行理论化并不是社会科学的唯一任务。正如我们所说的，理解预设了好的描述，无论是定量的还是定性的。最后，我们需要考虑解释事件和情节的问题。这将会在第五章进行讨论。

前文还指出，人是社会中的主导[1]因果行动者——当然，尽管他们用手头的资料进行工作。由此可见，在社会科学中，社会结果的生成机制是人们的行动，任何进一步的还原既不可能是合理的，也不被要求。也就是说，在社会科学的研究中（除实验心理之外），分析的基本单位是个人（如上理解）——方法论个体主义的半真半假陈述（half-truth）。[2]

第二节　社 会 机 制

社会科学的解释目标需要社会机制理论这一观点并不新鲜，即使它往往是研究的一种未阐明的背景假设。在我们认为的从事以行动者为中心的研究的学者中，

---

1 主导的因果行动者——而非唯一的因果行动者，因为在社会中也有关键的非社会的自然原因在起作用。

2 对实验心理学的理解是多种多样的，但正如这里所设想的那样，它的问题是确定产生"心智"的力量的机制，包括认知、记忆、学习、感知、情感等，见 Manicas and Secord（1984）。如前所述，它不致力于"解释行为"，严格地说，它并不是一门社会科学。学习是一种心理机制：所学的东西是社会性的。

这种情况相当地明显，例如，符号互动论者戈夫曼、理性选择理论者和詹姆斯·科尔曼（James Coleman）最近的研究。尽管不太受关注，它也至少出现在许多更具历史导向的学者的背景之下，例如，巴林顿·摩尔（Barrington Moore）、萨林斯、E. P. 汤普森（E. P. Thompson）、理查德·塞纳特（Richard Sennett）、乔纳森·科布（Jonathan Cobb）、查尔斯·蒂利（Charles Tilly）、威廉·休厄尔、亚瑟·斯廷奇科姆（Arthur Stinchcombe）、斯蒂芬·弗拉斯托斯（Stephan Vlastos）、迈克尔·布洛维、马克·格兰诺维特（Mark Granoveter）、皮埃尔·布尔迪厄、吉登斯、雷蒙·布东（Raymond Boudon）、约翰·埃尔斯特（John Elster）以及许多其他学者。[3]后来，在玛格丽特·萨默斯（Margaret Somers）就一般理论在历史社会学中[4]的作用引发的激烈争论中，它发挥了核心作用，这一观点最近又被大量的新兴学者重新阐明。[5]这一发展是最令人鼓舞的，尽管可以肯定的是，即使在社会机制理念的倡导者中，对于它究竟涉及什么，仍然存在相当大的争论。我们首先通过一项具体的研究开始说明，即威利斯的《学做工：工人阶级子弟为何继承父业》（*Learning to Labor: How Working Class Kids Get Working Class Jobs*，1981 年）。威利斯并非自觉地使用了吉登斯的元理论[6]，他也没有提供一个正式的社会机制模型来解释为什么工人阶级子弟会从事工人阶级的工作。但是，他的说明是一个极好的例证，阐明了结构化理论如何自然地走向解释性社会机制的概念。

76

第三节　学做工：一个例子

威利斯这样定义他的任务："解释中产阶级子弟如何获得中产阶级工作的难点在于为什么其他人会成全他们。解释工人阶级子弟如何获得工人阶级工作的难点在于为什么他们会自甘如此。"（Willis，1981：1）事实上，如果威利斯是正确的，那么说他们别无选择太过"轻率"，如果说他们为这些工作而被"社会化"，那也是错误的。

---

3 因此，布尔迪厄写道，社会学的任务是"揭示构成社会领域的各种社会世界最深层的结构，以及倾向于确保其再生产或转化的'机制'"（Bourdieu and Wacquant，1992：7）。

4 参见"附录 C 理性选择理论与历史社会学"。

5 特别参见 Hedstrom 和 Swedberg（1998）、McAdam 等（2001）；以及最近的《社会科学哲学》（*Philosophy of the Social Sciences*）（2004 年第 34 卷第 2 期）的特刊，以及 2003 年 8 月美国政治科学协会会议上的专题小组讨论，包括贝内特（Bennet）、马尼奥和格林（Gerring）的论文。这些可以在下述网址找到：http://www.asu.edu/clas/polisci/cqrm/Bennett APSA 2003.pdf。把 Bennett 换为 Mahoney 和 Gerring 即可查阅另外两篇论文。

6 有人认为，威利斯的研究并不需要结构化理论，马克思主义和马克思主义者的影响在他的作品中是显而易见的。这几乎不需要否认。但是，结构化理论并不是凭空而生的。似乎，正是对马克思主义的重新思考导致了威利斯、吉登斯和巴斯卡尔得出了这种类似的结论。正如吉登斯所说的，他的工作是对马克思《路易·波拿巴的雾月十八日》中的著名文本的延伸性诠释，即人类创造历史，但不是用自己选择的材料创造历史。

相反，那些最终从事了更为糟糕的工作的人，却是构建一种文化的积极参与者，这种文化能有效地让他们为这些工作做好准备。威利斯感兴趣的正是这种机制。

在《学做工：工人阶级子弟为何继承父业》的第一部分，威利斯提供了关于一所工人阶级学校非常丰富的民族志。他重点描述了那些反学校文化的"小伙子们"，这种反学校文化在其最基本的层面是"对'权威'根深蒂固的普遍和个性化反对"（Willis，1981：11）。"循规生"或"软耳朵"[7]有"明显不同的取向。他们并不是那么支持老师，相反，他们支持的是老师这个*概念*"（Willis，1981：13）。老师们最后认识到他们的权威"必须在道德上而不是强制的基础上赢得和维护"。

这些小伙子们有充足的资源来抵抗："不断磨蹭椅子，在被问到最简单的问题时只会发出烦躁的'啧啧'声""在半开的课桌里，漫画、报纸和色情图片混杂在课本中"等。诚然，这些小伙子们知道"规则"。正是如此，他们能够如此成功地避免直接的对抗，并巧妙地利用这些规则来为自己服务。但更重要的是，在"从学校及其规则中赢得的空间"里，这些小伙子们创造了一种"多面"的文化工具。他们称其为"找乐子"，并用它来定义群体，"打败无聊和恐惧，克服困难和问题——总之是可以解决几乎所有问题的办法"（Willis，1981：29）。在这一点上引人注目的是，他们对于加芬克尔式实验（Garfinkeling）[8]的发现："让我们嘲笑他说的每一句话""让我们假装听不懂，并且一直在说'你什么意思？'"。

这些小伙子们还通过与女孩和少数族裔的对立来定义自己。对于小伙子们而言，女性既是"性对象"，又是"家庭的安慰者"。女朋友被叫做"太太"。不过，尽管"妈妈"是女朋友的模范，但是"她无疑扮演着低等角色：'她有点儿笨，好像从来不知道我在想什么。'"（Willis，1981：45）

最后，因为这是一所工人阶级的学校，威利斯提供了一种关于"车间文化"的说明，它是这些学生的家庭背景，是他们潜在的资源。他发现了两个关键特征：第一，"大量尝试去获得对工作流程的非正式控制"，第二，对理论的蔑视："车间里充斥着关于纯理论知识愚昧不堪的虚构故事。实践能力永远是第一位，是其他各种知识的*条件*。"（Willis，1981：56）显然，这些与学校背道而驰，并与中

77

---

7 按照《学做工：工人阶级子弟为何继承父业》一书第13页提到的内容，这里的"conformists"应为 the school conformists，直译为"学校顺从者"，正文中的"循规生"为意译，指那些遵守学校规则、认同学校教育理念的学生群体；"ear'oles"则是对循规生带有贬义的称谓，反学校文化的"小伙子们"是在用人们借由耳朵被动接收信息的隐喻，来嘲讽循规踏矩学生的呆板形象。——译者注

8 "Garfinkeling"源自社会学家哈罗德·加芬克尔（Harold Garfinkel）的"常人方法学"研究方法。它通常指研究者故意违反社会规范或打破日常互动中的常规行为，以此来揭示人们在日常生活中对这些规范的依赖以及对"常识"的默认。这里指"小伙子们"通过故意嘲笑某人或假装听不懂他的话，来挑衅和嘲弄他人的"找乐子"式的行为，形式上有些类似于加芬克尔式实验。——译者注

产阶级的环境和学校形成了鲜明的对比。正如威利斯写道："当中产阶级子弟被拽回他固有的文化时，他找到的不是强化的、证实的对立的主题，而是与之前相同的文化。"（Willis，1981：76）

那么，"小伙子们"和"软耳朵"之间关键的区别在于，后者已经接受了师生关系的重要原则，即教学是一种"公平交换：用知识换取尊重，用指导换取控制"。当然，这一点在很多方面得到了支持和认可，威利斯对此进行了精彩的阐述。

因此，在第二部分中，威利斯试图解释他所描述的主要方面。引入了关键的理论概念。"洞察"被定义为"一种文化形式中的各种念头，这些念头有助于洞察该文化形式的成员及其在社会整体中所处的位置，而这种洞察的方式不是中立的、本质主义的或个体主义的"（Willis，1981：119）。这种坚定的实在论构想要求很多。首先并且重要的是，成员并不试图去获得洞察，无论"实践意识"在多大程度上可能会揭示出，他们对存在条件有一定的了解。其次——这是专门寻求这种理解的社会科学家共有的问题——洞察充其量是片面的，因为总是存在局限性："阻碍、偏离和意识形态效应会混淆和妨碍这些'念头'的全面发展和表达。"（Willis，1981：119）

事实上，成员们可能对正在发生的事情缺乏任何一种充分的论述性的知识，但他们仍然可能具有实践知识，如果得到适当的理解，这些知识表明他们已取得部分洞察，这一事实是调查研究失败的基础。正如威利斯（Willis，1981：122）所写的那样，"直接和明确的意识"，"可能仅仅很好地反映了文化过程的最后阶段，以及基本洞见在被实践时所采取的各种神秘和矛盾的形式"。只有将自己完全沉浸在扩展性互动中，才可能发现成员们所真正知道的。此外，依赖于口头或书面回应的方法不能区分"努力取悦他人，表面模仿，严格遵循各种抽象的规范，如礼貌、有教养或者有智慧等"与"真正引发文化共鸣的那些评论和回应"（Willis，1981：122）。

接下来，威利斯则试图去解释和评估其研究中行动者的信念和行动。在他看来，小伙子们对学校的反抗和对教师的敌对是他们对"教学范式"的洞察的结果。他们比新型就业指导更了解"就业市场的真实情况"。因此，他们对"文凭价值有一种根深蒂固的怀疑，即获得这些文凭需要付出巨大的牺牲"（Willis，1981：126）。此外，小伙子们对"个体逻辑和群体逻辑之间的差异，以及它们在现代教育中意识形态混淆的本质进行了现实的洞察"（Willis，1981：128）。在学校和文化中，"从来没有人承认，并不是所有的人都能成功"。最后，而且更为深刻的是，因为对这个现实的把握导致他们认为，他们将会从事最没有技术含量的劳动形式，他们进一步洞察了资本主义生产的基本特征，即"抽象劳动的衡量标准是……时间"（Willis，1981：135）。

这些"小伙子们"对自己所从事的具体工作形式漠不关心，他们认为工作本身毫无意义，而不是他们以何种"正确态度"对待工作；并且他们普遍认为所有工作在他们面前都是相似的。这种态度是他们作为阶级成员对其真实生存条件的一种文化洞察的表现形式。（Willis，1981：136）

然而，这些仅仅是局部的洞察，远不足以使这些青少年成为政治上的激进分子。威利斯认为，这些洞察可视为对传统构成的个体主义的一种排斥。但是，个体主义被击败，原因不在于自身，而在于"其在学校中的作用，在学校里，脑力劳动与不合理的权威以及承诺虚幻的文凭联系在一起"（Willis，1981：146）。其结果是体力/脑力劳动差别的反向两极分化，随之而来的是对学校可能会提出的所有事情的排斥。但是，威利斯认为，这种对体力劳动的再评估依赖于性别歧视："体力劳动与男性的社会优越感相关，而脑力劳动与女性的社会劣势相关。"（Willis，1981：148）事实上，"我们也可以这样表达：当一般抽象劳动的基本原理从内部使工作失去意义时，一种转换的父权制从外部为工作注入了意义……工作环境的残酷性被部分地重新解释为一种英勇的、男子气概的面对任务的锻炼"（Willis，1981：150）。当然，这种年轻人的重新评估未必是永久不变的。只要持续的时间足够长，足以有效地将他们永远困住就够了。

威利斯指出，虽然这在某种程度上解释了为什么并非所有人都渴望"脑力劳动的回报以及满意感"，但很容易看出，对他们在未来工作领域的深刻理解会如何导致人们完全拒绝工作。威利斯在这里想到的是继承了无工资文化和贫困文化的西印度群岛人，但是拥有类似历史背景的美国黑种人也可能抓住了这种可能性。

在结束本节之前，还需要注意几个其他特征。从某种相当直白的意义上来说，威利斯的学校是工人阶级的学校：学生们都来自体力劳动者的家庭。这一基本的结构化机制是至关重要的，但主要是在他的说明的背景之下。同样地，威利斯也没有努力解释为什么他研究中的一些青少年成了"小伙子们"，另一些青少年成了"循规生"。这种分化的过程在很大程度上未被分析。由于个体的生平具有独特性，并且许多偶发事件很可能会影响一个人决定是否服从，这也许是必然的。在任何科学中，解释都有局限性。威利斯很清楚，答案并不在父母对孩子的养育上："父母与阶级主题之间有着自己复杂而富有创造性的关系，他们绝不会简单地将孩子塑造成标准工人阶级的模子。"（Willis，1981：73）相反，工人阶级的价值观和问题——包括对现金的需求——为分化提供了材料。因此，被用于主流社会学中的社会化理念在威利斯的解释中没有发挥任何作用。正如他努力表明的那样，"社会主体不是思想的被动承载者，而是积极的善用者，他们通过斗争、争论以及对这些结构的部分洞察再生产既有结构"（Willis，1981：175）。

同样，主导意识形态的论点错误地界定了问题。不仅这种理论在功能上的整洁性被完全被否定，而且大量关键的文化材料没有从主流群体向下传达，相反，其来自"内部的文化关系"，例如，工人阶级对体力劳动的肯定。在威利斯看来，意识形态确实使传统的和可能脆弱的东西"自然化"，而且至关重要的是，它确实使它们"错位"。因此，在自由主义的文化中，普遍强调年轻人职业可能性的分化，以及这些机会为个人满足感提供的范围。但是，由于这些观点没有使那些判定自己要从事体力劳动的人信服，"其推动的效果被逆转，并产生了向心作用，不是让工作变得多样化，而是将工作相同性的原因去中心化"（Willis，1981：163）。

> 工作枯燥、劳累且大多是毫无意义的，这并不是某一个人的错……我们不再面对一个由具体、确定的社会思想、生产和利益组织所构成的压迫中心世界，而是进入了一个由无数永恒原因构成的自然主义世界。（Willis，1981：163）

这样做的政治后果是显而易见的。但是，我们也应该强调，"小伙子们"和"循规生"都倾向于做相似的工作，即使"循规生"可以认为，因为他们拥有了文凭，他们应该比"小伙子们"从事"更好"的工作，并成为一个与他们"不同类型的人"（Willis，1981：152）。事实上，正如威利斯所说的，"一旦这种分工在工人阶级中被建立起来……它就会使中产阶级的地位得到广泛的合法化：不是资本主义，而是中产阶级自己的智力和能力让他们能够保持自己的社会地位"（Willis，1981：152）。你这么聪明，为什么还不富有？

在高度抽象和简化的层面上，解释为什么工人阶级子弟从事工人阶级的工作的社会机制，看起来是这样的：

（1）由于他们在主流社会关系中的地位，工人阶级子弟相信，不管他们被告知什么，他们几乎没有真正的机会摆脱工人阶级。

（2）因此，他们利用现有的材料进行抵抗。

（3）因此，他们在学校成绩不佳，经常辍学。

（4）因此，他们只能胜任工人阶级的工作岗位，除此之外别无选择。

（5）最后一个意想不到的后果也随之而来：对结果的批评是分散的，对工作的现有社会分配被合法化。

第四节　社会机制的结构

我们可以通过这个例子将社会机制的结构更为正式地具体化。我在这里关注古德蒙·赫内斯（Gudmund Hernes）的一篇突破性的文章（Hernes，1998）。赫内斯确定了社会机制中两组抽象的元素：一组关于行为者规范的假设，一组关于"结构"的假设。第一组是通过回答下列问题产生的：（a）他们想要的是什么？（b）他们知道什么？（c）他们能做什么？（d）他们的属性是什么？

在我们的例子中，工人阶级子弟和两个子群体——"小伙子们"和"软耳朵"——是关键的行为者（但是，当然也有许多其他行为者，包括老师和家长）。第一个问题（a）是通过确定行为者的偏好、目的和目标来回答的。第二个问题（b）的答案，在威利斯的研究中，是最难回答的，不过这可能是典型的问题。正如我们所论证的那样，虽然行为者拥有实践知识，但是他们不仅无法获得行动的条件和结果，而且甚至在他们的偏好和目标方面也存在问题。更糟的是，信念可能是不被承认的、不稳定的和语境约束的。（我们就传统调查研究不是很肯定的好处发表了评论。）第三个问题（c）的回答，是有关他们有何种权力的问题。在我们的系统阐述中（这很难说是神圣不可侵犯的），它将从（正如这里所构型的）规则和资源这两个社会结构的关键要素来回答。再次提醒，我们需要记住，资源牵涉规则，因此规则和资源没有被具体地分离。当然，资源的范围可以从行为者的个人能力，扩展到他们凭借自身在社会关系中的地位而拥有的能力。将行为者界定为工人阶级子弟，充满了对后者的承诺。最后，关于（d）他们的属性是什么？赫内斯考虑到他们的性别或种族，以及在某些情况下，他们的健康，或者与被理论化的机制相关的其他特殊属性。

第二组假设他称之为"结构假设"。但是考虑到结构的二元性观点，我们可以预期这些假设与归因于行为者的假设之间有相当大的重叠，这并不令人惊奇。事实上，即使出于分析原因，我们也不完全清楚是否能有效地区分这些因素。因此，赫内斯问道：行为者可处于什么状态？他指出，这包括"所采取的立场和角色"。当然，这些对于理解"他们能做什么"（上文所提到的）至关重要。结构假设包括"其他行为者的数量，他们可以进入的关系数量……他们所遭遇的替代选择，他们所面对的选择，他们所遇到的约束"（Hernes，1998：94）。他接着说，正如刚才提到的，其中一些包括"规范、规则和规律"。他补充说，重要的是，一个关键问题"通常在于这些状态是否保持不变，或是否有可能发生变化"。这些都是理解的重要的、具体的考虑因素，但这种区分很可能是有误导性的。这里有两种类型的问题。

首先，赫内斯指出，第一组关于行为者的假设与"方法论个体主义"相对应，但显然，他的个体是人，而且是强有力的社会存在。他没有试图将社会谓词还原为个体心理谓词。巴斯卡尔说得对，"真正的问题似乎不在于，一个人如何对行为做出个体主义者的解释，而在于一个人如何对个体的，至少是具有特征的人类行为，做出非社会的（即严格的个体主义）解释……一个部落成员意味着一个部落，支票兑现意味着一个银行系统"（Bhaskar，1979：35）。

　　此外，虽然行为者被假定为有目的而且是理性的，但是这里没有致力于理性选择理论的某个版本。布东认为[在赫兹（Hedstrom）和斯威德伯格（Swedberg）的论文集中]，因为理性选择理论不能容纳许多"作为社会行为的常规且必要成分"的信念（Boudon，1998a：183），所以它具有致命的缺陷。在考虑到已经提出的观点后，他的替代方案——"认知主义模型"（或许这个名称有些误导性）——也许是充分的。该模型"假设行动、决定和信念对于行为者来说是有意义的，因为它们行动者视为基于某种手段"（Boudon，1998a：191）。当然，这正是韦伯研究的关键见解，许茨扩展并且恰当地理解了它。

　　因此，只要我们谈论的是处于社会中的人，关注行动者及其能力就没有什么错。但这有使社会结构因果化的危险。赫内斯认为，一些机制"是基于所谓的'倒塌的行为者'（collapsed actors）的"（Hernes，1998：94）。对于这种模式，"关于行动者想要、知道或者拥有什么，没有做出具体的假设"。但是，非常值得怀疑的是，这种可能性是否存在一些结果，即使我们将非社会原因作为结构，如传染性疾病。正如赫内斯所说的，疾病是影响人们的重要因果成分。但即便如此，任何形式的解释都需要一种机制，它不仅包括生物学原因，而且包括那些正在对抗疾病威胁的人们的情况和行动。也就是说，赫内斯所说的"行为者仅仅是客体"并没有结果。因此，我们可以应用"标准扩散模型"，其中"感染率与富人和穷人的数量成比例"，但即使在此模型中，由于解释结果需要关于人的行动的假设——最起码，他们没有表现出无感染的行为，所以行动者没有完全倒塌。在提出我们可以有一种机制，即"结构会覆盖行为者，无论对他们做出什么假设"（Hernes，1998：94）时，赫内斯有效地采用了一种结构决定论，在这种决定论中，能动性完全消失了。但事实并非如此。对于行动者来说，总是有选择的——无论他们多么受限。例如，在感染率方面，行动者的决定将在结果中发挥关键的因果作用。因此，他们会注重清洁，避免拥挤的地区，等等。

　　这里值得停下来强调，结构主义的解释往往是令人满意的，因为它们承认行动者的情境对于了解他们的行动至关重要。但正如这里所提出的，依据社会机制来思考最大的优势就是承认，尽管如此，行为者仍然是关键参与者。这不仅强化了行为者维持、复制和转换结构的观点，而且同时，它引起了人们对解释"结构"是否以及如何变化的注意。正如下一章将要探讨的，我们需要路易十六来解释法国大革命，但是我们也需要理解关于农民和贵族、城市平民和资产阶级的行为的机制。

　　也许一个更有趣的案例是试图解释离婚率和婚外情增加的原因。我们可以建立这样一种机制，即婚外情的机会随着劳动力的参与而变化。因此，随着两性比例变得更均衡，潜在夫妻的数量也随之增加。这里假设了两种行动者。如上所述，如果我们要得到某种结果，我们需要对他们的目标和信念做出一些强有力的假设。我们需要假定，人是有性动机的，他们有关于欲望如何被满足的信念等。这些或许被认为是理所当然的，但这一点并不会改变机制的逻辑。通常情况下，解释会忽略很多对解释至关重要但却被合理地视为理所当然的东西。赫内斯正确地指出，这种机制（像前一个一样）可以被详细地阐述以使其更加实在。因此，人们可以区分拥有不同的信念和目的的子群体，就像他说的，风流成性的人和心地纯洁的人。

第五节　抽象、表征和实在论

这暗示了一个需要阐明的更深层次的问题。考虑到赫内斯对社会机制的定义：

机制是一种智力结构，属于幻想世界的一部分，而这个幻想世界可以用模仿人类并将人类置于模拟真实情况的概念条件中的抽象行为者，来模拟现实生活。像模型一样，机制是对现实的简化描述；它是一个抽象表征，它给了我们（能够产生初始观察的）过程的逻辑……机制是社会科学家的虚拟现实。但社会科学家的世界是由它构成的：这个仿造的、人造的机制世界是真正的——真实的虚拟性。（Hernes，1998：78）

这一构想需要仔细地解释。从认识论上讲，所有的理论都是现实的一种表征，一种智力结构，它总是抽象的：它永远不能捕捉到现实的全貌。事实上，我们也不想要它去这样做。正是因为我们面对具体现实的复杂性，理解要求我们抽象地识别相关的因果机制，所以我们要把现实剥离出来。化学家关注的是作为 NaCl 的具体盐，而机制则聚焦于这一理论实体 NaCl 的电子运动。假设普通盐主要是 NaCl，我们就可以解释其在水中的溶解。但是，如果我们接受这个理论，我们就接受了生成机制是实在的。也就是说，它不仅能够产生这一结果，而且排除了其他的解释，我们认为它确实产生了结果。

社会机制，就像行动的产物和媒介——社会结构——一样，都是实在的，但它们不是独立地实在的；它们的存在依赖于个人的信念和行动；因此，它们仅仅是"实质上的实在"（我们可以判断，赫内斯对于将他的说明与吉登斯的说明相联系不感兴趣。然而，很明显，它是连贯的——正如我认为它必须的那样）。

此外，"抽象行为者"的构建——在许茨的表述中，称为"小人"（homonculi）或"典型的行为者"中——是从真实人物中抽象出来的，是对他们一些重要属性的表征。在我们的例子中，威利斯基于他的民族志材料构建了理论行为者。"小伙子们"在各方面都是完全不同的，但对于被理论化的机制，他们共有一组典型的属性。[9]因此，考虑到对他们的条件的抽象表征，真正的有血有肉的个体的具体行为变得可以理解。如同自然中的因果机制，我们得到的是理解力而不是预测能力。也就是说，我们理解了工人阶级子弟趋向于从事工人阶级工作的过程，但我们无法预测，例如，山姆与"小伙子们"一样，或者他将终生从事工人阶级的工作。出于山姆的生平的特有原因，他可能会在商业上取得巨大成功。换句话说，该机制解释了普遍现象：工人阶级子弟从事工人阶级的工作。

但是，我们必须抵制主流经济学中典型的对社会机制的工具主义的解释。正如在第二章中指出的，从这一观点来看，机制的假设完全不需要是实在的。也就是说，不仅不需要拥有建构的所有属性的实在的人，而且假设可以与他们所知的事实相反。因此，新古典价格理论假设，企业和消费者有完整的认识，是一致的最大化者等。根据这种观点，因为预测和解释被认为是对称的，同时好的预测被认为是好的解释，所以很难看到关于人们及其条件的显然为假的假设如何可以产生对实在的具体成果的解释。[10]当然，判断该机制的假设是否为真并不容易。威利斯的研究是有说服力的，因为他给了我们很好的理由去相信，他所界定的行为者的属性对"小伙子们"是适用的。

以威利斯为例，我们还可以对社会机制进行一些其他重要的观察：正如在自然界一样，在社会世界中，机制很少（如果有的话）独立地运作。[11]还有许多其他的机制在起作用，这些机制要么是相关的，要么在某种程度上是由威利斯的说明的重点构成的。可以肯定的是，这是一个理论上的问题。在前面的例子中，我们至少可以将以下几点界定为合理的候选对象：

（1）这些机制使我们了解资本主义的运作，从而解释为什么不可能每个人都获得成功。这些机制是高度抽象的。威利斯仅仅假设，不是每个人都能成功，但威利斯在他对"小伙子们"的行为的说明中采用了马克思对抽象劳动的分析。

（2）这些机制（作为前面的一部分）提供了对劳动力市场运作的理解，如网络如何运作、凭证障碍、后备军的作用等的机制。[当然，这里可以比较柯林斯（Collins，1979）、克里斯·蒂利和查尔斯·蒂利（Tilly and Tilly，1997）、格兰诺维特和查尔斯·蒂利（Granoveter and Tilly，1988）等许多人的重要工作。]

（3）让我们了解学校的机制，包括产生社区的机制，以及相应解释了学校中班级

---

9 因此，这些并不是通常所理解的理想类型。在构建中，这些属性适用于"小伙子们"等。

10 劳森（Lawson，1997）正确地主张，在新古典理论的情况下，所谓的"逐次近似法"的条件无法得到满足。另见第六章。同样，韦伯似乎认为，新古典理论提供了一种理想类型，但同样的问题也出现了：不仅没有市场满足这些条件，而且永远也不可能存在。

11 参见 McAdam 等（2001：27），引用 Gambetta（1998）。麦克亚当（McAdam）和甘贝特（Gambetta）提出的机制与我的不同。

分布的机制，这些机制反过来解释了随之而来的同侪结构、以工人阶级学生为主的学校教师的态度，以及有关额外教育的等级和后续的工作分配的客观结果的机制。[12]

（4）给我们提供了对（学生可以用来构建其信念的）资料的理解的机制，包括认同形成的机制，这进而又包括同侪形成的机制，以及正在家庭中起作用的机制，特别是在这种情况下，性别观念和家长对白领的工作的态度是如何产生信念的。

威利斯在他的叙述中提供了许多强有力的暗示，包括认同形成的机制，但也有一些仅仅被认为是理所当然的，比如资本主义的生成机制，以及解释工人阶级学校的存在和条件的机制。显然，这是可以预见到的。

86 但也很容易看到，威利斯研究的重点机制可以被广泛地应用，尽管在具体方面存在差异。在关于贫民区青少年吸毒的一些研究中，也有类似的机制在起作用。继特里·威廉姆斯（Terry Williams）的早期研究（Williams，1989）之后，菲利普·布尔古瓦（Phillipe Bourgois）已经投身到贫民区中，发现了一个正在发挥作用的机制（Bourgois，1997），在这种机制中，各方正在"疯狂地追求美国梦"。正如威利斯的研究一样，地方动态是由国际政治经济动态所构成的，布尔古瓦认为这是理所当然的。它提供了客观条件，这些条件是模型发展的起点。关键的一点是要理解贫民区的青少年如何理解他们自身所处的现状，以及他们为什么这样做。这就需要民族志，从中我们可以构造典型的行为者和他们特有的目标和能力。通常情况下，"地下经济和恐怖主义文化被认为是向上流动的最现实的路线"（Bourgois，1997：70）。尽管抽象模型没有补充具体的细节，并且仍然是不完整的，但是它确实给了我们相当多的理解。尤其是，它没有"对快克（crack）这样的毒品的爆发式的吸引力做出解释……这涉及民族歧视与严格分割的劳动力市场的合并，以及由此带来的对人的尊严的所有隐性伤害……换言之，它包括同时经历很多形式的压迫的体验，或者我称之为'共轭压迫'"（Bourgois，1997：72）。也就是说，就上述分析而言，几种机制——包括药理学的机制——在起作用。

一种类似的方法可以帮助人们理解经常声称的吸毒和暴力犯罪之间的联系。戈尔斯坦等（Goldstein et al.，1997）所进行的广泛的实地调查引导他们发展出三种不同的解释模式。精神药理学模型是最直接的：它提出吸毒会导致个人性情的变化，从而导致暴力。经济强制模式指出，对毒品的渴求迫使人们去从事经济犯罪来资助他们吸毒。在这里，吸毒者有一个明确的目标，以及对有效的可利用手段的一个判断。该系统模型"表明，暴力源于迫切在非法市场开展业务或工作——在这种情境中，金钱利益可能是巨大的，但经济行为者无法诉诸法律制度

12 当然，在这方面有许多优秀的研究，即使有强烈的倾向去寻找单一的原因，或假设定量方法可以提供因素的相对重要性。最近的一篇优秀评论参见 Rothstein（2004）。

解决纠纷"（Goldstein et al.，1997：116）。这种模式与布尔古瓦模型巧妙地结合在一起。然后，作者提供了一些统计数据来测试模型。他们对 414 起凶杀案进行了抽样调查，结果显示，只有 7.5%的凶杀案是由毒品引起的，2%是由经济利益引起的，39.1%显然是系统因素的结果，即贩毒商之间或贩毒商和吸毒者之间的暴力冲突。在这里有人可能会发现，47.5%的样本（仅记录凶杀案）与毒品无关。当然，还有一些机制产生和再生产关于吸毒的意识形态，这种意识形态将现实神秘化，甚至可能是由善意的媒体所推动的。[13] 87

第六节　本　票

奥格布关于"阶层化社会的少数民族"（caste minorities）的经典分析（Ogbu，1978）提出了另一个有用但无须在这里进一步探讨的例子。在这一模型中，种族主义的影响非常大。当然，谈及种族主义无非是提供一个本票，它必须用对生产和再生产种族主义结果的社会机制的说明来填满。本票往往作为社会科学中的准解释或启发性解释。有时，本票则完全是空的，没有确定机制。留给读者去想象。但就理解自然的过程而言，在社会科学中，本票具有一定的解释价值。

更令人困惑的是，他们在下述语境中的出现：它们的解释价值与学者明确的解释努力不一致。因此，在受到广泛讨论的《独自打保龄》（*Bowling Alone*，2000 年）一书中，罗伯特·D. 普特南（Robert D. Putnam）试图解释他的书的副标题——"美国社区的崩溃与复兴"。他指出，在多个领域中，"我们会遇到各种潮流、逆流以及漩涡，但在每一个领域中，我们也会发现 20 世纪席卷美国社会的共同而强大的潮汐运动"（Putnam，2000：27）。这无疑是一种因果性的语言，我们可以很容易地认为，有一些普遍的机制正在起作用，如商品化、全球化、城市化。这大概解释了美国人投身于他们的社区生活的原因，几十年前，这个过程在没有任何预兆的情况下被悄然逆转。因此，有人可能会说，当大公司和资金充足的利益集团开始主宰公民生活时，个体根本就不被允许接触参与制度。事实上，对这种机制的说明并未在书中看到。相反，对于普特南来说，社会资本成为一种干预变量：当它强大时社区也强，反之亦然。他提供了很多检验社会资本的程度的概括。他指出，这些"依赖于不止一项证据"（Putnam，2000：26）。接下来，第三章为社会资本的变化提供了"一系列可能的解释"——"从过劳到郊区扩张，从福利国家到妇女革命，从流动性的增长到离婚的增长"（Putnam，2000：27）。此外，有人可能会说，这些是尚未被填写的本票。但是，我们再次感到失望。对

---

13 关于这一点的一些讨论，参见 Morgan 和 Zimmer（1997）和 Glassner（2000）。

88 他来说，这些因素表征了相关性而不是机制。并且假设，当有很强的相关性时，我们就拥有了解释；在它很弱的地方，这个因素在解释中并不重要。他得出结论："其中的一些因素证明对于社会资本的侵蚀完全起不了任何重要作用，但我们应当能够找出三个或四个我们问题的关键根源。"（Putnam，2000：27）例如，"时间和金钱的压力"并不是重要原因，因为他的定量分析表明，这些变量的相关性并不显著。他的"最佳猜测"是"总下降中不超过 10%可归因于该组因素"（Putnam，2000：283）。相反，"世代交替"是"强大的因素"，"总下降中也许一半归因于它"（Putnam，2000：283）。但世代交替与社会资本的衡量方式相关这一事实并没有告诉我们任何因果关系。因此，处于不同世代的人们的信念和条件上有什么变化，为什么会发生变化，以及这些变化如何导致"社会资本"发生变化？在这个方向尚未做出任何努力。

　　这里的重点不是提出关于概括或为它们引用的证据的问题，而是要阐明解释策略中的关键差异点。概括，包括显著的相关性，既不能提供解释也不能提供理解；它们需要解释。奇怪的是，在书中有一些地方，普特南不但顺便使用了社会机制的概念，而且与他明确的方法论相矛盾，他对其提供了一个概述。因此，他认为，社会资本在对抗疾病和创伤方面可能比药物治疗更有效（Putnam，2000：289）。他写道："为了阐明这些机制在实践中如何运作，请考虑下面程式化的例子，它虽然是虚构的，但为许多父母描绘了现实。鲍勃（Bob）和罗斯玛丽·史密斯（Rosemary Smith）夫妇，六岁的儿子乔纳森（Jonathan），住在一个城市社区……"（Putnam，2000：289）他概述了他们的信念——例如，他们支持公共教育，喜欢公立学校的多样性——以及他们的现有条件，例如，学校混乱不堪。然后，他探讨了社会资本是他们能否成功建立家长教师协会的关键因素的机制逻辑，以及如果他们成功了，这将如何提供新的资源，等等。[14]

　　有时因为提出了一些机制，本票更有希望。实例很容易找到，通常是在谈及过程或动态，或有时在谈及过程或系统的逻辑的语境中。因此，学者谈及了"城

89 市化""集权""动员""国家建设""垄断竞争"等。通常，这些将涉及一系列的机制。因此，在解释德·托克维尔（de Tocqueville）的论点时，布东指出，"宏观陈述，即'集中化是农业发展的原因'显然是完全可以接受的，因为它得到了个体主义分析——一种社会机制——的支持"。正如他所说的，"虽然集中化是一个复杂的过程，但是它被认为等同于精确的'参数'，这些参数影响着行为者——这里的地主——决策的情境"（Boudon，1998b：823）。布东可能倾向于认为"参数"是"精确的"，但或许它们仅像它们需要的那样精确。

---

14 一系列的文章有助于给予我们这种理解，参见 McLean 等（2002）。

有时，本票只是作为解释而提供的，不需要努力来填充细节，确定典型的行为者，以及他们的动机、资源和关系。因此，蒂利（Tilly，1992）提出，"资本积累和集中的过程也会产生城市"。他写道：

在某种程度上，如果家庭的生存依赖于通过就业、投资、再分配或其他强关联而存在的资本，那么人口的分布遵循资本的分配……贸易仓储、银行，以及紧密地依赖于它们任何一个的生产都将因彼此接近而受益。在农业生产力所设置的限制之中，这种接近性促进了拥有广泛的外部联系的、密集的、差异化的群体的形成——城市。（Tilly，1992：153）

这里的逻辑相当简单。人们需要就业以维持生活。商人为了降低成本将寻求可以促进降低成本的环境。因此，求职人员就会被这些环境所吸引。即使填写那些未经加工的粗糙故事也许是没什么用的——这取决于我们的利益。强调这一点很重要。理解和解释是实用主义概念，因此所需的内容将取决于需求和期望。通常情况下，一张本票就足够了。

尽管如此，没有填写本票的风险确实存在，尤其是提出虚假解释的危险。因此，种族主义包括各种社会机制。最直接的机制仅仅表明，那些有排除权的人决定了在种族的基础上排除人，而且没有什么能阻止他们这样做。这一机制可能涉及排他者的一种信念，即那些被排除在外的人在这方面或那方面都是低等的。但有证据可以表明，行为者没有持有这样的信念，并且没有做出排除的决定。因此，这将很容易得出结论，种族主义并不影响结果。但还有一些更微妙的种族主义形式，往往被归为"制度化种族主义"。

不幸的是，"制度化种族主义"是关于这一现象的一个错误术语，因为它表明，通过考察某些机构（如公司或大学）中起作用的社会机制来理解其结果。但这对问题进行了不恰当的限制。不难看出，就许多结果而言，这个问题涉及几个制度性因果关系。也许更准确的说法应该是"系统性"或"历史性种族主义"。以社区学校为例，无需任何人决定，这些学校就会不成比例地招收非裔美国人。这里的机制相互关联，但相当常见：贫穷的非裔美国人过量地寻求低收入住房，这些住房存在于已是过量的低收入非裔美国人居住的社区中。当然，这个概述无法解释的是，事实上非裔美国人是极度贫困的。另外，要解释这一点需要一些其他的相互关联的机制，包括奥格布的假说、克劳德·斯蒂尔（Claude Steele）的工作和许多其他人的研究。

因此，罗莎贝丝·莫斯·坎特（Rosabeth Moss Kanter）［继威尔伯特·摩尔（Wilbert Moore）之后］所说的"同性再生产"是一种解释位于高层管理职位的白人男性数量过多的机制（Kanter，1977）。首先假定存在一种机制可以解释为什么管理者比清洁工的收入多。（值得注意的是，有一些替代机制可以解释这一点。当然，其中之一是人们熟悉的新古典模型。）然后，在管理者发挥作用的公司结构中，由于无法解决的不确定性影响了其职位和作用，社会相似性就变得很重要。例如，在寻找"合适的人选"的过程中，一个白人男性并且是常春藤联盟大学毕业的管理者，更愿意选择一个白人男性且是常春藤联盟大学的毕业生，与他一同工作，为他效力。正如赖特·米尔斯此前指出的："要与高层人群相处融洽，就是像他们一样行事，像他们一样思考；成为他们，追随他们。"（Mills，1959：141）这种通过在职场再现自我来最小化不确定性的努力，并不需要自我意识。行为者不必是自觉的种族主义者和性别歧视者，即使行为会导致种族主义和性别歧视的结果。

  同样地，也有一些机制可以解释为什么大学毕业生比没有受过大学教育的人收入更高。（同样地，其中既有新古典经济学阐述的机制，也存在其他竞争性机制——将在第六章予以考虑。）就目前而言，我们只需要注意这样一个事实：平均而言，拥有本科学历的人比那些没有本科学历的人收入更高。类似地，虽然关

91 于"哪些人能够获得学位"存在着复杂的解释机制，但我们可以推定，在标准的测试中表现出能力与准许进入高等教育机构是相关的。斯蒂尔（Steele，2004）提出了一种社会/心理机制（涉及一系列自我确认机制），这有助于解释非裔美国人在标准化测试中的糟糕表现。由于人们普遍认为他们的认知能力低下，这些群体在学习中对自己的准备和能力缺乏信心，这导致他们表现不佳。斯蒂尔通过一系列实验来测试这一机制。他随机挑选了来自斯坦福大学的非裔美国学生，告知他们测试的是他们的个人属性。通过要求他们在调查问卷上勾选出他们的种族，提醒了他们的种族。另一组黑种人学生，也是随机选择的，他们被告知只是测试心理研究，并没有提到种族。第一组明显比第二组做得差。其他对于女性和亚裔的研究也证实了斯蒂尔"刻板印象易感性"（stereotype vulnerability）的理论。但是，该机制没有解释为什么失去信心会产生明显的作用。

第七节 机制作为宏观的微观基础

  暂且不论上文所提到的那种心理社会机制，重要的是要注意到，正如这里所分析的那样，社会机制并不分为宏观和微观。确切地说，它们把微观和宏观联系在一起——或者如果你愿意，它们为宏观提供了微观基础。因此，资本主义的聚集性失业可以通过公司、企业和劳动力市场中代理人的决策来理解。也就是说，在目前看来，宏观/微观的观点是站不住脚的，所有的机制都假定典型的行动者交

互地参与产生成果。但是，社会机制可以被理论化为局部或全局的应用，因此可以根据不同程度的抽象来理解。

例如，资本主义的机制是高度全球化的，因此是高度抽象的。马克思从 19 世纪中期的英国资本主义中抽象出他的模型，但他清楚地看到，拥有不同历史的社会可能是资本主义的，或者追随亚当·斯密（Adam Smith）[和之前的沃勒斯坦（Wallerstein）]，人们也可以将这种模型应用到全球资本主义体系。在马克思的模型中，只有两组行为者，资本家和雇佣工人，对他们的界定是相关的。没有家庭，没有学校，没有银行，没有性别或种族差异；尽管每个人都是潜在的消费者，但没有人从事市场营销或广告行业；最后，政府的功能只是建立货币经济的合法的、基础的条件。有血有肉的行动者是完全不存在的，但抽象而来的特定信念和动机归因于作为典型的行为者的他们。例如，在结构上被迫出卖自己的劳动力的雇佣工人，知道如果他们找不到工作，他们就无法生存。资本家知道，在生产中，剩余来源于增值劳动力。但对于马克思来说，两个群体都没有完全地渗入资本主义再生产的条件，特别是盲目崇拜商品——人与人之间的关系表现为物与物之间的关系。马克思还理论地概述了这如何发生。尽管这些机制（以及建立在这些之上的其他机制）适用于任何资本主义社会，但在实际的资本主义社会中会有巨大的差异，这恰恰是因为，当行为者被更具体地理论化时，其他机制、信念以及动机将被混合起来产生结果。这无异于更局部地应用该模型，也就是说，从一个地区到一个国家，再到密歇根州迪尔伯恩的一个生产设施。

迪佩什·查卡拉巴提（Dipesh Chakrabarty）的研究是一个很好的例子（Chakrabarty，1989）。继马克思之后，查卡拉巴提认为，只有当工人的劳动力在马克思精心区分的意义上被当作商品来体验时，才存在资本主义的社会关系。当然，这不是一种主观现象。它和任何事物一样客观和真实。事实上，考虑到马克思的模型中所概述的条件，它是不可避免的。换言之，对拜物主义的整个分析旨在表明，工人积极地而非强制地再生产他们被剥削的系统，这是如何成为可能的——以及必要的。这样做的条件不仅是法律上的，而且正如查卡拉巴提所说的，劳动者必须按照界定"正式的自由""法律面前人人平等"和权利的标准来生活，正如 E. P. 汤普森认为的，这些是"自由出生的英国人"的权利——"正如潘恩（Paine）留给他的或卫理公会信徒（Methodists）对他的塑造"（Thompson，1978：221）。由此，马克思认为，英格兰的社会"人类平等的观念已经根深蒂固，形成了普遍的偏见"，它是解释资本主义逻辑的最佳场所。

在查卡拉巴提的分析中，孟加拉国的麻纺工人肯定是雇佣劳动者，但在马克思的意义上他们并不是无产阶级。如果这是正确的，我们需要强调一下其中的含义。简单地说，马克思在《资本论》的模型中建立了关于文化的假设——平等权利的政治。这些假设在印度根本无法实现。因此（更不用说殖民主义的关键事实），我们很难期望资本主义在印度将会采取马克思在写到英格兰时所采用的形式。此外，由于这种文化差异，阶级意识没有在印度麻纺工人中出现也就不足为奇了。

93　　一般说来，尽管资本主义存在高度抽象性，但具体地说，资本主义之间的差异不亚于历史经验上的差异。

　　蒂利的《强制、资本和欧洲国家》（Tilly，1992）提供了另一个实用的例子。蒂利的目标是提供一种方法来理解欧洲的国家建设。他从一个高度抽象的理论开始，这个理论表征了"资本和强制的逻辑"。这些是为了跨历史性地应用的机制。因此，我们可以把人划分为那些拥有资本的（蒂利依照非马克思主义所理解的），即"任何有形资源以及对这些资源的可强制要求权"（Tilly，1992：153）[15]，以及那些缺乏这些的人。"那么，资本家就是专门从事资本积累、购买和销售的人。""同那些缺乏这些资源的人相比，他们占领了剥削的领域。"生产的剩余被资本家占有。同样，个人或团体可以凭借他们在社会关系中的位置支配其他人。蒂利没有进一步详述这一点，但很容易看出，关于这两种机制，他做出了一些非常基本的假设：例如，那些缺少生存手段的人必须为那些拥有资源的人生产。蒂利对从理论上阐明各种各样的机制也不感兴趣，这些机制在特定的时间和地点，考虑到累积和获取剩余。西欧的封建机制与资本主义的机制不同（蒂利会同意这一点）。在这里他的兴趣在于更高水平的抽象。

　　在具体的世界中，这些机制协同运作，但有效地使用了比较工具。查尔斯·蒂利提出，一个机制可以将三个产生国家的过程——"强制密集型过程、资本密集型过程、资本主义强制路径"理论化。因此，"在强制密集型模式下，统治者从他们自己的人口和他们征服的其他人口那里榨取战争工具，在此过程中建立了大规模的剥削结构"（Tilly，1992：164）。勃兰登堡和俄罗斯在它们作为朝贡帝国的阶段，就采取了这条道路。"在资本密集型模式下，统治者依靠与资本家的契约……租用或购买军事力量，从而在无须建立庞大的永久性国家结构的情况下进行战争。通常情况下，城邦和城市联盟会采取这条道路。最后，统治者可以每一个都做一些，通常比强制密集型和资本密集型模式更早地产生成熟的国家。"

94　（Tilly，1992：164-165）

　　另一种机制被引入（没有明确的关注）："在国际竞争压力（尤其是战争和战争准备）的推动下，三条路径最终全部聚集成资本和强制力的集中，这与盛行

---

15 马克思明确地将资本限制为生产资料的拥有者和被迫出卖劳动力的雇佣工人之间的一种社会关系。诚然，在所有历史社会中，盈余都被那些拥有或控制生产资料的人所占有。但是如何实现这一点需要一些具体的、不同的机制。关于剥削的"一般理论"不会提供很多信息，见附录 C。

于公元 990 年的方式不相称。"（Tilly，1992：165）

这一论述高度抽象，但却极具启发性，远远超出了诸如现代国家是战争或资本主义发展的产物之类的论断。但正如蒂利所认识到的，如果这提供了对国家建设的抽象理解，那么重要的却是在细节处。在他对洛伦佐（Lorenzo）的呼吁中，马基雅维里（Machiavelli）看到他的城邦无法抵抗新"帝国"扩张动机，但我们需要从意大利和英国的历史来理解为什么英格兰在 17 世纪达到了成熟的独立国家状态，而佛罗伦萨却没有。我们在这里需要的不仅仅是机制，这是第五章要考虑的问题。

斯廷奇科姆（Stinchcombe，1998）的研究提供了另一种有用的例证，既说明了基本机制可以在不同的制度语境下使用，也说明了假定的宏观-微观差距。他提出了一种名为"垄断竞争"的机制，该机制以强有力的类比为依据，解释了"公司在市场中的地位，或大学在声望系统的地位，[和]世界动力系统中的地位"（Stinchcombe，1998：207）。为了涵盖这些不同的语境，基本机制需要在较高程度的抽象级别上陈述，并且斯廷奇科姆并没有花费太大精力根据特定类型的行为者以及他们正在使用的结构来详细阐明此模式。因此，他认为，"在市场、声望系统以及世界系统的领域中，一些组织比另一些组织表现得更好，并且它们永远不会通过成为选择他们的投资的食利者阶层（rentiers）来做到这一点。相反，他们组织集体行动的网络，建立供应商网络，建造或购买资本资源，并激励人们去完成所有这些成功的行动"（Stinchcombe，1998：270）。虽然有时将组织作为行动者来谈论是很方便的，但是显然，"只要机会继续带来回报，或者如果竞争对手发展竞争力使垄断不再站得住脚，这些组织的高层管理凭借当时暗示地描述的条件，就有能力和动力去适当利用他们的能力带来的好处"（Stinchcombe，1998：271）。当然，斯廷奇科姆的叙述比这里总结的梗概阐述得更具启发性，但是总而言之，我们可以对他已确定的机制进行更多的讨论。

相比之下，戈夫曼在《精神病院》（*Asylums*，1961 年）中所分析的机制只适用于"全控机构"（total institution）。戈夫曼的模型并没有明确阐述，但它远远比马克思的模型丰富，因为它非常具体。我们可以识别出关键的要素。戈夫曼定义了一个定位清晰的社会关系中的两个完全对立类型的行为者：管理者和被管理者（专业人士与客户、狱警与囚犯）。凭借他们在这些社会关系中的位置，他们可以获取资源，这些资源使他们能够构建自己的身份和社会关系，包括拥有适当的文凭和着装，以及一系列机构特有的具体能力。抽象地讲，被管理者必须被构造为在某方面不完美的人，而管理者被构造为有能力"对待"被管理者。因此，"社会距离通常是很大的，而且常常是被正式规定的"（Goffman，1961：7）。双方都有目标（这些目标提供了意义的关键）和一套信念（对于管理者来说，是

一个包括人性理论的解释方案）。对于每个群体，都有结构化的能力去实现他们
的目标。通常情况下，被管理者经历苦行，构建一个不同的自我；角色剥夺
（Goffman，1961：14-15）；"个人的自我贬损"（Goffman，1961：20-21）；"污
染性曝光"（Goffman，1961：23）；以及被管理者控制行动能力的衰退。在权
力剥夺过程中，采用的机制是"循环"，即来自行动者的破坏性反应成为下一次
攻击的目标（Goffman，1961：35-36）。但与威利斯一样，被管理者也有资源。
他们所做的反抗呈现出若干种形式，其中包括质疑规则的意义、"亲善"和"冷
处理"（Goffman，1961：61-65）。机构仪式，包括由犯人制作的时事通信、年
度聚会和开放日，在机构生活中都是常事。这些仪式旨在促成对官方目标的共同
承诺，即使"内部"的每个人都更清楚这一点。

戈夫曼非常有说服力地展示了行为者的信念，无论是真实的还是虚假的，是
如何促进行为的，这些行为的结果是机构的再生产。在这种机构中，官方目标和
实际成果之间存在明显的脱节，以及，如威利斯所述，行为者如何无意识地以自
我挫败的方式来行事，这种方式维持了自身的压迫条件。

戈夫曼的模型是一个全控机构的模型，但它对"接近全控的机构"提出了见
解，如寄宿学校，乃至远非达到"全控"的机构，如工厂或大学。当然，以这种
方式扩展后，该模型需要改进，以解决这类机构之间实际的具体差异。老板和任
课教师与被管理者的关系，与狱警和囚犯之间的关系不同。但是在这些地方有社
96 会机制在起作用，这些机制可以被界定出来，让我们理解结果。

这里值得一提的是，通常被称为"自我实现的预言"或谢林（Schelling，1998）
所谓的"自我实现的预期"的机制家族。正如他所说的，咖啡短缺、银行破产、
提前去抢座位，似乎都可以用同样的机制来解释。关键的一步是，按照相关的预
期行事足以产生成果：如果人们预期咖啡会短缺，许多人就会囤积咖啡，而且确
实会出现咖啡短缺的情况。同样，如果人们认为一家银行资不抵债，他们就会取
出自己的积蓄，最终致使银行破产。

第八节　社会机制的概括、外展和评估理论

有人指出，概括并不能解释，它们需要被解释。不难看出，概括[16]是机制理
论的一个出发点。也就是说，在有某种模式或规律性的地方，只有两种可能：规
律性要么是某种正在运作的机制或机制组合的产物，要么不是。因此，相比之下，

---

16 这里的概括包括一般的和统计的主张，"所有的 F 都是 G""大多数 F 是 G"，是可以用这些形式表示的模
式和规律。

"来自英国的贫困社区的孩子继续接受高等教育的比例相对较小",同时"在过去的三个月中,随着檀香山的房地产价格上涨,电影上座率也在上涨"。这两个命题可能都为真,但几乎没有理由相信有一种正在运作的机制可以解释后者。这种相关性完全是偶然的,也许是统计上的异常。在规律似乎不是偶然的情况下,劳森(Lawson,1997)提出了一个"半规律性",或简称为"半规律"的概念。他将其定义为"一种局部的事件规律性,表面上表明了一个机制或趋势在一个确定的时空区域中偶然实现,但远非普遍地实现"(Lawson,1997:204)。"半规律"表明了一种机制,在基于我们所知的情况下,这种联系不太可能是偶然的。因此,特别有趣的是他所说的"对比半规则"。他举了很多例子,有些是常识性的,有些则不那么明显:"女人比男人更会照顾孩子""20世纪90年代西方工业社会的平均失业率高于60年代""20世纪90年代的英国公司比20年前更多地'外包'或'外包'生产零件""政府人员在战争时期撒了更多的谎"。正如韦伯恰当指出的那样,无论是在日常生活中还是在更为复杂的科技领域,这样的概括数不胜数。我们可以就这种概括提出一些重要的意见。

　　首先,理论建构不是从无到有。它不仅是问题驱动的,而且理论家还拥有丰富的知识储备,这些知识将成为理论建构的材料。于是受一个令人感兴趣的(且完善的)"半规律"的激发,开始了对可能的单个机制或多个机制的研究。

　　其次,半规律可能是描述性工作的产物,无论是定量的还是定性的。斯蒂芬·坎普(Stephen Kemp)和约翰·霍姆伍德(John Holmwood)认为,识别未知的模式是统计技术的一项特别重要的任务(Kemp and Holmwood,2003)。因此,利用斯图尔特(Stewart)和他的同事的研究(Stewart et al.,1980),他们提出一个问题,是否有一种机制可以解释阶级背景和学校类型与学生接受教育的年数之间不明确的关系。坎普和霍姆伍德论证道,回归分析有效地揭示了阶级和地位高的学校最显著的相关模式,如果不使用这些方法,就无法识别出这种模式。但是,当然,从当前来看,研究不能就此止步。不幸的是,这么多可靠的描述性工作常常被错误地认为是解释性的,但实际上并非如此(见附录A)。考虑到已识别的模式,问题现在变成了什么解释了它。事实上,相关机制在一些方面似乎涉及我们前面的一些例子。有兴趣的读者不妨发挥理论想象力加以验证。

　　再次,对比半规律性推动研究进入到寻找表明可能的因果相关特征的差异中去。"(我们)通过检测表面上可比较的活动类型的结果的相对系统性差异(或者可能是在不同时空位置表面上不同活动的相似结果,或者在可比较的时空位置上与位置相关的活动类型的差异,等等),注意到一系列结构的影响。"(Kemp and Holmwood,2003:208-209)所以,很明显,男性和女性在家庭责任上的差异有力地表明,我们需要理解解释现有劳动分工的机制。毫无疑问,存在性别歧视

97

的机制，但与种族主义一样，这些机制都需要清楚地说明和确认。同样，失业率的上升表明了生产率或利润率的差别，而这些差别又进而表明了解释生产率或利润率的机制的变化。

对比半规律性的观点是关于比较方面的思考的基础，长期以来一直被认为是宏观历史社会学的一种手段。也就是说，我们在结果不同之处，寻求原因上的差异。为识别出正在一种情况下而非其他情况下运作的相关机制，或识别出解释了结果差异的一种类似机制的相关差异，对比研究提供了机会（见第五章及附录C）。

最后，正如在自然科学中一样，这里的研究模式既不是演绎也不是归纳，而是皮尔斯（C. S. Peirce）所谓的"外展"。考虑到半规律，我们可以识别出解释它的因果机制吗？如果有几种貌似合理的机制，但仍旧不可靠，我们可以得出一些有效的结论吗？这仍旧存在许多困难，正如前面已经提到的，实验通常不可能存在于社会科学中。[17]没有可控实验的可能性是自然科学与社会科学之间的一个重要区别，但这并不意味着人文科学是不可能的（Collier，1994）。

可以注意到两种论点。首先，戈尔斯坦等提供了一种证据（上文所述）来检验他们的三种不同的解释模型。这多少有点直接。其次，在相互竞争的解释机制中，有不同的结果，这些结果都是可检验的。赫内斯提供了一个很好的例子：正如挪威媒体所报道的，努力来解释为什么女性比男性更容易被黄蜂蜇伤。它清楚地表明，在实在论的基础上，生成性社会机制理论是如何被检验的。

他提供了四种可能的解释。

（1）*猛男理论*（The Rambo theory）："相比男人，女人是一种更柔弱的物种……对于一个真正的男人来说，因为一个极小的痛苦而请医生是可耻的，是缺少男子

------

17 所谓的"自然实验"在任何有用的意义上都不是实验，但存在有时所谓的"准实验"。一个很好的例子是一项纵向研究——"佩里计划"[其全称是"终身影响：高瞻佩里学前教育研究至 40 岁的追踪结果"（Lifetime Effects: The High/Scope Perry Preschool Study Through Age 40）]。大卫·克普（David L. Kirp）总结道："在 123 名南区社区的儿童中，58 名被随机分配到'佩里计划'中，而其余的孩子几乎所有方面都一样，没有上幼儿园。大多数孩子在佩里学校学习了两年，一天 3 小时，一周 5 天。课程强调解决问题，而不是无组织的游戏或'跟着我重复'的练习。孩子们被视为积极的学习者，而不是像海绵的吸收者；他们日常生活的主要部分是计划、执行和回顾所学的内容。老师们受过良好的训练，薪水很高，每 5 个孩子就有 1 个老师。他们每周都去访问家长，帮助他们教育自己的孩子。""随机分配是研究的黄金标准，因为'治疗'——在本例中是学前教育——最好地解释了这两组之间随后的任何差异。"从 3 岁到 11 岁，然后在 14 岁、15 岁、19 岁、27 岁和 40 岁每年都会收集数据。从每一个相关的结果来看，结果都相当显著：识字率、高中毕业率、犯罪率、结婚率和离婚率。事实上，在 40 岁时，"获得大学学位的人数几乎是其他人的 2 倍（其中一人拥有博士学位）。他们中有工作的人更多：76%比 62%。他们更有可能拥有自己的房子、汽车和存款。接受救济的人更少。他们的收入要高得多——20 800 美元，而不是 15 300美元"。参见 David Kirp, "Life Way After Head Start," *New York Times Magazine*, November 21, 2004. 但是，当然，我们仍然不清楚这些学生的经历如何解释这些结果上的差异。这肯定是一个复杂的故事。

气概的表现"（Hernes，1998：76）。这种机制使得男性没有报告被蜇伤的情况。

（2）*户外论*："比起男人，女人花更多的*时间*在户外，带孩子散步，和他们的孩子一起玩"。这一机制涉及角色的性别差异。

（3）*歇斯底里理论*：女人看到黄蜂时会恐慌，这刺激了黄蜂去蜇她们。男人则不恐慌。这里的机制使得女人成为蜇伤增加的原因。

（4）*气味理论*：女人用的香水"能够引诱黄蜂，但随后会刺激它们，因为当它们发现这些气味不是来自花朵时，它们会感到愤怒，并通过攻击来应对挫折"（Hernes，1998：77）。这个机制的关键在于对黄蜂行为的假设。

这些都可以解释结果。但哪一个（如果有的话）是真的呢？赫内斯指向了标准的方法论：采用猛男理论。如果女性更柔弱，那么她们对疼痛的耐受性应该更低。有没有研究支持这一点呢？对于这些理论中的每一个，我们可以用证据和论证来检验假设的真实性。很多时候，这需要抽出假设的隐含，因此，要弄清这些假设到底是什么就需要付出艰苦的努力。不幸的是，这不仅不容易，而且很容易忽视掉正在做出或许关键的假设。

劳森（Lawson，1997）也提供了一个很好的例子。他引用了利默尔（Leamer，1983）关于应用计量经济学家困境的叙述：

应用计量经济学家就像是一个农民，他注意到鸟类栖息的树下的农作物产量稍高，他将这用作鸟粪提高产量的证据。然而，当他介绍他的研究结果时……另一个农民……提出了反对意见，他用同样的数据，但提出了适度遮阴量增加产量的结论……这聪明的家伙……然后注意到，依据现有数据，这两种假说是无法区分的。（Lawson，1997：214）

劳森回答道：

当然，显而易见的反应是增加"可用数据"，尽管忙于为给定的一系列数据拟出一条直线的计量经济学家，很少考虑这样做。具体而言，我们的目标一定是要得出实际现象的结果，并寻求对实际现象的观察，从而使负责的因果因素得以确定。例如，如果鸟粪是相关的因果因素，那么我们就可以期待在鸟类栖息的地方有更高的产量。或许横穿田野的电报线上栖息着大量的鸟，但它们仅提供了微不足道的阴影……或许在离农舍很近的地方也有一块地，它被一个突出的屋顶遮蔽了，但鸟因为一只巡逻的猫而不来这里……在这个抽象的水平上，不可能明确地陈述实质性的理论可以从中选择的精确条件，也就是说，在不知道这些理论本身的内容，也不知道它们所依据的条件的性质或语境，这是所有科学的一个不幸的事实。（Lawson，1997：214）

劳森更普遍的结论值得引用（Lawson，1997：214）："科学是一项杂乱的事业。它需要大量的独创性、耐心，以及在工作中可能需要开发的技能。"[18]

这里需要考虑最后一点。它是关于*理解*在社会机制的建设和评价中的作用、限制和/或优点的问题。在一段著名的论述中，韦伯断言，在人文科学中，"我们能获得在自然科学中永远无法获得的东西，即对构成个体的主观理解"（Weber，1968：15）。从某种意义上说，这只是表明，自然科学和人文科学中理论机制的性质有很大的不同。因为人是社会中发生的事情的关键原因，所以社会机制必须诉诸他们的信念和动机。但是，这是一个优势吗？

有些学者，也许还包括韦伯，都是这么认为的。也许，毫无争议的是，当谈到建立一个机制的模型时，这是一个优势。正如巴斯卡尔所指出的，

> 考虑到社会现实的混杂性，在社会科学中理论构建是如何完成的？幸运的是，由于社会活动的概念依赖性质，在特定的描述下，大多数社会科学家必须处理的现象已经被确定了。（Bhaskar，1979：63）

因此，我们知道兑现一张支票和需要一份工作是什么。如上所述，理论构建必须且必然利用通用的知识体系。正如许茨（Schütz，1970）正确指出的那样，解释对于外行人必须是可以理解的。

有人可能会争辩说，我们对假设的社会机制的评估也考虑了合理性。一种解释可能是合理的，因为它证实了广泛存在的信念和理解（偏见？）。显然，这里有一个明显的危险。5 万名法国人可能都是错误的。另一方面，即使我们可能在一些给定的情况下出错，但为了互相了解，我们必须对他人的动机和目标有一定的了解。不过，如果此说明是合理的，并且是可以持续被证明的，我们可以合理地对它有一定的信心。

但是，仍然存在一个问题，即行为者可能会对他们的活动所支撑的社会世界有所误解。这难道不是表明在人文科学的理论建构方面存在缺陷吗？这个反对意见似乎是基于对该机制如何解释的误解。有两个问题需要解决。还有理解成员信念的问题。显然，这需要证据。但也存在解释成员的信念和行动以及探索行动的现有条件和后果的问题——这可能被知道或承认，也可能不被知道或承认。这也需要证据。也许是成员确实对他们的行动所支撑的社会世界把握得相当好。正如威利斯和戈夫曼的研究中所列举的两个突出的例子，该机制也许能够表明，除非行为者对其行为的条件和后果有错误的或部分的信念，否则结果不会是现在这样。也就是说，在这些情况下，解释结果需要看到行为者未能充分理解他们行动所持

---

18 另见 Sayer（1992：chapter 7）。

续产生的社会世界。

　　到目前为止，我一直认为，在物理和社会科学中理解都需要界定出结果的生成机制。在第三章中，有人认为，很难相信我们可以提高我们理解具体人的行动的一般能力。没有社会科学，我们完全可以理解，为什么你的老板期望守时，为什么你的配偶想在圣诞节看望家人。在本章中，有人认为，理论从行为者和情境的具体实际中抽象而来，以理解社会过程的逻辑，例如，为了实现对离婚率或犯罪率增加的理解。但关于社会机制如何在解释性语境中起作用，还需要更多的讨论。这把我们带回考虑社会科学的目标，并迫使我们解决历史与社会科学关系的问题。关于"历史社会学"的问题一直是这一争论的战场。下一章将从历史和当前的视角出发讨论这一争论。　　　　　　　　　　　　　　　　102

第五章
社会科学与历史

第一节 引 言

有人可能会说，古典社会学家，如孟德斯鸠（Montesquieu）、孔德、德·托克维尔、马克思、韦伯，甚至涂尔干，都是历史社会学家。他们都研究史料，并且都认为这对于他们的研究来说是必不可少的。在社会学作为一门特定的学科兴起于 20 世纪之前，他们就开始了自己的研究。尽管马克思不赞成那些自称是历史学家的人的工作，但他相信历史*确*实是人文科学。[1]同样，韦伯似乎也认为，正如他自己所说的，社会学是历史研究的入门教育。也就是说，社会学可以为好的历史研究提供工具和概念，但它本身并不是独立的知识体系。[2]

从所谓的*方法论之争*（方法之争）开始到 19 世纪末，文学已经倾向于采用文德尔班（Windelband）于 1894 年在两种研究之间做出的区分："个殊的"和"通则的"（nomothetic）。一般来说，自然科学是通则的——它们所从事的是对规律的探索，而人文科学，包括历史，是具体的——他们关注的对象是具体的独特的目标。但是，对于这种区分究竟是方法论的、认识论的还是本体论的，仍存在相当大的分歧。从其最常见的形式来看，有两种说明处于争议之中：从通则的观点来看，说明采用了覆盖律模型的形式。正是这一点遭到了那些捍卫个殊的观点的人们的反对。对于他们来说，人文科学，包括历史在内，需要不同形式的说明，其目标是要把握人类行动的意义。对于通则的科学而言，一般理论是必不可少的，归纳和演绎是主要工具；对于个殊的科学而言，如在历史中，说明的结构是叙事的，与在自然科学中不同，理论在其中不起什么作用。

103

除了一些非常重要的例外，历史社会学在 20 世纪中叶时几近消失。虽然情况

---

1 在《德意志意识形态》（German Ideology）中，马克思和恩格斯写道："我们仅仅知道一门唯一的科学，即历史科学。"摘自 Simon（1994：107）。

2 关于韦伯的研究有大量的文献。如需了解批评性和历史性的背景材料，请参见 Manicas（1987：127-140），以及后来的 Ringer（1997）。请参阅下面的注释 7 和注释 9。本文论述延续了韦伯提出的若干主题。

涂尔干有不同的看法。对他来说，"历史只有在超越特殊性的条件下才能成为一门科学；但是，那么它就不再是它自己，而是成为社会学的一个分支。（正如孔德所说的）它与动态社会学相结合"（Durkheim，1972：78）。

可能十分复杂，但这主要是学科专业化，再加上现代社会学家从自然科学中吸取经验建模其自己的研究的结果。从这个角度来看，因为没有探寻"一般的说明变量"，历史并不是通则的，因此不是一门科学。所以，社会学家可以将叙事留给史学家，而将主要精力放在发现"一般的说明变量"上[3]。

这样的观点充其量是对真正科学的一种扭曲——幸运的是，传统学者并不需要面对这种扭曲。那些继续研究历史社会学的学者并不在学术社会学的主流之中，甚至当他们的研究被认为是有意义的时候，也不在其中。在这里，人们会想到一些对韦伯作品有不同理解的学者的作品，如本杰明·纳尔逊（Benjamin Nelson）、莱因哈特·本迪克斯（Reinhard Bendix）、赖特·米尔斯和巴林顿·摩尔。人们还会想到一些马克思主义者，他们是历史学家，包括克里斯托弗·希尔（Christopher Hill）、艾瑞克·霍布斯鲍姆（Eric Hobsbawm）和芬利（M. I. Finley），以及一些受马克思主义影响的历史学家，如马克·布洛赫（Marc Bloch），以及其他几个难以归类的学者，如诺贝特·埃利亚斯（Norbert Elias）和卡尔·波兰尼（Karl Polanyi）。

然而，自 20 世纪 70 年代以来，社会学家又开始"探索历史"。正如蒂利所写的：

> 对工业化、叛乱、家庭结构的历史分析开始出现在社会学家阅读的杂志上。社会学系开始招聘一些所谓的"历史和比较分析"方面的专家。社会学作家开始创作，好像事件发生的*时间*严重影响了事件发生的*方式*。少数社会学家真正开始学习基本的历史学技能：档案探索、文本分析等。历史开始变得重要起来。（Tilly，1982：38）

有人怀疑，这种对历史的重新发现至少部分的是由于对科学哲学中传统智慧的攻击，至少官方的——由于帕森斯的主导性工作和结构功能主义的衰落，或许正如蒂利所说的，也是由于有关现代化和发展的进步主义理论的新怀疑论。[4]

104

3　考察帕森斯在当前（错误）对韦伯的理解中的作用也很重要。参见 Grathoff（1978）、Wagner（1983）和 Camic（1987）。1979 年，丹尼尔·贝尔（Daniel Bell）在《纽约时报》上对帕森斯留下的遗产进行了同情反思，他指出，对帕森斯的社会学风格的指责是基于对历史学和社会学之间差异的误解。按照涂尔干的版本，但肯定不是韦伯的版本，贝尔断言，"没有关于特殊的科学，概括是有必要的。在科学中，目的是建立现象的不变特征"。帕森斯反复提醒他的读者，他处理的不是具体的现象，而是"'分析性的抽象'，一组所有社会行动都能符合的逻辑范畴"。因此，帕森斯对韦伯的"整合"，削弱了韦伯的社会科学观点的核心（见下文）。

4　克雷格·卡尔霍恩（Craig Calhoun）为历史社会学提供了一个有用的社会学（Calhoun，1996）。重要的是，他注意到，20 世纪 70 年代和 80 年代的研究，通过指出历史社会学可以和其他形式的社会学一样严格，来努力将历史社会学合法化。据推测，"其他形式的社会学"更接近于自然科学的假设方法。斯考切波努力使用穆勒的方法就是一个很好的例子。关键讨论见附录 B。对历史社会学的更多思考，参见 Skocpol（1994）和 Delanty 等（2003）。

第二节 不久之前

关于历史社会学的著作，如斯廷奇科姆（Stinchcombe，1978）、蒂利（Tilly，1982，1984）、艾布拉姆斯（Abrams，1983）、史密斯（Smith，1991）和斯考切波（Skocpol，1984，1994）的著作，更不用说年轻作家和这些著名作家创作的有关历史社会学的重要著作，都展示了这一领域的持续生命力。同时，我也要补充，关于如何将历史和社会学结合的策略，仍然存在持续的分歧。甚至还出现了一场反对将二者结合在一起的"反革命"。戈德索普（Goldthorpe，1991）极力捍卫覆盖律模型，坚持历史与社会学之间的明确区分。最近，我们有两部重要的散文集：一部是麦克唐纳（McDonald，1996）编著的《人文科学的历史转向》，具有广泛的视域；另一部是马奥尼和鲁施迈耶（Mahoney and Rueschemeyer，2003）编著的《社会科学的比较历史分析》，侧重于比较的方法。关于历史社会学还有一本较新的，而且很有用的手册（Delanty et al.，2003）。此书涵盖了大部分领域，并得出结论："历史社会学在说明的'社会学'方法和更经验的、更解释的'历史'方法之间做了深刻的区分。"最后，在《美国社会学杂志》（1998 年）和最近出版的一本书（Gould，2004）中，玛格丽特·萨默斯和理性选择理论的倡导者之间就"一般理论"在历史社会学中的作用进行了激烈的争论（见附录 C）。

关于相关问题也存在着混乱的状态，在对一些较知名的学者正在做的工作的理解上，各个学者之间存在分歧。在极端情况下，我们发现，斯廷奇科姆认为"托洛茨基（Trotsky）的马克思主义、斯梅尔瑟（Smelser）的功能主义和德·托克维尔的保守派的绝望之间的差异，对社会学理论中的任何重要问题都没什么影响"（Stinchcombe，1978：2）。因此，"当他们完成了好的历史解释工作时，马克思、韦伯、帕森斯、托洛茨基和斯梅尔瑟都以同样的方式进行操作"。这显然十分令人费解：也许他们很少"完成好的历史解释工作"，或者什么可以算作是"同样的方式"是很模糊的——尽管斯廷奇科姆关于他探讨的学者，写了一些有趣的读本。

虽然目的和方式完全不同，但丹尼斯·史密斯（Dennis Smith）的《历史社会学的兴起》（1991 年）探讨了 18 位值得关注的学者，在历史社会学家之间的差异方面，这本书使得他接近于斯廷奇科姆。他公正地描述了他所选的这 18 位学者中的每一位，通常是成对的，按主题安排来描述：例如，在"旧帝国，新的国家"之下，他讨论了艾森斯塔特（Eisenstadt）和西摩·马丁·李普塞特（Seymour Martin Lipset），并在"两个批判的理性主义者"之下，我们看到了巴林顿·摩尔和 E. P.

汤普森。在最后一章中，他指出了四个相关问题："第一，历史社会学家是作为'局外人'来工作的，还是作为相关'单位'的成员来工作的；第二，他们处理参与和脱离问题的方式；第三，他们定向于理论、经验概括和对历史数据的基本探索；第四，他们采取的说明策略。"与这些观念同样重要的是，它们几乎都是事后的想法：它们并没有推动对他所讨论的学者的叙述。更重要的是，也许他并不批判理论和说明的观念。就这四个问题而言，他完全没有找到清楚的路线，而是提供了四条"说明策略"：竞争性选择、系统性矛盾、基础结构能力和社会变革的支配路线。

然而，这些方法不能被简单地解释为"说明策略"，而应该被视为以截然不同的历史观和社会观为基础的理论导向。总之，他发现了他讨论的所有学者的一些组合。据猜测，斯梅尔瑟的工作可能体现了支配的路径策略——一个阶段理论——但在不太纯粹的形式下，它也出现在朗西曼（Runciman）、沃勒斯坦、伦斯基（Lenski）、巴林顿·摩尔和佩里·安德森（Perry Anderson）的作品中。但是，在摩尔和安德森的作品中，它（安德森没有提到）补充了进化论的假设，而摩尔的例子（并没有提到安德森）则"高度重视农业政体中支配阶级和从属阶级的基础结构能力"。因此，他和曼恩（Mann）不谋而合，事实证明，曼恩与伦斯基都处于"基础结构能力和支配路线之间的位置"。这样的分析可以继续下去。 106
最终得出的感觉是，历史社会学家们是相当复杂的群体，就方法或策略而言，我们推荐折中的无政府状态。另一方面，人们想知道问题是否更多地在于这些评论家将材料进行概念化的方式。也许，正如大部分对科学的探讨一样，问题可能来源于对具体实践的不适当理论化。

第三节　比较模式：个体化、普遍化以及差异发现

蒂利提出的暗示性的但最终无益的分类中也发现了类似的豁达行为。蒂利确定了历史社会学的四种研究路径。对他而言，关键的区别在于比较模式：个体化、普遍化、差异发现和包围性的比较。因此，

纯粹个体化的比较将每种情况都看作是唯一的，一次只考察一个实例，并且将它与其他实例的共同属性最小化。另一方面，纯粹普遍化的比较会界定一个现象的所有实例之间的共同属性……[差异发现]应该通过考察实例之间的系统性差异，建立一个有关特征的差异或者一个现象的张力的原则。（Tilly，1984：81-82）[5]

---

5 "包容"完全不同于"比较"，因此在这里的讨论中省略了它。克里斯·蒂利对它的定义如下："[包容]将不同的实例放置在同一系统中的不同位置，根据它们在整个系统中不同的关系，来解释它们的特性。"（Tilly，1984：83）

虽然查尔斯·蒂利对比较的解释十分受争议，但他似乎承认，这在某种程度上是因为关于他们是个体化的、普遍化的还是差异发现的，学者们并不清楚，而且也不一致。事实上，他通过下述评论，破坏了自己的分类：

> 如果我们需要一个个谱系来进行个体化比较，韦伯的使用就足够了。当韦伯开始阐述他伟大的分类体系时，他倾向于普遍化分析。当他谈论合理化和非凡的领袖气质时，他在对普遍化比较示好。但是，他关于宗教体系的广泛比较主要是来详细说明，获得、积累并且合理化官僚政治的西方的独特性。在很大程度上，韦伯使用比较来达到个体化的目的。（Tilly，1984：88）

韦伯是历史社会学文献中的重要人物，他的研究已经被广泛应用。接下来，我们会指出，对于任何合理的历史社会学版本而言，他的研究仍然是基本的。但是，"个体化"不能作为一种方法来区分这些往往不相一致的努力。当本迪克斯和安德森都被认为是个体化者时，我们可能会怀疑，我们未把握住，在比较他们的工作时，什么是至关重要的。此外，正如蒂利那本非常有用的著作后面的章节所表明的，学者可以做一些个体化的比较、一些普遍化的比较和一些差异发现的比较。从蒂利自己对这些策略的构想中我们可以清楚地看到，韦伯忍不住既做了个体化的比较，又做了普遍化的比较，因为个体化预设了普遍化。因此，我们需要先了解什么是官僚政治——这是概括的一步——然后再看中国的官僚政治与现代资本主义社会的官僚政治有什么不同——这是个体化的一步。

不幸的是，关于普遍化的观点仍存在诸多困惑之处。首先，它是不可或缺的。无论何时我们使用抽象名词，我们都是指代一种普遍化，无论这种概括多么模糊，多么开放或理想典型。因此，当我们将一种制度界定为一种官僚政治时，我们认为，这个术语所蕴含的某些性质使得我们可以将中国的制度和现代资本主义国家的制度称为官僚政治。其次，每一个具体的事物确实都是独一无二的，所以真正的问题在于，个体化是否是不平凡的——对于我们理解所研究的具体事件的兴趣而言是至关重要的。因此，资本主义社会的官僚政治有什么特征区别于中国的官僚政治？同样，差异发现既需要个体化，又需要普遍化，沿着连续统一体来发现差异。

这里有几个真正的问题。蒂利清楚地看到了这样一个问题，我们关注的究竟是与众不同的东西还是共同的东西。韦伯坚持认为，物理理论，如大众物理学，适用于任何时间和任何地点的所有大众，我们关注的是这种高度抽象的知识。当涉及人文科学时，我们关注的是所有的个体化中体现出的具体特征。因此，他写道："我们关注的社会科学类型是一门关于具体实在的经验科学（关于现实的科学）。我们的目标是理解我们所研究的实在的独特之处。"（Weber，1949：72）

对他而言，即使社会科学将本身建模为一种像物理学一样抽象的科学，并且提供了对所有人类群体都为真的一般理论和命题，这种知识仍旧是没有什么用处的，同时我们也不关注它们。

事实证明，这不是一件小事，尤其是在比较方面。从这个角度来看，比较并没有被用于发现普遍化——例如，对于所有的官僚政治而言，什么为真——而是被用于深化人们对"实现、积累、合理化官僚政治西方的独特性"等问题的理解。更为重要的是，就韦伯关于此事的观点而言，目标不是解决普遍化的问题，例如，在革命前的法国和辛亥革命前的中国，"农民是关键的阶级组成"，但我们要更细致地看到这两种情况下农民关系的差异。最后，虽然毫无疑问，在某种抽象层次上，商业化或国家建设的类型和序列特征会有相似之处，但是结果的差异却只能界定这些相似序列中的不同原因来得到解释。[6]按照这种观点，比较的方法既是一种发现的方法，又是一种检验关于原因的假设的方法。我将在下文返回来讨论这一点。

其次，也是很重要的一点，存在这样一个问题：人们是如何处理普遍化的。蒂利的分类面对的主要问题是，它无法帮助我们看到，比较为我们做了什么贡献。特别是，历史社会学的主要目标是探求普遍化（和类规律的陈述），以便用覆盖律来进行说明吗？据推测，正是这一点将社会学界定为一门科学，与历史相区分——大家熟悉的"通则的和个殊的"之分。[7]

在这里有一点很重要，韦伯（Weber，1975）修正了"通则的和个殊的"之分，并坚持认为，"历史"知识与"自然科学"知识形成对比的逻辑特点，一方面与"心理的"和"身体的"、"个性"和"行动"之间的区分无关，另一方面与死亡的"自然对象"和"自然的机械过程"之间的区别无关（Weber，1975：184-185）。关键的区别在于这两种科学的目标：通则的或抽象的科学使用的是无条件有效和普遍有效的规律。具体实在的科学的目标是特定的知识。"由于对实在的有限方面进行彻底再现在逻辑上是不可能的……这必然意味着：由于实在的这些方面是个体所*特殊拥有的*，所以我们将关于它们的知识视为*本质的*。"（Weber，1975：57）接下来，我们可以界定，在无限复杂的具体因果历史中是什么对它做出了说明（见下文）。

108

109

---

6 在《新教伦理与资本主义精神》（*The Protestant Ethic and the Spirit of Capitalism*）中，韦伯指出他"处理了因果链的一面"，而在他对宗教更广泛的研究中，为了"找到与西方发展的比较点"，他旨在发现"经济生活和社会分层"的因果关系。"因为只有这样，才有可能尝试对西方宗教的经济伦理要素进行因果评估，使其与其他因素区分开来，并希望达到可容忍的近似程度。"（Weber，1958：27）韦伯经常被解读为对"社会经济学的"（也是单一原因的）马克思主义说明，给出了一个"文化主义者"（和单一原因）的解释。

7 格罗丁和扎莱特（Ragin and Zaret，1983）为一种韦伯版本进行了辩护，该版本关注具体案例的特殊特征，并反对涂尔干对一般解释变量的探寻，认为是不恰当的。

正如已经指出的，普遍化至少有两个其他的功能。第一，它预先假定了个体化：我们界定一组结果或序列中的主要差异，这些结果和序列在某种抽象的程度上彼此相似。例如，我们看到，不同于案例 2，在案例 1 中，农民有产权，并且正是因为可以做出不同的选择，造成了结果的差异。第二，比较研究产生的假设将作为本票，寻求说明。因此，比较研究可能会产生普遍化："在一个高度官僚化的专制主义国家，地主贵族几乎没有政治权力。"这样的普遍化，如果属实，可能会提供一些说明，这取决于所感兴趣的问题。但是，反过来，它们需要说明：说明普遍化的机制是什么？与自然科学的类比是确切的：分子理论开始于无法解释的普遍化，其中大部分是普通经验中常见的。糖溶于水，铁生锈。分子理论告诉我们其中的原因。在历史学家和历史社会学家的著作中，人们会遇到许多普遍化，其中许多是直接来自普通经验的，如"挑战官僚政治并不容易"或"官僚政治不易受控"。如果这些为真，就会有原因，并且我们就会依据官僚的能力、信仰和行为的因果机制给出这些原因。

蒂利认为，他所界定的策略的相对价值"取决于当前的智力任务"。对于特定问题是要求个性化、普遍化还是差异发现，情况当然是这样。但他也看到了，策略的价值"取决于社会世界的本质和我们关于这个世界的知识的限制"（Tilly，1984：145）。事实上，他的书中最有力的一部分是他对"恶意假设"（pernicious postulates）在认识论和本体论上的敏锐分析，例如，"单一的周期性社会过程支配着所有的社会变革"（Tilly，1984：33），或者"抽象的特定过程，如分化或集中，为可理解的分析划定了界限"（Tilly，1984：50）。他可能会认同下述观点，如果我们要确定研究策略，最好提供一种分类，这种分类以其划界标准为特征，这种特征将深入到方法论、认识论和本体论问题中。尽管此观点存在一些严重的问题，但斯考切波（Skocpol，1984）依据说明策略对方法的分类正是这一点所要求的。对此观点的回顾也将使我们更清楚地看到，本章的论点如何与现有的关于历史和社会学问题的文献相联系。

110

第四节　说明类型的分类

斯考切波提出了一种策略的三分法，分别被称为"功能普遍主义"、"分析的历史"和"解释的历史"。斯考切波也不愿挑战教条主义，他发现学者往往会混合策略——或许，他们假设，不会出现一致性的问题？

第一种"功能普遍主义"的基本方向是由李普塞特提出的：

从理想的角度来看，社会学家的任务是构造一般假设，希望在更大的理论框架内进行设定，并对其进行检验。他对像美国这样的国家如何形成国家认同的方式感兴趣，他的这种兴趣就是要明确阐述，关于新国家的国家认同建立时所涉及的一般过程的命题。同样，他关注的是美国宗教参与模式的变化，即构造和检验有关宗教对其他机构与整个社会系统的作用的假设……这显然不是历史学家的问题。历史必须关注对特定事件或过程的分析。社会学家寻求把各种特定描述类别包含在内的概念，历史学家则必须接近于实际发生的事物。（引自 Tilly，1982：5）

其基本思路是清楚的。（历史）社会学家的任务就是用理论来产生一些一般假设，如果这些假设为真，它们就可以说明检验中的特定事件。对于功能主义而言，理论是结构功能主义的一种版本。[8]

在李普塞特的例子中，我们对国家建设的"一般过程"做出了假设。我们可能会认为，关键的现代化过程是差异化，包括社会分工日益加剧、制度性分割加剧，从而个体主义加剧。例如，"每当一个社会经历现代化，社会中的劳动分工都会越来越多"。再加上其他假设，例如，"当宗教制度被削弱时，规范性控制就会丧失"，我们就会得出这样的结论，即社会体系的持续稳定有一项基本要求：发展"权威性解释和执行"的机构——正当的立法体系和警察的强制力量。有了这个理论，人们就可以走进历史，在各种语境下考察国家建设。

斯考切波对功能普遍主义提出了一些强有力的批判。首先，"模型本身必须在其历史之前被应用"（Skocpol，1984：365）。强调这一点必须假设的内容，是非常重要的。它假设存在社会再生产和社会变革的普遍原则，即使他们采取的具体形式是历史变化的。但是，如果我们并不了解这样的普遍原则，正如赖特·米尔斯（Mills，1959）很早以前坚持认为的那样，这些原则随着我们正在研究的社会结构而变化，那么这种批评是致命的。其次，我们怎么可以肯定不同的研究者会以相同的方式将这样的抽象概念具体化为"差异化"或"群众组织"？这里的问题在于关键性普遍术语的不稳定性。或许，为了维护关于变化的功能主义假设，几乎任何事物都可以被纳入进来。最后，在此引申，历史事实可能会被忽略或扭曲，以便适应预想的理论。[9]

对于功能普遍主义者来说，历史就是案例研究，旨在阐述和证明普遍有效的理论观点的有效性。案例研究允许理论家从抽象转向具体。相比之下，分析社会

111

---

[8] 理性选择理论是这种一般理论的另一个候选理论，见附录 C。

[9] 这种批评也适用于许多所谓马克思主义的思想。功能主义理论还有其他问题（马克思主义和非马克思主义），其中一些问题至少从 Nagel（1961）和 Hempel（1965）对当时的帕尔森理论的审视开始就很熟悉了。关于社会学中功能主义的批判，见 Giddens（1979，1981）。功能主义理论仍然值得关注。参见 Alexander（1998）；Münch（1987）和 Luhmann（1997）。

学家"渴望通过比较性的历史分析产生新的解释性概括"，或者说，"发现说明具体定义的历史过程或结果的因果规律，并探索替代性假设来实现这一目标"（Skocpol，1984：362）。例如，斯考切波希望从案例研究中引出关于现代革命的一般理论，但李普塞特则希望能够依靠案例来检验他的一般理论。因此，它们在对历史的使用上有着根本性的差异。

对斯考切波来说，分析历史社会学家"承认对可概括的解释原则的渴望"（Skocpol，1984：375），但他们处于那些寻求"单一的总体模型"的学者和那些将自身限制在"对每个单一时间和地点的特殊性进行有意义的探索"的人之间的立场（Skocpol，1984：374）。[10]这当然是有道理的。但是，像功能普遍主义者一样，斯考切波研究的是说明的覆盖律模型。[11]我们认为，这种说明模式在任何一门科学中都站不住脚，因此在这里就不再重复那些论点了。总之，正如一些批评家所表明的那样（Burawoy，1989；Sewell，1996），斯考切波对穆勒的方法的使用，并没有让她产生对法国、俄罗斯和中国革命必要的解释性概括——"足够有区别的原因"。[12]

解释性历史社会学家（根据斯考切波的分类法）回避因果说明，并寻求所谓的"有意义的解释"。这就导致这些学者十分关注行为者的想法和意图。由于因果说明被拒绝，采取叙述形式的说明和描述往往会失败。解释性历史社会学家对概括的和分析的历史社会学家都采用的那种理论持怀疑态度，但很多人发现韦伯的理想型概念很有用。在他们的比较研究中，解释性历史社会学家感兴趣的是区分和建立被比较对象之间的有意义的差异。正如本迪克斯所说的：

> 通过比较分析的方法，我要尽我所能保存一种历史的特殊感，同时还要比较不同的国家。相比旨在进行更广泛的概括、失去这种感觉，我要对不同的材料提出相同或至少相似的问题，从而为不同的答案留下空间。我希望让权威结构之间的差异以及社会对其他国家文明成就中暗含的挑战作出反应的方式之间

10 巴林顿·摩尔（Moore，1966）和安德森（Anderson，1974）采取了这条路线，但没有假定覆盖律模型。佩奇（Paige，1999）断言，与她的主张相反，斯考切波致力于寻找"普遍因果规律"（Paige，1999：791）。但正是她致力于覆盖律模型误导了佩奇，见下文。

11 对她来说，"1789年法国、1917年俄罗斯和1911年中国的社会革命形势的独特原因"（Skocpol，1984：154）归纳为两点：如果一个容易在行政和军事上崩溃的国家组织受到来自国外发达国家的更大压力，并且在土地社会政治结构的推动下发生了广泛的农民起义，那么就会发生一场社会革命。1789年，法国受到了这种压力，并且拥有一种土地社会政治结构。因此，法国发生了一场社会革命（Skocpol，1984：154）。同样地，我们可以在第二个前提中用俄罗斯和中国来替代，并"解释"它们的革命。

12 对此的详细分析见附录B。

的差异更加透明。[13]

我们可以参考他著名的《国王或民众》（*Kings or People*，1978 年）简要地说明这一点。像巴林顿·摩尔（下文）一样，本迪克斯对现代化很感兴趣，但从书的前几页我们就可以看出他们在定向上的区分：

> 把现代化定义为理想典型传统秩序的崩溃是最容易的：权威失去了神圣性，君主制衰落，等级社会秩序被打乱。世俗权威、以人民的名义进行的统治以及平等主义的精神是现代社会的典型特征。（Bendix，1978：10）

在理想上，"传统秩序"通常是从这样一个角度来定义的，被挑出的几个特点或多或少在前现代社会中是真实的，有些可能存在，有些则有时不存在。理想型并没有假装是严格的定义。的确，虽然它们不是虚构的，但它们并没有真正的对应物。继韦伯之后，他们提出了"一些有效的观点"，这些观点对我们来说具有文化意义。本迪克斯的研究相当重视基督教、印度教和儒教。这是韦伯的一个版本，但却没有韦伯对因果关系的基本关注。此外，正如蒂利所言："普通人从本迪克斯的历史中消失了，除非他们是新精英的滋生地，或者是这些新精英播撒他们隐含革命思想的土壤。"事实上，"关键的问题不是生产结构上的改变[如摩尔所述]，而是主流观念、信仰和辩护发生了变化"（Tilly，1984：93）。而这些变化仍然无法得到解释。

这些策略中的每一个都可以预见到关键问题。我们有理由拒绝可应用于历史实例的一般理论的观点[14]，但是也有充分的理由清楚地了解一个人的元理论——一个人关于人文科学研究的认识论和本体论假设。那么，是否有历史规律？拿破仑（Napoleon）或布什等个体在尝试说明的过程中发挥了什么样的说明性作用？文化是一种说明变量还是需要说明？最后，正如韦伯很早就表明的那样，我们有充分的理由坚持认为，在人文科学中，对特定的意义和对界定意义的关注在人文科学中是因果问题的重要组成部分。但是，我们必须清楚我们关于因果关系的观念。

我们可以清楚地阐述历史社会学的概念，这一概念回应了这些问题，满足了这些要求，并且借鉴了韦伯的研究——是连贯的、合理的。事实上，这回答了更加一般化的问题，即说明具体社会事件或情况。如果提供对事件的说明是社会科学的一项重要任务，那么很多社会学都是历史的，从某种意义上说，顺序是

13　由 Skocpol（1984：370）引自 Reinhard Bendix，"The Mandate to Rule: An Introduction," *Social Forces* 55(1976): 247.

14　关于这个问题的进一步讨论请参见附录 C。

关键的。[15]我们可以这样说，我们认为历史社会学家的努力是成功的，主要是因为他们的工作体现了这里要捍卫的概念，尽管不清楚，甚至可能不连贯。还必须强调的是，问题不在于人们在历史社会学的许多努力中找不到有价值的见解。相反，这些往往是意外事件，因为它们不仅没有得到学者的明确策略的推动，而且如果学者明确了他或她的承诺，这些事实上根本就不会存在。[16]

第五节　实在论的历史社会学

这里要辩护的概念始于两个基本的观察。首先，我们假定一个因果性的实在论概念：原因是导致结果的生产力。其次，历史中的主导的[17]因果行动者是人。我们需要考虑社会结构的重要作用——作为活动的持续结果——但是我们不能说，社会结构是因果的。实际上，它们并不决定行动，尽管可以肯定的是，它们限制行动，并且使行动成为可能。在每一个例子中，人们都必须使用吉登斯思想中的"手头资料"与"规则和资源"。他们拥有什么样的权力和能力，在很大程度上取决于他们在行动中所能获得的资源。正如马克思认为的那样，我们创造了历史——尽管不是用我们选择的资料创造的。但是正如赖特·米尔斯（Mills，1956）所观察到的（可能通过马克思所想到的文本），"事实是，尽管我们都身处历史中，但我们并不都具有同等的力量来创造历史"。例如，美国总统决定对伊拉克发动军事行动是一个具有重要意义的决定，因为它以一种对大多数普通人来说完全不可能的方式改变了世界。他可以发动战争，但是已经开始的战争是无法挽回的。选择权被剥夺，人们需要新的选择。[18]然而，这一决定是由许多人的行动促成的，这些人的行动并不是他们创造的社会机制。

接下来将在历史说明中类比自然科学中对事件的说明。考虑一个最简单的例

---

15 当然，所有的社会学都是历史的，因为社会形态是历史的产物。但除了解释事件，对于第一章意义上的理解，还有一种社会学的兴趣。也就是说，正如物理科学中的理解伴随着生成机制的理论一样，社会机制的理论也为我们提供了理解，例如，为什么工人阶级子弟从事工人阶级的工作，对资本主义或国家建设的理解。这种理解并不需要历史序列意义上的历史，详见下文。

16 一些学者认为，斯考切波最有影响力的《国家与社会革命》（*States and Social Revolutions*，1979 年）完美地例证了一种不连贯发生的成功。简而言之，她让我们相信，她对穆勒方法的使用产生了解释性的概括。事实上，从实在论的角度来理解，她的解释涉及考察原因。除以下内容外，更多讨论见附录 B。

17 同样，自然事件和过程在历史上经常扮演着重要的因果角色。小唐纳德·麦克尼尔（Donald G. McNeil Jr.）最近提出了一个切中要害的问题："海啸之后会发生什么？一个国家的灭亡？分裂主义战争？或者相反，交战双方出乎意料地走向和平谈判？伊斯兰激进主义的激增？"（《纽约时报》，2005 年 1 月 2 日）

18 很明显，这与传记有相似之处。有些决定对个人来说非常重要：它们改变了"我们正在走的道路"，排除了一些选择，开启了另一些选择。

114

子：我们想说明这样一个事实：今天早上在山姆的厨房里，一勺盐溶解在一壶水中。我们可以诉诸这样一个概括，即"盐是水溶性的"，以及这样一个事实：有人把盐放入了壶中。这两者都涉及下面的原因：机制的本票和人类行动的影响。　115
我们来考虑社会科学中一个类似的案例：为什么琼斯没有得到她看起来非常胜任的工作？我们注意到，琼斯是一位女性，而山姆是一位性别歧视者。我们有一种说明，因为"性别歧视"发挥着本票的作用。

　　这两个例子都不明显。诸如说明双子塔倒塌或 2000 年美国总统选举结果等问题更为有趣。但基本任务依然是相同的。我们必须界定并追踪到这些原因的集合，包括关于关键行动者的重要事件行为的单一因果陈述，例如 19 名恐怖分子夺取飞机，以及美国政府关键行为者的外交政策决定。叙述将包括对过去和现存社会机制的叙述，例如，产生美国的敌人的过程，包括产生恐怖分子的机制[19]、美国中央情报局的情报实践和外交政策决策过程。这一切都不容易，而且大部分都是有争议的。（说明双子塔的倒塌还需要界定相关物理机制的因果作用，例如，建筑结构无法抵抗航空燃油爆炸产生的热量。）总之，这些共同产生了结果。

　　时间是关键的，因为原因的排序至关重要。在选举的情况下，这种原因的关系将涉及关键行动者的行动，其决定和行动具有可识别的因果后果，这些行动大多是无意识的，例如，反对候选人及其顾问的行动、凯瑟琳·哈里斯（Katherine Harris）和最高法院的行为。[20]但它也涉及理论化的典型人物的行为——美国中部　116
地区的农村白人、媒体人、政客、公关人员和专家、部长、同性恋和反同性恋活动者、工会成员和竞选资助者，他们所有的信念、动机和处境都说明了他们的决定。但社会科学的任务并非终结于此：我们还需要说明，为什么典型的行为者有他们所拥有的这些信念。处理这件事并不容易，如上所述，叙述可能会受到争论。另一方面，为什么我们应该假设，因果叙述不会被复杂化？我们需要注意一下气象学的局限性，事实上，更概括地说是物理学的局限性——*卓越的*抽象科学。

　　19　当然，要发动一场"反恐战争"，必须了解产生恐怖分子的机制。如果不试图概述这一机制，我们可以合理地假设，入侵伊拉克不仅不能解决这个问题，而且可能会使问题恶化。在这里比较一下，往往没有考虑产生罪犯的机制，或者没有注意到产生年轻毒贩的机制，与产生白领罪犯的机制是不一样的。

　　20　萨林斯努力解决本章中许多相同的问题，提出了两种类型的"结构能动性"——"系统能动性"和"联合能动性"之间的区别（Sahlins，2004）。由于制度地位，系统行动者的行为，如拿破仑，"是决定性的，无论他做出什么战略决定"（Sahlins，2004：158）。鲍比·汤普森（Bobby Thompson）（在第九局的全垒打赢得了 1951 年的世界棒球大赛）或凯瑟琳·哈里斯[她作为佛罗里达州州务卿的决定，有力地影响了布什的总统大选胜利]都是"联合行动者"。由于其历史性角色，汤普森和哈里斯是"根据特定历史环境的关系而被挑选出来的"（Sahlins，2004：157）。在叙述中使用这些区别可能会有一些用处，但萨林斯承认，解释结果需要看到，这两者的行为都取决于他们的"立场"所提供的能力，并且在这两种情况下，他们行动对解释结果都是至关重要的。当然，正如萨林斯所说的，如果他们中的任何一个采取不同的做法，他们的名字就会从历史中消失，而拿破仑的情况并非如此。

　　韦伯的研究中已经出现了这种研究观点的基本轮廓。[21]根瑟·罗思（Guenther Roth）巧妙地总结了这一点：

　　社会学和历史学都产生于人类行动内在的因果性。当韦伯将社会学定义为"一门与社会行为的解释性理解有关，从而与对社会行动的过程和结果进行因果说明有关的一门科学"时，他是想要肯定在历史上只有人类行动，而不是社会有机体或具体化的集体。[22]原则上，我们可以理解人类的意图，并且可以在因果关系上说明其行动的过程和结果，所以我们可以建立社会经济模型，比如世袭主义或贵族的统治。（Roth and Schlucter，1979：205）[23]

117

　　罗思将社会经济模型与他所说的"世俗理论"（secular theories）区分开来。

---

21 韦伯和当代的"实在论者"之间有一些重要的区别，但这里的关键点在于，他是一个反实证主义者，既反对休谟对因果性的分析，认为原因产生结果，又反对下述观点，即社会科学追求规律，而这些规律可能解释了真实的具体事物的规律。在众多文献中，参见《社会科学与社会政策》（*Social Science and Social Policy*，1949 年）中的"客观性"。例如，"就一个现象的个体性而言，因果性的问题不是规律的问题，而是具体的因果关系的问题；这不是一个将事件作为典型案例归入某个一般规则的问题，而是将其归为一系列相关观点的结果的问题"（Weber，1949：78f.）。"由此得出的结论是……对文化事件的'客观'分析，如果按照科学的理想是对'规律'的经验实在性的还原这一论点进行，是没有意义的。"（Weber，1949：80）更一般地说，韦伯拒绝了拉普拉斯的形而上学——在这种形而上学中（根据狄尔泰的批判），"理想目标"是"一种'天文学知识'"（Weber，1949：73）。

　　这不能在这里论证，尽管对马克思（通过恩格斯）进行了实证主义解读，但马克思会同意这一点。见 Sayer（1979，1987）。同样，虽然韦伯赞同，人们可能（而且经常）按照错误或扭曲的信念行事，但并没有像马克思一样关注这一点。

22 比较马克思的下述观点："历史什么都不做，它不占有巨大的财富，它不发动战争。只有人，真正的活生生的人，才能做这一切，占有财富和进行斗争；历史不是一个人，它把人当作实现自己特定目标的手段；历史不过是人追求自己目标的活动。"（Marx，1956：125）

23 另见 Ringer（1997，2002）。弗里茨·林格（Fritz Ringer）对韦伯的因果分析给出了最有用的说明。他关注韦伯的"阐释"和"恰当因果关系"的概念，对于韦伯来说，就是努力界定产生结果的现有事态的变化。*理解*非常关键，因为人是出于我们需要确定的原因而行事的因果行动者："历史行动者设想了他们希望实现的结果，以及实现这些结果的手段，而正是这些促使他们行事。'这种原因'的具体特征……是我们可以'理解'它。"（Ringer，2002：169）此外，"齐美尔（Simmel）和韦伯都表明，一个单一关系没有也不能被确定为，两个连续的总状态的基本组成部分之间的一组联系……因果分析的逻辑不会随着要解释的历史发展和结果的概括性而改变"（Ringer，2002：175）。也就是说，无论待解释项是现代西方资本主义还是"布拉格扔出窗外事件"，同样的逻辑都适用。林格的说明可能有两个问题。首先，林格提出，韦伯使用了反事实推理和比较分析，特别是 1909 年以后，来发展因果论证。毫无疑问，反事实推理在寻求界定原因方面是有用的，并且在理解某个时间和地点的真实可能性时尤其有用。很多时候，实际的选择及其结果似乎是不可避免的。但是没有办法检验历史上的一个反事实，因此林格的分析（以图表的形式详细表征）就无法持续下去。也就是说，人们无法将事件的实际进程与想象中的差异进行比较。例如，尽管很明显，拒绝联邦对于美国的国家建设是至关重要的、德国社民党的选择对于随后的德国历史是至关重要的、希特勒入侵俄罗斯的决定对于第二次世界大战的进程来说是重要的，但我们只能猜测可能发生的事情，如果美国宪法没有得到各州的批准、社民党在 1918 年没有妥协、希特勒没有入侵俄罗斯，见 Manicas（1989b）。

依据目前的观点来看，两者都被简单地解释为社会机制。关于论点的主线基本不存在争议：

> 社会经济模型和世俗理论并不是为了解释在特定情况下发生的事情。仅靠一个模型无法充分描述一个特定的案例：一系列模型或复合类型的模型，如世袭官僚制，可以提供更好的近似。它们的效用在于充当案例特殊性的基准线。虽然世俗理论试图追溯一连串的因果关系，但就特定情况而言，它们的用处也很有限。当我们考察相对较短的时间跨度（几年甚至二三十年）时，诸如民主化和工业化等理论的解释价值会降低，因为它们关注的是长期的结构性变化。（Roth and Schlucter，1979：198）

真正的具体事物，无论是两党之间的具体交流，还是像现代西方资本主义那样的文明整体，都是复杂的，是复杂原因的产物，其历史悠久。我们的模型总是抽象的，尽管重要的是，它们的抽象程度不同。对 19 世纪民主的因果解释可能从希腊城邦开始，即使理解 19 世纪的民主将需要一系列因果关联的结构，每一种结构都让我们更接近需要被说明的真实的具体事物。[24]正如韦伯认为的：

> 它（天文知识）"说明"或预测的每个个体星座都只能作为先于它的另一个同样独立的星座的结果而在因果关系上得到说明。早在我们可能进入遥远的过去的原始星云中，实体总是……同样个体的，同样无法从规律中演绎出来。（Weber，1949：73）

韦伯并不是方法论个体主义者。事实上，如果有什么不同的话，他的实质性调查（相对于他的方法论论点）是非常"宏观导向的"，涉及了"典型行为者"处理手头材料的社会机制。此外，他很少诉诸关键行为者行为的因果后果。[25]

巴林顿·摩尔在《独裁与民主的社会起源》（*Social Origins of Dictatorship and Democracy*，1966 年）中的经典叙述就是一个很好的例证。巴林顿·摩尔写道：

> 为了尽可能简洁地总结，我们试图理解，地主上层阶级和农民在导致资本主义民主的资产阶级革命、导致法西斯主义失败的资产阶级革命和导致共产主义的农民革命中的作用。地主上层阶级和农民对商业化农业挑战的反应方式，是决定政治结果的决定性因素。（Moore，1966: xvii）

---

24 当然，这正是韦伯（Weber，2003）在其《经济通史》（*General Economic History*）中着手要做的，参见 Collins（1980）。

25 罗思提出，这是第三层次的分析，他称之为"情境分析"，这在他的重要政治著作中尤为典型。特别参见 Weber（1968）的《论新政治秩序下德国的议会与政府》（Parliament and Government in Reconstructed Germany）一文。

　　这高度抽象地概括了理论化的关键机制——地主和农民的角色与关系。那么分析的目的就是要准确理解这些具体是什么以及它们的结果是什么。分析是根据特定的时间和地点的典型行为者来进行的。他们之间的关系和条件的典型差异使我们理解了所设定的问题，界定了他们选择的信念以及他们有意的和大部分无意的行动的结果。

　　巴林顿·摩尔的研究从根本上讲是个体化的：当他更接近具体时，比较使他在每个案例中看到地主和农民关系的差异。[26]这涉及详细介绍，有时还会看到在因果关系上有关系的机制之间的关联，如"市场形式"与"劳工压制形式"之间的关系。因此，归于地主阶级的剩余来源于地租或农产品的销售？巴林顿·摩尔总结说："与18世纪英国的贵族相比，法国贵族的收入很大程度上来自从农民那里收取的实物或现金。"（Moore，1966：41）这里的相关机制涉及商业化程度的差异，这本身就是本票，英国在国际政治经济中的早期优势的差异可以对此做出说明。同样，普遍存在的社会关系是什么？典型行为者、农民和贵族的态度是什么？

　　巴林顿·摩尔对于"说明要求界定行为者的实际动机和信念"这一观点很有自知之明。他写道："我们离不开一些关于'人们如何感知世界、他们对所见之物做了或想要做什么'的观点。"（Moore，1966：487）[27]因此，为了说明地主/农民关系在法国的再生产和改造（尤其是在第二章第五节），巴林顿·摩尔在其文献中尽可能详尽地描述了农民的观念，包括最穷的和不那么穷的，并解释了他们为什么会持有这样的信念。例如，"到1789年，绝大多数农民没有足够的土地生存下去，不得不为别人工作或寻找一些副业"（Moore，1966：71）。这就很

119

----

　　26 斯考切波（Skocpol，1994）在对巴林顿·摩尔的著作最佳的评论之一中写道："巴林顿·摩尔（相当不系统地）阐述并关联了三个关键变量，以解释主要路线的序列特征之间的差异、'资产阶级革命'案例之间的差异。他的整个'解释梗概'似乎十分缺乏系统性，不仅因为他没有定义变量，也没有阐明它们在解释结构和事件的序列中的作用，而且还因为个别国家的案例说明涉及了如此多的社会根源。这一事实甚至让一位评论家断言，巴林顿·摩尔的方法是'个别性的'！"（Skocpol，1994：28）这是正确的，没有异议。斯考切波对"变量"一词的使用具有硬科学取向的特点，在这里是可以原谅的，只是有人怀疑，正是这些方法的吸引致斯考切波在她重要的《国家与社会革命》中走错方向。更多讨论见附录B。

　　27 但是，他发现了关于使"观点"成为原因的一个很大的问题。他继续说道："将人们如何感知世界（的概念）从人们达成这一点的方式中分离出来，或者把它从历史语境中剥离出来，并把它提升到一个独立的因果因素的地位，意味着可能公正的调查人员屈服于统治集团通常为其最野蛮行为提供的辩护。"（Moore，1966：487）当然，这是马克思在著名的文本《德意志意识形态》中对黑格尔讲的话。事实上，正如巴林顿·摩尔所主张的，"为了维护和传播一种价值体系，人类就要被殴打、欺负、送进监狱、扔进集中营、被哄骗、被贿赂、被塑造成英雄、被鼓励阅读报纸、站在墙边被枪毙，有时甚至被教授社会学"（Moore，1966：486）。比较一下上文中的本迪克斯。更一般地说，理解结构的再生产*和*转换都需要明确一种社会机制。这可能不仅包括使用暴力，而且包括如果参与者对自己的状况有错误的信念，为什么他们会有这些信念。人们可能会对过多的社会科学的教育学作用感到疑惑。

容易可以说明，他们表现出的对获得更多土地的关切。相比之下，富农的情况使他们承认了"贵族的社会地位和特权"，"这一事实表明，他们无法理解贵族特权与自身问题之间的普遍联系"（Moore，1966：73）。同样，尽管观点相反，但巴林顿·摩尔指出，这些数据并不支持下述观点，即法国统治阶级有导致他们放弃商业信念的观点。但是，给予贵族地租收入的机制产生了一些后果，包括租赁："最好的解决方案，至少对于很多人来说，似乎是尽可能将耕作的负担放在那些管理大型单位的租户身上，或者更直接地放在农民身上。"（Moore，1966：73）他认为这与英国的案例相吻合。

　　租赁制也产生了后果："到革命时期，农民拥有接近于*事实上的*财产权。"（Moore，1966：42）。尽管革命"始于贵族的进攻"——这也是一个需要说明的事实——但"三大流行动乱"是巴黎的无套裤汉（sans-culottes）引发的，并且"只要它能够获得来自农村的积极支持，就会成功"（Moore，1966：77）。在这里，我们需要理解农村农民的情况和期望，这样就可以理解他们给予（或不给予）无套裤汉的积极支持。在他的书中，巴林顿·摩尔提出了关于机制的论点，虽没有一个完整的，但要比本票完整得多。另一方面，如前所述，一个说明是否令人满意取决于提出的问题和接受说明的人的旨趣。

　　巴林顿·摩尔对这三条不同路径的说明——这里只是暗示——是一种叙述（实际上，每一章提供了一个），但重要的是要强调使用"叙述"这一术语的意图是什么。如果将"叙述"定义为"将某些过程或发展解释为一个故事，故事中的一系列事件是按时间顺序进行描述的"[28]，我们就容易忽略因果性，或者更常见的是将原因限制为单一原因，即具体个体的具体行为。因此，这种叙述忽略了因果机制，即行动的"材料"。这是典型的历史学家的方法。但正如这里所论证的，我们需要将因果机制和单一原因在故事中按时间顺序编织在一起。叙述在这个意义上并不仅仅是按时间顺序进行的，它也不能忽视语境——持续的因果机制——这些语境推动并限制了行动者的决定和行动。巴林顿·摩尔的理论阐明了三条路径在文化意义上的重要结果，并且与韦伯一样，他努力地按照"*它们在历史上的原因而不是其他方面*"的角度来做到这一点。

第六节　历史与社会学

　　上述情况表明，社会学有许多任务不需要历史，但至少有一项重要任务需要历史。

28　我遵循 Sayer（1992：appendix）。

首先，很多非常好且极其重要的社会学工作都是描述性的：无论是定性的还是定量的。[29]好的民族志或者好的统计研究都是重要的成就。但*它们没有提供对具体事件或某一段经历的说明，也没有让我们理解社会中正在发生的过程*。有人可能会说，一部好的民族志让我们认识到一个群体的信念和实践体系，但如果它止于此，它无法向我们解释为什么这些特定的信念和实践是这样的。为此，我们需要因果分析——对正在发挥作用的机制进行说明；它需要历史——对这些机制的起源进行说明。

这意味着另一种研究——一种可以忽略历史的研究。如第四章中来自各种学者的例子所示，我们可能有一个需要说明的模式。正如在物理学中那样，理解的目的在于确定说明普遍化的机制，例如，吸毒与杀人之间或学校教育与就业之间的相关性。或者，我们可能正在试图理解一个过程或一系列过程，如经济发展、国家建设或中产阶级化。自然科学中的这些平行过程就像氧化或生长一样，除了这些之外，可以肯定的是，我们不能认为社会过程在任何地方都是一样的。或者我们可以看看抽象机制，这些机制可以阐明相对有限的系统，包括社会制度的再生产，如资本主义、医疗保健服务系统或国际系统。

也许自相矛盾的是，在确定了相关的社会机制之后，人们可以在没有历史，也不诉诸具体行动者的情况下获得理解[30]，这些机制的典型行为者就足够了。虽然需要理解的是时间和空间，但真正的时间进程与此并不相关。因此，蒂利对相关机制的说明让我们对现代国家建设有了一些理解，但它并没有说明英国或其他地方现代国家的起源。这不是研究的目标。研究的关注点是确定相关的关键机制，而不是具体发生在特定地点的国家建设的特定轨迹。同样，马克思的《资本论》也是一部理论著作，旨在确定资本主义和资本主义再生产的机制。如果我们接受这一说法，它就能让我们获得理解，就像分子化学使我们理解大量的化学结果一样。就像分子理论本身无法说明任何特定的结果一样，例如拉斯维加斯一家酒店的火灾，马克思的《资本论》本身并不能说明日本资本主义在 20 世纪 80 年代的成功——或者在近几年的停滞不前。在目前的表述中，这些是（松散的）事件——历史社会学的适当任务。

接着，我们来考察一下，罗思所总结的韦伯关于这个问题的看法。他发现韦伯有三个层次的历史分析——社会学的、历史的和情境的，最后一种我们在此并

---

29 关于描述，参见 Sayer（1992：appendix）。他指出，"深描不必被视为与理论对立，或与叙述同义。它可能是具体研究的产物，这一研究将处理该对象特定方面的一系列理论的见解结合起来并加以完善"（Sayer，1992：262）。另见附录 A。

30 这一论点的早期版本可以在 Manicas（1981）的评论文章——《斯考切波：国家与社会革命》（Review Essay of Skocpol, *States and Social Revolutions*）中找到。

没有直接关注。罗思写道:

> 这三个层次在一般意义上都是历史的,但在韦伯的术语中,第一层是社会学的——类型或模型建构和经验规则——而第二层是对过去事件的因果说明,被他标记为引号中的"历史的",或者有时为"发展的"(entwicklungsgeschichtlich)。(Roth and Schlucter,1979:197)

综上所述:在韦伯的实践方法论中,"社会学"是历史研究的普遍化方面,与对个体现象的因果分析——"历史"的任务形成对比。社会学和历史学都是从社会行动的内在因果性出发进行的。(Roth and Schlucter,1979:205)[31]

定义社会学的目标的普遍化方面通常采用普遍化的形式:"当宗教机构被削弱时,就会失去规范控制",或者"在高度官僚化的专制主义国家,地主贵族没有什么政治权力"。理解了这些我们就可以理解:对普遍化进行说明的模型的发展。[32]

如第一章所述,"理解"和"说明"这两个术语通常是可以互换的,具体情况取决于具体语境。考虑到相当大的随意性,我们可以说,历史社会学中的说明是以事件(或时间和空间上的事件)为范例的[33]:俄国十月革命、第二次世界大战、大萧条、民权运动、女性参与劳动力的变化、犯罪率的上升、移民模式、基督教民主联盟[34]在 2004 年德国大选中的胜利。解释一个事件需要理解相关机制,但由于实时序列在这里至关重要,因此它也需要历史。说明一个事件需要叙述——一段历史——在这个叙述中,我们需要表明,哪些行动、事件和机制按序列组合产生了结果。像说明一座桥的倒塌一样,说明事件需要一种叙述,这种叙述确定了在世界中发挥作用的原因,既不是必要条件也不是充分条件。在这个

123

---

31 在《经济与社会》(Economy and Society)一书中,韦伯写道:"我们想当然地认为,社会学寻求建立经验过程的类型概念和普遍一致性。这就使它区别于历史学,后者倾向于对具有文化意义的个体行动、结构和人格进行因果分析和解释。"(Weber,1968:vol. 1,19)

32 这包括安德鲁·塞耶(Andrew Sayer)所说的"分析"。"我所说的分析是指,通过直接应用抽象或理论模型(关于被认为是被广泛复制的结构和机制的模型)来解释具体情况。因此,它倾向于从特定的历史序列中抽象出来。"(Sayer,1992:259)

33 "事件"暗示了一个非常有限的时间框架:对双子塔的袭击。"时期"是一段相对较长的历史。韦伯非常正确地认识到,对被解释的事物的描述,无论它是一个极度有限的"事件",还是一个相对无定形的文明建构,其特征的界定都是实用主义的,具有政治意义,并且随后需要因果解释。McAdam 等(2001)似乎在这里遵循韦伯的观点,恰当地认为,对一段时期的命名和分类是一种阐释的、理论的和政治的行为。

34 基督教民主联盟(Christlich Demokratische Union Deutschlands,德语缩写为 CDU),是德意志联邦共和国最大的政党之一。2004 年 5 月 23 日,德国举行了总统选举,2004 年 6 月 13 日,德国举行了欧洲议会选举,德国基督教民主联盟通过这两次选举在德国政治中获得了相应的地位和影响力。——译者注

意义上，社会科学中的很多工作都是历史的。

就像许多好的社会科学研究者有时也并没有在这两种范式之间摇摆不定，这一假设稍显粗略。就像许多好的社会科学完整地向我们表述了正在发挥作用的机制一样，许多好的社会科学也提供并描述了因果史。更一般地说，正如韦伯坚持的那样，好的社会科学处理的问题既具体又复杂。与"纯粹"的物理理论家不同，物理理论家能够处理高度抽象的问题，能够以高度分层的方式处理因果性，能够将他们的理论进行严格的实验检测，而这在人文科学中是不可能的。[35]

事实上，在社会科学和在自然科学中一样，我们通常可以很好地理解某些过程或系统。在任何一门科学（*按照* D-N "理想"解释模型）中，我们都不希望找到对事件的完整说明，因为在其独特的因果史中总是会有一些零星的东西尚未被确认。事实上，从某种意义上说，在人文科学中提供因果说明既容易又困难。人类行动对于历史发生的事情而言是非常关键的，在此意义上来说是相对容易的。但是，从下面这个意义上来说是相对困难的：即确定这些共同推动并限制了行动者的社会机制，在理论上是十分困难的，缺乏建立系统终止——实验——的能力所产生的结果。

同样，复杂性的范围将直接取决于所提出的问题。因此，人们可以从马克思的《资本论》中理解资本主义，但理解美国资本主义就不仅需要理解界定资本主义的机制，而且需要理解当代美国社会其他机制的复杂关系。人们可以在不考虑
124 性别歧视或种族主义的情况下理解资本主义，但由于这些机制在资本主义市场中起作用，它们必然会成为说明美国资本主义的一部分。最后，说明过去十年美国资本主义的全球态势，不仅需要掌握相关机制，还需要叙述偶然事件和主要行动者如何与手头资料相结合而产生那样的结果。

在下一章中，我们将转而考察亚当·斯密之后一系列社会科学所熟悉的社会
125 机制。我们将这一社会机制家族称为"市场"。

---

35 Lawson（1997）将"纯粹的"、"抽象的"或"理论的"解释与"应用的"、"具体的"或"实际的"解释区分开来。前一项任务涉及"确定潜在的结构、权力、机制及其趋势"（Lawson，1997：220），而后一项任务"需要利用先前建立的关于相对持久的结构和机制的知识（而不是揭示它们），并研究它们在产生讨论中的新事件时的联合表达方式"（Lawson，1997：220）。当然没有人反对他的替代性阐述。

第六章
作为社会机制的市场

第一节 引 言

　　将市场理论化为前一章所述意义上的社会机制已有悠久的历史。这至少开始于亚当·斯密在《国富论》（*The Wealth of Nations*，1776 年）中的说明。正如亚当·斯密所见，市场结果（market outcomes）可以被解释为，社会中相互作用的人们的行动的连带产物。我们很容易可以看到，亚当·斯密通过对人，他们的信念、目标和兴趣，他们知道什么，他们能做什么做出假设来构建他的机制。例如，他们活动的结果是市场价格。这种观点在新古典微观经济学理论中得到了完美的发展。这维持了"经典"理论的基本假设，但能够通过将"边际"的想法一般化到能够包含生产和消费来发展分析。因而，所有这些都可以用连续变量的数学模型来表达，这些连续变量的数学模型规定了所认为的关键变量之间的关系。依据演绎主义的（D-N 式）理论假设，理论所主张的假设的结果将被严格地演绎出来。[1]

　　但是这里存在一个相当重要的悖论。一方面，考虑到经济学家所制造的模型的精致程度，人们通常认为，经济学是所有社会科学中最先进的或最科学的。近年来，一些政治学家和社会学家已经接受了"理性选择理论"[2]标题之下的这种建模的一般化版本。但问题不在于市场并不是社会机制，如果被适当地模型化，就可以通过诉诸人的行动——方法论个体主义的可怕之处——来让我们理解结果，而在于主流理论的数学建模，受错误的科学观念的鼓舞，已几乎与所有现实脱节。

---

　　1 简单地说，相关的历史是：新古典理论与古典理论的区别在于引入了边际性，它使理论克服了交换价值与使用价值之间的区别所产生的困惑。杰文斯（W. S. Jevons）、卡尔·门格尔（Carl Menger）和里昂·瓦尔拉斯（Léon Walras）各自独立地提出了主要思想，这些思想因马歇尔的《经济学原理》（*Principles of Economics*，1890 年）而被广泛接受。它是今天所谓的"微观经济学"的核心。瓦尔拉斯，连同帕累托和庇古（Pigou），被普遍认为将一般均衡的思想引入了这一理论体系。参见 Schumpeter（1954：892-944，chapter 7）。用数学方法对这些模型进行形式化的能力是一个决定性的额外步骤，通常归因于 Samuelson（1947）、肯尼斯·阿罗（Kenneth Arrow）、杰拉德·德布鲁（Gérald DeBreu）和弗兰克·哈恩（Frank Hahn）。它完美地契合了占主导地位的经验主义的理论概念——理论是一个演绎系统，在此系统中，结果被"解释"为前提的蕴涵。有关导致在经济分析中使用数学的偶然事件的有价值的说明，参见 Mirowski（1991）。关于哈耶克之后的发展的优秀说明，参见 Boettke（1997）。

　　2 参见附录 C。对其在政治学中的应用的广泛批评，参见 Green 和 Shapiro（1996）。

这种批评并非初见。例如，1982 年，诺贝尔经济学奖得主瓦西里·里昂惕夫（Wassily Leontief）提出：

> 专业经济学期刊充斥了一页又一页的数学公式，把读者从几套或多或少貌似可信但完全任意的假设，引导到被精确地阐述，但不相关的理论总结……年复一年，经济理论家继续产生大量的数学模型，继续详细地探索它们的形式特性；计量经济学家将所有可能的模型的功能拟合到本质上相同的数据集，而没有能以任何可感知的方式，推进对一个真正的经济体系的结构和运作的系统理解。[3]

这些数学模型是演绎主义理论构建的完美范例。但是，如果这种科学观点是设想错误的，那么从表面上来看，对于认为经济学是一门先进的社会科学，这些模型是一种很糟糕的选择。由于上述很多一直是对这种实证主义或新实证主义科学观的批判，我们这里不必赘述了。在下文中，我们将关注于模型本身的假设。

对社会科学的说明（在第三、四、五章所探讨的）可以直接对下述批判产生影响，即新古典主义建模在极大程度上简化了其对市场的分析。这个问题是由新古典模型最早的批评家发现的。[4]他们认为，这一模型不承认，经济行为者是身处社会的社会人，像其他一切的社会制度一样，经济制度是历史的和社会的建构，深刻关系到众多其他制度，并且不同于天体力学的例子，时间进程是至关重要的。因此，主流观点认为，人被认为是原子化的个体，是被社会化为历史中立的"理性人"，在不变的环境下做出选择。他们不仅有着大致相似的动机，而且还拥有或多或少平等的权力和能力，他们十分了解他们所活动的市场条件。显然，这里

127

---

3 Leontief（1982：104），引自 Lawson（1997：4）。

4 对新古典模型的长期批评始于涂尔干（参见 Lukes，1972），而在德国则始于方法论之争，追溯于 1893 年卡尔·门格尔的 *Untersuchungen über die Method de Sozialwissenschaften und der de Politischen Ökonomie insbesondere* 的出版。当然，韦伯在其中扮演了关键角色，但却经常被误解。此外，还需要提及托斯丹·范伯伦（Thorstein Veblen），以及从约翰·康芒斯（John R. Commons）到约翰·肯尼斯·加尔布雷思（John Kenneth Galbraith）再到许多当代的"经济社会学家"的一系列的"制度主义者"。代表性的作家论文选集包括 Etzioni 和 Lawrence（1991）、Granoveter 和 Swedburg（1992）、Swedburg（1993）、Smelzer 和 Swedburg（1994）、Biggart（2002）、Dobbin（2004），另见 Dugger（1992）。这里我们不讨论马克思主义的批评。

对于这门学科最重要的人物提出的一些特殊疑问，可以参见 Leontief（1971）、Tobin（1972）和 Solow（1980）的美国经济学年会的主席报告。其他著名的业内人士也表达过类似的主题，如 Thurow（1983）、Balough（1982）、Hirshman（1985）和 Sen（1977）。有关各种批判性分析，另见进步经济学论坛（www.web.ca/~pef）。

商学院的专业人士在微观经济模型对商业决策的有用性方面也持很关键态度，见 Oxenfeldt（1963）。例如，"市场模型只以有限和人为的方式考虑时间因素。但是，投资代表了主要管理人员而不是职员的担忧，因为市场是动态的，并受到随时间变化的许多力量的冲击。换言之，估算投资生命周期内的收益和成本模式——以及投资生命周期的长度——的管理人员从价格理论的市场模型中得到的帮助相对较少"（Oxenfeldt，1963：63）。另见 Lazonick（1991）和下文哈耶克的批判。

还有一些问题：公司的首席执行官、夫妻经营的中餐厅老板、心脏外科医生、农场移民工人——合法的与非法的——独立经营的水管工和打工的汽车工人、兼职的女售货员、NBA 的超级巨星、公立学校教师和毒贩（可以继续说下去），他们完全没有相同的信念或能力——无论是作为"生产者"还是作为"消费者"。同样重要的是，他们也没有被原子化（尽管有人可能会说，资本主义正在竭尽全力让他们这么做），他们也不具备该理论所要求的知识和信息。

在下文中，我们借用了对此模型的一些现在常见的批判。这些批判都是众所周知的，但至少在某种程度上，由于该模型具有主流经验主义科学哲学的权威性，所以经济学界在很大程度上满足于重复它们的实践而忽略这些批判。[5] 在本章中，将人恢复为历史存在的人之后，还有人认为，存在着完全不同的各种市场，并且一旦我们努力构建更接近现实的模型，就可以清楚地看到，尽管这些模型必须牺牲数学模型的精确性，但它们可以帮助我们理解市场过程。但是，要解释大多数结果，如目前的失业率，就需要像解释恐怖袭击或战争一样，用历史来解释。

必须强调的是，问题并非在于抽象、简化假设和模型构建不适合人文科学（Boettke，1997：13）。在第一章已探讨过，要理解具体事物，我们就必须提供来自具体事物的抽象：我们理解为什么铁生锈，因为抽象产生了理论（而非实在）实体——铁——的因果力的表征。同样，关于我们理解社会世界的社会机制，包括这章的重点：市场机制。

第二节　新古典主义的市场模型

新古典理论的基本本体论假设，理性个体参与到互动之中，无论是作为消费者还是生产者（企业）（见附录 D）。他们的属性和情况是依据一组常见的假设来正式界定的。例如，如果一个行动者比起 y 更喜欢 x，且比起 z 更喜欢 y，那么她比起 z 更喜欢 x：显示性偏好是可传递的。一般均衡模型增加了许多进一步的假设：存在着各方都可得到的完善信息；在每一个市场上都有许多买者和卖者；每一个人都很容易地进入和离开；每个人都有相关的信息；许多市场之间存在相互

---

5 对于大多数经济学家来说，根据其假定的预测价值或作为具体现实的"有用"近似，这个模型得到了辩护，见下文。关于这些模型对意识形态目的的有用性是没有争议的，参见 Stiglitz（2002）。关于不同种类的"有用性"，参见 Davis（2004）。威廉·戴维斯（William L. Davis）写道，对他所做的一项调查做出回应的"大多数美国经济学年会的成员"承认，"至少私下里，学术研究主要有益于学术研究人员，他们利用它来促进自己的事业，而期刊文章对我们对现实世界和公共政策实践的理解几乎没有影响"（Davis，2004：359）。

依存关系；商品（包括劳动力）是无限可分的；等等。

大多数经济学家似乎认同，这些假设的大多数，至少在没有严苛的限定性条件下，都是错误的。[6]在相关意义上，人不是理性的，对偏好的决定不是成对进行的，商品不是在所有情境下都无差别地可替代的[7]，企业并不总是追求利润最大化，交易成本被完全忽视[8]，信息永远都不会近乎完善，等等。此外，形式化的理论没有考虑时间流逝的影响，也没有考虑到这样一个事实：在现实世界中，经济形势由于普通百姓、企业负责人、管理人员和政府官员——从国家元首到财政部部长——所做的决定而不断变化。

129 （左侧页码）

第三节　从　零　开　始

有人可能会争辩说，即使机制的假设不正确，但是正如韦伯所提出的，模型仍然能够提供有用的启发。但*如果目标是理解或解释结果，那么就很难看到模型是如何能做到这一点的*。理解就像解释结果一般，要求对机制的假设或多或少是正确的。因此，例如，一种商品的均衡价格就是这个价格，正是因为在理论化的因果机制中，个体是按照模型的假设做出决定的。事实上，如果这是不正确的，那么即使该模型确实具有预测能力，其结果也不会得到解释。[9]那么，我们必须要问，我们是否可以建立更好的模型，即使它们或许不可避免地会缺乏形式化所提供的精准性？

首先，我们应该承认，新古典理论可以阐明一些市场的结果。我们前面谈到了中国餐馆。在大多数美国城市，它们是处于真正竞争环境中的小企业。经营者知道他们的成本以及销售额是多少，而且必须做出决定，以寻求产生利润。虽然

---

6 有一些重要的作家采取了非常英勇的立场，坚持认为该模型足够接近现实，从而成为对现实的有效描述。其中包括所谓的芝加哥学派经济学家米尔顿·弗里德曼、乔治·施蒂格勒（George Stigler）、加里·贝克尔（Gary Becker）和罗伯特·卢卡斯（Robert Lucas）（参见 Boettke，1997）。

7 也就是说，"商品空间具有实矢量空间的结构"是不正确的[正如 Debreu（1984）所主张的]，这是对形式化的一个关键假设。米洛斯基（Mirowski，1991）讲述了一个牧羊人的故事，他同意拿两支烟换一只羊，但当给他四支烟来换第二只羊时，他感到困惑。对于经济学家来说，这表明牧羊人不懂算术。但事实上，这表明经济学人不懂羊。

8 科斯（Coase，1995）有一个著名的论点，即交易成本的存在"意味着，替代市场的协调方法，其本身成本高昂，并且在各种方面都不完善，但相比依赖定价机制——经济学家通常分析的唯一协调方法，可能更可取"（Coase，1995：8）。这是科斯在1991年的诺贝尔奖获奖致辞。交易成本，如拟签订的合同、进行的检查、解决争议的安排、处理成本，都是最不重要的，见下文。

9 新古典理论是否能经受住"好的预测"的检验，这是一个极具争议的问题。从根本上讲，争论的焦点是"经验"检验的质量，见附录 A。

他们从机会成本的角度思考并考虑拥有边际生产率的概念是有争议的，但是毫无疑问的是，这些理论观点有助于我们理解他们的实际行为，因此，我们可以假定，他们的顾客正在寻求最合理价格之下的质量，即檀香山中国餐馆菜单上的条目的实际价格。[10]但即使这是真的，这样的环境也并不算是典型的。暂时抛开大型企业的首席执行官们截然不同的条件和行为[11]，在这里我们来考虑查尔斯·史密斯在拍卖方面的重要研究（Smith，1989）。拍卖是一种重要的市场，尤其是因为它们似乎阐明了一般均衡模型。

130

史密斯对各种市场进行了粗略的分类。拍卖必须与"固定价格"交易区分开来，在这种交易中，买方面对的是已经确定的价格，并且这些价格是"固定的"，因为它们在相当长的时间内都是稳定的。这当然是最典型的那种市场。最后，有一种"私下协商"的市场交换形式，在这种形势下，买卖双方"积极协商价格"（Smith，1989：15）。按照供求曲线（附录 D）来概括，私下协商形式是新古典理论概念上的理想化。买家和卖家"积极协商价格"，信息问题可能得到解决，并且若交易能够达成，由于行为者是理性的，那么就没有人会被骗。我们认为，在"固定价格"市场之下，买家面临的价格有几种方式是固定的。

不仅固定价格的市场、私下协商交易和拍卖是不同种类的市场，而且拍卖也存在着好几种类型。关键的是，这些不同形式的社会机制中存在重要的差异——这些差异需要被经验地建立。史密斯将拍卖分为三个子类型："商品/交换"、"珍藏物/经销商"和"艺术/独一无二"。将这些种类与其他各类市场区别开来的特点有：确定各种因素的价格的重要性；关于这些种类的（历史上稳定的）实践和变化的重要性；构成此过程的"规则"；关于价值的集体共识或对这种共识的缺乏；关于成本的不确定性；在个人品位和判断上的差异；甚至还有"占有欲"。

举个例子，我们来仔细思考一下两个离奇的价格波动实例。1985 年，一匹一周岁的纯种马以往被定价为 13 100 000 美元，而在未来两年，支付的最高价分别是 3 600 000 美元和 3 700 000 美元。就在不久的过去，道·琼斯平均指数（Dow Jones average went）在大约五年内从 800 点升至 2700 点，一周内又下降了 1000 点。两种情况的变化都与新古典模型所分析的变量的变化没有太大的关系。第一

---

10 我们说"可以阐明"结果，因为在这里我们需要说的是，如果经营者不按照理论定义的机会成本来思考，那么他们所思考的东西非常相似。正如许茨所主张的，要解释行动，就必须确定实际的信念和动机，而不是社会科学家强加给行为者的信念和动机。

11 文献很多，参见 Chandler（1962）、Berle 和 Means（1968）、Galbraith（1968）、Barnet 和 Müller（1974）、Lazonik（1991）、Dugger（1992）、Geneen 和 Moscow（1984）、Bakan（2004），另见下面关于"不完全竞争"的讨论。

个实例可以依据"占有欲"以及一小部分买家之间——来自迪拜的阿拉伯酋长和罗伯特·桑斯特（Robert Sangster）——针锋相对的竞争来解释（Smith，1989：192）。到 1986 年，他们不再参与竞争了。

股市波动并没有这样的竞争，更重要的是，股市波动与经济形式或股票的"真实"价值的变化没有太大的关系。相反，新的以计算机为基础的交易程序应用了金融期货及期权合约，这一程序的引入极大地复杂化了交易实践和交易机会，以至于关键的"决策"实际上是由计算机程序做出的，这些计算机程序对特定的指标做出反应，如资本流动。即使考虑到技术，如果执政股市的规则没有确立贸易金融期货、期权合约和"衍生品"所需的权利，这都将是不可能的。我们下面会再回来讨论这一非常重要的点。[12]

然而，在这里要强调的一点就是，在这些不同形式的市场中，每一个都有具体的社会关系、规则和实践——这些大多未明确阐明，它们构成了交易条件，并使得这些条件合法化，相应地，也推动和约束了参与者及其结果。如上所述，尽管新古典理论设置的条件有时十分接近要阐明的具体现实，但一般而言，情况并非如此。

第四节　定 义 市 场

虽然"市场"是现代经济学的核心概念，但其概念要么被认为是理所当然的、未经分析的，要么更有可能是，在理论上重复被定义，以至于如果理论设定的条件不被满足，那么就没有市场！这两种情况是极度矛盾的。戴克（Dyke，1981：116）指出，例如，如果"市场必须满足无关选项独立性的条件，那么市场几乎不存在"（见附录 D）。但显然，解释市场需要我们的理论面对*实际市场*。虽然市场的概念是高度抽象的，但我们需要一个切实可行的定义。

人们对市场有一种普遍的直观感觉：这个地方有出售各种商品的卖家，既可以是一种商品，也可以是多种商品，并且有许多买家。人们会想到伦敦的考文特花园（Covent Garden）、马那瓜的中央市场，甚至是欧胡岛艾亚的二手交易市场。这样的市场已经存在了很长一段时间，并且几乎无处不在。可悲的是，当人们谈到工业市场、劳动力市场、证券交易所，甚至基恩兰纯种马拍卖会时，这种形象毫无用处。

---

12 有关产生股票期权市场和赞助词/短语互联网搜索引擎市场的社会过程的详细描述，参见 Smith（forthcoming）。

一个标准意义（这里受到了反驳）将市场定义为：

一种社会制度，在这种社会制度中人们一般是以货币为媒介自由交易商品（产品、资源、服务）的。[13]

此定义依赖于这一直觉形象，但存在两个问题。一个关于货币的作用，另一个关于"人们自由交易商品"的观点。在这里"自由"是什么意思呢？

第五节 "自由交易"

最弱的意义（以及最普遍持有的意义）似乎是，从合法或非法武力威胁的意义上说，不存在胁迫。将钱包拱手交给一名持枪歹徒不是市场交易。但是，国家对最低工资、一天八小时工作制或监管机构与反托拉斯法的强制要求呢？这些无疑是对交易的合法化强制性约束。意识形态上的观点很清楚：神话般的观念认为国家和经济之间有明确的分离。市场被假定为自治体制，观念上不受国家行动的约束。但是，这种观点导致了完全的概念混淆，因为在所有的现代社会中，国家对市场的特定构造是必不可少的。

我们来举一个明显但经常被忽视的例子，财产权对于交易无疑是关键的。事实上，彻底破坏了我们开始的市场形象，科斯（Coase，1995）认为，交易的就是实施某些行动的权利。在经济行为者的行动对于健康、安全和环境可以产生巨大影响，并且金融市场已采取了非同寻常的形式的世界中，这一点的重要性怎么强调都不为过。他得出结论："因此，法律体系将会对经济体系的运作产生深远的影响，并可能在某些方面可以说是控制它。"（Coase，1995：11）

那么，问题就不是，国家是否必须在构建市场的过程中发挥作用；问题是，这一构造的各种形式的特征和结果是什么？谁受益，而谁（以及什么）不受益？对于当下的许多人来说，"自由市场"是为了企业行为者不受旨在保护雇员、消费者、环境或非市场所提供的公共产品的法律或规则阻碍而构成的市场。可能有人会说，这样的市场是令人满意的，也许是因为它效率很高。不过事实上，即使这是真的——也不难证明，这个观点存在致命的缺陷（附录 D）——也有许多难以达成的法律约束，例如理智的人都不希望看到废除对童工和工作日时 长的约束。

更强的（以及更合理的）意义上的"自由"要求，在产生交易的过程中不涉

---

13 Outhwaite 和 Bottomore（1992：359）。该文本转述自权威且实用的《布莱克维尔二十世纪社会思想词典》（*Blackwell Dictionary of Twentieth-Century Social Thought*）。

及任何形式的强迫。但如果这样的话，只有当各方都处于他们不需要交易的条件下时，市场才存在。专制是理想的。但显然每当有劳动分工时，人们就不是自给自足的；如果人们接受了这样的观念（韦伯和马克思都有这一观念），认为雇佣劳动被定义为，如韦伯所说，工人被迫出卖劳动力给一些雇主或其他人的工人，那么显然强制是劳动市场的一个系统方面。[14]在这里，意识形态也很清楚：新古典理论要我们相信，我们都是可以自由地拒绝任何交易的买家（消费者）和卖家（公司）。当然，我们一开始的直观感觉强化了这种观点。

第六节　自 愿 交 易

我们最好放弃市场需要自由交易的观念。种种约束和差别资源——以及由此产生的权力和自由的不平等——与市场完全一致。但那些主张"自由"交易，并基于这样的假设建立经济模型的人，有一个重要的观点也许被误解了。市场确实要求，从交易不具有法律强制性这个标准意义上讲，交易是*自愿的*。从封建农民那里榨取剩余并不是市场交易。显然，奴隶制也不是。

事实上，自由雇佣劳动的观念在很大程度上导致了这里所讨论的困惑。例如，人们可能认为，虽然工人出卖了劳动力，但如果唯一的选择是挨饿，这就不是自愿的。因此，从这个意义上讲，他或她是被迫的。

重要的是，我们并不会仅仅因为所有的选择都是非意欲的，而认为选择是非自愿的。这会瓦解所有有用的自愿概念。在这里我们需要一个关于自由的概念来阻碍这种瓦解。粗略地说，只有可以做（成为或者拥有）想要做的事情（成为的人或拥有的东西），这个人才是自由的。这样来解释的话，自由非常不平等地分布在社会中，尽管每个人都具有一定的自由，但没有人是完全自由的。因此，例如，如果萨利没有钱买去毛伊岛的票，那么她就不能去。哈瑞有足够的资金，但他不能去，因为他的老板不给他休假。路易可以自由地去毛伊岛，因为没有什么

---

14 这几乎从未被注意到；有时，当它被注意到的时候，正如查尔斯·林德布洛姆（Charles E. Lindblom）所说的，观点就变得模糊了。他认为"自由取决于替代选择的性质"，因此，"概括……是当每一方都可以在彼此价值相差不大或交易根本不存在差异的提议中做出选择时，交易最能支持自由"（Lindblom，1977：49）。他接着提出，在以下两种情况下都能满足这个条件：交易仅限于小的价值，或者"没有任何一种单一的交易行为比其他可用的交易机会对任何一方更有利。在这两种情况下都不能强迫任何人，因为他可以轻易地拒绝任何提议，而不会给自己带来很大损失"（Lindblom，1977：49）。这显然是不符合逻辑的，因为只有劳动力可以出售的人可以拒绝任何特定的提议，但必须接受某些提议。他们自愿接受最好的提议，因为他们不能自由地拒绝所有的提议，见下文。

能阻止他去。[15]在此种语境下，人们自愿地从事一份糟糕的工作，但如果他能够随心所欲，那么他就不会从事这份工作，即使这是所有糟糕的选择项中最好的一个。我们也可以很容易看出，混淆"自由"与"自愿"如何促成市场和"个体自由"在意识形态上的联合。[16]

　　为了了解自愿如何对定义市场起作用，与没有劳动力市场的苏联的实践进行比较在这里是非常有用的。每个苏联公民都必须工作；如果一个人选择了不工作，那么他就有可能被流放到西伯利亚或接受其他处罚。内部通行证系统将工人们限制于聚集地，并通过可能被用于惩罚的劳动力手册和个人档案来控制他们。在这个意义上，劳动既是不自由的，*又是*非自愿的。正如蒂克庭（Ticktin，1992：84）提出的，我们缺乏一种有效的途径，来谈论"现实存在的社会主义"中的很多关系。继奥列格·鲍戈莫洛夫（Oleg Bogomolov）之后，蒂克庭写道，在苏联，劳动是被"半强制化"的。也就是说，工人并不出卖他们的劳动力，即使劳动力以一种特别的（以及历史上很新奇的）形式被转让。不那么明显但却重要的是，工资不是真正的工资，因为正如蒂克庭写道："在苏联，货币不是货币。"虽然我们需要探索这是什么意思，但在这里我们可以说，工资几乎毫无意义，取而代之的是党派和官僚关系，这些关系真正关乎获得住房、汽车、旅行机会，以及参与生活享受的机会。

　　但是，指令性经济还在其他重要的方面对自愿交易进行了限制。生产者在中

135

　　15　在一个自由的社会里，人们可能有平等的权利，但是自由程度是不平等的。根据杰拉尔德·范伯格（Gerald Feinberg）的观点，我们应该把自由看作是一种三重关系（Feinberg，1973）：

　　A（某个行动者）不受C的约束，可以做（或是、有、不做等）F，其中A是某个人或某个团体的名字，C是约束、障碍、欠缺的规范，F是一个行动，如去纽约度假，一种存在的状态，如当律师，或是一种财产，如毛伊岛的一所房子、一辆奔驰车等。

　　约束大致可以分为以下几类：

　　（1）内在的积极约束，如强迫性欲望和神经症。所以A戒不了烟。每次A点烟时，可以说他是自愿的。但是，如果A根本无法戒烟，那么A的心理状态会阻止A戒烟。从社会理论的角度来看，这些都是最无趣的约束。

　　（2）内部的消极约束，如无知或缺乏技能。例如，A不识字。当然，其中一些可以通过社会手段补救。

　　（3）外部积极约束。与（2）中的一样，这些依赖于人类构建的社会安排。它们包括身体胁迫和身体胁迫的威胁，这是自由社会理论一直关注的约束。这些约束使得行为既不自由，又非自愿，这一事实促使这两种思想的瓦解。但往往被忽视的是根植于社会关系中的约束，如阶级、种族主义和性别歧视。因此，我们可以说，无产阶级的工人不能自由选择不去工作，并且"玻璃天花板效应"限制了女性和非裔美国人本应拥有的机会（以及选择），否则她们会有这样的选择。

　　（4）外部的消极约束，如缺乏金钱、工具、朋友等。当然，其中一些是因果相关的：如果你出生在一个贫穷的家庭，你很可能会住在一个贫穷的社区，上不好的学校，从而缺乏本来可以获得的知识和技能。因此，最后，你将缺乏给你带来更多自由的金钱、社会关系等。同样，如果自由社会保证平等的权利，它肯定不能保证平等的自由。

　　16　另见Dyck（1981：chapter 7），他提供了一系列关于自由的概念。

央计划当局的指示之下进行的交易是非自愿的。此外，未能遵守该计划会受到制裁。因此，例如，计划者决定厂商将获得什么零部件、电力等，以及他们从谁那里获得这些。诺夫（Nove，1989：242）写道："经理只能与一个供应商挂钩，无法行使选择权，也不能去别处。"此外，由于没有股市，个体或团体没有机会来交易生产的物质资源的所有权，至少在某种程度上来说，这是关乎市场的关键问题。当然，指令性经济并没有完全消除自愿交易。在排除了个体消费者和供应商的经济领域中，它们被最小化了。当然，作为消费者，人们在食品市场、商店等地从事自愿交易，即使考虑到发展的偶然环境、战争产生的必要性、消费的低优先性、计划体制的失败等，消费品的选择仍旧被严格限制。

　　那么，更普遍地说，自愿交易是市场经济的一个重要特征。但是，现存的社会关系以及个体在其中的位置促成和限制了所有的选择，其中包括决定交易。甚至在大多数交易是自愿的地方，如在所有的资本主义政治经济中，人们在截然不同的环境下进行自愿交易。正如在第四章所探讨的，为了建立一个模型，我们需要知道谁是行为者，他们想要什么，他们知道什么以及他们能做什么。他们能做什么包括确定替代选择、约束和选择，因为这些是由阶级、种族等构成的。也就是说，社会结构、政治和法律体系和关系的变化，这所有都充满了文化色彩，它们导致了自愿交易的条件的巨大差异。弄清楚这些条件是什么，是理解市场这一经验问题的重要组成部分。不言而喻，在这里，对意识形态批判和规范性社会理论的影响是巨大的。

第七节　资本主义和市场经济

　　在前文中，市场被定义为一种社会制度，在这种社会制度中，人们"自由"交易商品。这一定义接下来有这样一句话：

市场预设了劳动的社会分工和（至少）实际上的生产资料的私有制。

　　如果我们接受了这个定义，"市场社会主义"就会是一个自相矛盾的说法。如果我们所说的社会主义是生产资料集体所有的某种形式，那么，我们必须反对，市场需要生产资料私有制的观点。也许所谓的市场社会主义不能解决市场资本主义的问题，或者根据市场的本质，它们可以解决。无论如何，上述的定义混淆了市场经济与资本主义，因为它没有认识到，资本主义财产权并不是唯一一种可以使交易成为可能的有效权利。如上所述，市场经济可以采取多种形式；它们之间的差异可能会造成完全不同的结果。我们来比较一下美国、德国、意大利、日本、印度尼西亚和巴西。在某种抽象的层面上，这些都是市场经济（同时也是资本主义），但是我们需要解释，例如，为什么相比瑞士教师赚得 62 052 美元，具有 15 年教龄的美国教师平均赚得 36 219 美元，并且在经济合作与发展组织国家中（包括欧洲大多数国家，以及北美洲、日本、韩国、澳大利亚和新西兰等多个国家），为什么只有捷克、匈牙利、冰岛和挪威支付给教师的工资少于国民收入（《纽约时报》，2001 年 6 月 13 日）。关键在于，只有当我们承认，在这些经济体中盛行的市场机制完全不同时，这些结果才可以得到解释。

第八节　价格与货币

那么，对最初定义的第二个反对意见是什么呢？一般来说，货币是交换媒介。在这里，还有一个微妙而重要的点可能会被掩盖。货币当然是一种交换媒介，但就大多数形式的市场而言，关键的观点是：*价格体系是协调的机制*。粗略地说，每样东西都有一个价格，买家和卖家可以在标价的商品中做出选择。

根据卡尔·波兰尼的观点，我们可以确定商品和服务交换中三种主要的协调/整合形式：互惠、再分配、价格体系（Polanyi，1992）。每一种都预设了不同的协调和控制机制。例如，（如果波兰尼是正确的）互惠盛行的情况中存在对称群组，例如作为一种基本的排序原则的亲属体系。同样，再分配形式需要权利分配中心——从古埃及的体系到当代的指令性经济。价格体系不同于这些体系，因为一切都具有交换价值，并且价格提供了关于分配和分配决策的信息。具体的社会可能涉及这三种协调/整合（理想—典型）形式的混合，尽管如上所述，一般来说，有一种形式往往会占主导地位。

我们开始使用的定义没有抓住重点。市场的特点并不是货币的使用。波兰尼认为，货币有三个关键用途：作为支付、作为标准和作为交换尺度。当市场不是主要或基本的协调/整合模式时，货币可以作为支付和标准发挥作用。因此，"彩礼"或罚款是用货币支付的。对于组织的再分配系统来说，货币的"标准"或计算使用（波兰尼认为）是必不可少的。在这里，"价格"是固定的，通常是出于特定目的一次性地付出，包括例如管理社区的主要活动。等价性是确定的，但它们并不像交易系统那样运作，也不是严格的交换价值。因此，"它们指明了不同种类的商品之间的数量关系，这些商品可以支付税收、租金、会费、罚款，或者可以表示取决于财产普查的公民身份的资格"（Polanyi，1992：49）。此外，同样，等价可以根据受益人的选择确定工资或实物索赔的比率。同样，"在互惠的整合形式下……等价性决定了相对于对称配对方而言'充分'的量"（Polanyi，

1992：49）。正如波兰尼所强调的那样，"显然，行为语境不同于交换或再分配"（Polanyi，1992：49）。

当然，货币代表相对价值的能力对于市场而言是必不可少的，因为它允许扩大*间接*交易。货币必须代表一种价值，这种价值允许各种不同的交易目标相互通约——包括具体劳动。[17]这就是"商品化"。在资本主义制度下，我们拥有商品形式的普遍化。因此，在扩大的交易中，价格在决定资本家和工人（作为求职者和消费者）将做出何种选择方面起着至关重要的作用，因此，在决定经济的总体态势和方向方面也是至关重要的。但是要做出预测：关键是要看到，如果要理解价格是如何固定的，我们就需要一种机制，并且新古典理论不是唯一的可能性。

在这里再次参考苏联是很有用的。当蒂克庭（Ticktin，1992）写道"在苏联，货币不是货币"时，这句话的要点是，卢布无关紧要。首先，它不是一种价值储存或交换价值的代表。除了我们已经就苏联的实际分配过程所探讨过的内容之外，同一部门的工人往往拥有差不多的实际收入，与任务、技能或对待工作的态度无关。计划者并不认为价格是机会成本或相对稀缺的标志，因此，生产目标是基于物理指标的。在这个系统中，真正的货币当然都是外币，因为它确实代表了交换价值。总而言之，与市场经济相比，指令性经济在很多方面都限制自愿交易；劳动是"半强制性的"，并且计划者权威地决定了一系列经济决策。但是，这两种经济中的选择都不是一般意义上"自由的"。同样，与市场经济形成对照，在指令性经济中，价格并不用于协调，因为在这些经济体中没有"真正的"货币。

市场为经济活动提供了一种协调机制。也就是说，在任何市场体系中，价格对于大多数参与者而言都是一种主导因素。如果潜在的消费者认为价格过高，他们就不会购买，或者如果利率太高，潜在的投资者也不会借钱，这几乎不是什么惊天动地的观察。[18]相对价格的变化也提供了信息。如果价格上涨，参与者可以

---

17 因为货币使得广义交换成为可能，对马克思来说，它是异化的前提。简而言之，从生产者的角度来看，"一个人的劳动与其他人的劳动相联系的关系[即表现出来]，并不是工作中个体之间的直接社会关系，而是他们的真实情况，人与人之间的物质关系和物与物之间的社会关系"（Marx，1970：vol. I，part I，section 4）。还值得注意的是，约翰·洛克（John Locke）在他的《政府论两篇》（*Two Treatises of Government*）的第 5 章中指出，"赞同"使用金钱（在构成公民社会的契约之前）克服了上帝对从自然中调用的限制，并且拥有马克思意义上的阶级不平等作为其非预期的结果。

18 当然，对于有些买家而言，"钱不是问题"："如果你要问价格，你就买不起。"更糟糕的是，有些需求非常强烈，以至于无论价格多少都要支付，例如，药物或救命手术。因为（至少对大多数人来说）价格是消费的一个障碍，它代表了一种"机会"成本：依据其他无法购买的商品，价格越高，它的机会成本就越大。因此，降价通常也会刺激销售。但正如新古典主义中的许多其他思想一样，这在亚当·斯密之前就已经广为人知了（Oxenfeldt，1963：72）。见附录 D 关于弹性的讨论。

更普遍的是，我们需要警惕相信某些理论是正确的，因为它把握住了独立于理论之外一小部分可用的东西。

考虑避免浪费。事后报告显示，价格反映了经济决策的盈利或非盈利。良好的判断会得到回报，而判断力不佳也会受到惩罚（Boettke，1997：26）。

第九节　新古典价格理论

到现在为止，一切还好。任何市场模式都承认上述情况。但是这并未说明价格是如何确定的。这正是问题开始出现的地方。在新古典模型中，市场的需求和供给可以用价格与数量相关的曲线来表示。在需求方面，价格越高，需求越少；在供应方面，价格越高，供应商品的数量越大。曲线仅仅是（原文如此）代表个体消费者或供应商的偏好的曲线的集合。这一点并不是经验的，尽管计量经济学的统计研究试图阐明它们。相反，曲线是根据理论的前提构建的，例如，人们已经知道偏好，他们是理性的最大化者等。曲线的交点，即均衡价格，就是*其他条件不变的*市场价格，并且就其本身而论是社会最优（见附录 D）。这当然是"自由市场"激进主义者的乌托邦——之所以是乌托邦，原因在于它不但不存在，而且肯定无法存在。

事实上，前提的虚假性并不妨碍新古典理论所理解的对资本主义市场更有利。根据这一理论，市场协调产生了效率："如果有些方法仍旧对一些个体更有利，而对其他个体不会造成更坏的影响，那么商品的分配或生产的计划就是效率低的。"（Rawls，1971：67）也就是说，不仅要协调各方的所有行动，而且此协调进行了分配和配置，使得在给定资源的情况下，没有更好的方式来使用它们。例如，在均衡状态下，工人获得的报酬恰恰是他们"应得的"，而雇主则有效地满足了消费者的需求。

这种市场理论的吸引力显而易见。不幸的是，即使模型设定的条件可以得到满足，但在理论的限制条件下，市场结果也不一定有效，这一点很容易可以证明（附录 D）。市场是重要的协调机制，事实上，正如哈耶克（Hayek）所坚持认为的那样，实际的市场在理性分配方面比计划经济更好，这并*不是*因为价格按照新古典理论的说法发挥了作用，即保证"效率"，而是因为通过分权，在任何一个地方，同一时间段内，只有一小部分关于生产可能性和需求的信息需要处理（Hayek，1978；Elson，1988；Stiglitz，2002）。无论资本主义的稳定性和效率如何，关键取决于至少可获得这么多信息。

这就让我们有了这样一个定义：

市场是一种社会制度，在这种社会制度中，人们自愿地交换商品（货物、资源、服务），同时，这些交易的协调是通过价格体系完成的。

这个定义无疑是抽象的，但这并不是一个缺点，因为我们必须考虑到不同类型的市场。所有市场都需要价格，因此需要货币，并且要求交易是自愿的，但如上所述，*我们并不是在这里致力于某个关于价格如何形成的特定理论*，或是下述假设，例如价格等于产品的边际成本，同时，我们也没有致力于关于市场中参与者的任何特定假设。确立价格的方式有很多种。要确定这些方式在具体的历史市场中如何发挥作用，是一个关键的经验问题，因为事实上，正是这些条件促成和约束了行为者的自愿决定。

在这里，我们可以注意到一两个一般考虑因素。第一，我们需要认识到，在所有市场社会中，过去实践的遗产（包括非市场实践在内）将对交换价值产生直接影响。历史在这里至关重要。波兰尼（Polanyi，1992：50）强调了这一点，他指出，价格体系

> 可能包含历史上在不同整合形式下产生的等价层级……韦伯指出，如果没有成本计算的基础，西方资本主义就不可能存在，但中世纪的法定和受监管的价格网络、习惯租税等，即行会和庄园的遗产，为其提供了条件。因此，价格体系可能在其制定的等价类型方面具有自己的制度历史。

实际上，人们不需要回到中世纪就能看到历史和非经济因素在定价过程中的重要意义。希克斯（Hicks，1989）证实了这一点，他写道："经济力量的确影响工资，但只有当它们强大到可以战胜……社会力量时才是这样。"它们受到"习俗"的影响很大……或受到其他影响到工资交易的各方认为公正和正确的原则的影响[19]。

第二，我们可以遵循新古典理论，区分完全竞争和不完全竞争。不完全竞争
141 包括垄断、不完全竞争的极限状态和寡头垄断，在这些情况中，几家大型企业主导了市场，存在进入壁垒，供应商生产的产品也相对相似。*在不完全竞争中，价格由供应商独立确定：供应商是价格制定者，而不是价格接受者*（附录 D）。与主流理论的假设相反，在现实世界中，这也不是"特殊情况"（Galbraith，1968；Baran and Sweezy，1968）。

不完全竞争的条件仍然是竞争条件，但正如主流理论所承认的那样，价格制定者认识到，价格竞争可能导致相互破坏的价格战（Baran and Sweezy，1968：58）。许多解决方案可用来防止这种情况发生，从直接的共谋，有时会被忽略，有时甚至被合法化，到所谓的"价格领先"，即一家主导企业设定价格，其余的企业遵循这一价格。由于价格竞争被认为具有破坏性，所以它会让位给其他形式的竞争：

---

19 引自 Hamouda（1993：119）。约翰·希克斯（John R. Hicks），第一位获得诺贝尔奖的英国人（1972 年），偏离了为他赢得诺贝尔奖的贡献。他提出，他著名的《价值与资本》（*Value and Capital*，1939 年）是"一位已故的'新古典主义'经济学家的研究"。

产品外观和包装的变化、计划报废、持续产品更新、商标名称、技术创新和信贷计划。事实上，"在竞争激烈而无情的经济体系中，少数竞争对手会反对降价，广告越来越成为竞争性斗争的主要武器"（Baran and Sweezy，1968：115-116）。人们早已认识到，广告不仅是"信息性"的，而且是市场过程所必不可少的（Chamberlin，1962）。事实上，如果要复制市场资本主义，就必须不断创造新的需求（Baran and Sweezy，1968；Galbraith，1968）。正如肖尔（Schor，1992：117）所言，"消费主义不是人类本性的一个历史特征，而是资本主义的特定产物"。

第十节　劳动力市场：一个例子

劳动力市场提供了一个很好的市场例子，其中有"一大堆"寻找工作的人，有正在寻找工人的雇主（尽管不是"一大堆"）。因此，也存在竞争，并且供求关系对于确定工资是至关重要的。如上所述，工资和薪金是实实在在的货币：它们是允许雇主自愿选择哪些工资附加到什么工作上，以及潜在的雇员将接受什么样的工作的主要手段。也就是说，包括劳动力在内的一切都是商品——因此具有交换价值。但是，如果供求关系与决定工资相关，那么这个机制（或多个机制）就会远远超出新古典理论所提供的机制。

我们可以区分排序（ranking），即工作、工资和薪金如何产生、转化和销毁，以及分拣（sorting），即个体与工作匹配的过程。正如格兰诺维特和蒂利（Granovetter and Tilly，1988）一样，我也坚持认为，排序和分拣是同时进行的，我们必须反对把技能、工作和职业等具体化为某些抽象的市场过程。[20]

对于新古典理论而言，分拣是基于拥有不同技能和能力的工人对现有职位的竞争。正如神话中所说的那样，一个工人的能力决定了他基于对公司的边际生产率而获得的工作。雇员应该可以获得所有现有工作的信息，雇主确切地知道他们对潜在雇员的期望，并且能够评估这些雇员的能力。理性的情况下，他们会雇用最适合这份工作的人。排序取决于企业支付的工资等于其边际产品利润最大化的规则。[21]工资和薪金是不平等的，因为人们的收入与他们的贡献相一致。

20　正如他们强调的那样，"技能"是个人能力和可替代性的结合：更换工人的便利性和费用。技能，就像生产力，是非常难以衡量的，尽管神话与之相反。技能涉及隐性知识，且定义不明确（与人力资本理论相反）。运动员是例外，而不是常规。同样，工作（和职业）正在不断地被社会建构（和重建）。正如格兰诺维特和克里斯·蒂利总结的那样："决定结果的是……如资源、议价能力、社会化、谈判小组的文化和社会结构模式，以及劳动力和产品市场的状况。"（Granovetter and Tilly，1988：209）

21　边际决策考虑的是额外数量的事物的收益是否值得额外的成本。因此，劳动边际产量是额外单位劳动的额外产出，参见附录 D。

不幸的是，雇员往往对工作的发展潜力一无所知，即使知道，他们往往也无法触及；雇主可能对于实际需要的技能只有模糊的想法；他们往往无法评估潜在雇员的能力。雇主对于他们所聘用的人也往往是"非理性的"——他们的偏见或对朋友的承诺等会起到妨碍作用，但也许最重要的是，工资所依据的具体边际产品的概念纯属是一种数学虚构。如果"产品"是一种合作产品，就像现实世界中几乎所有的生产一样，很难（如果不是不可能）评估合作者的相对贡献。事实上，这个简单（而且非常公平和有效的）的机制几乎不能说明现实。

143 劳动力市场的现实是非常复杂且具体的。正如格兰诺维特和蒂利所指出的那样，对"市场"的探讨使得一系列党派——资本家、工人、普通家庭、国家和组织（如美国医学协会、贸易和工会等）——之间的复杂斗争被简化为一个误导性的抽象概念。这些行为者具有不同的能力，这取决于他们在社会中的结构位置和关系。举一些明显的例子，美国和日本在收入不平等范围上的惊人差异，包括管理层薪资水平的不平等、种族主义和性别歧视在分拣过程中的重要性、定义和重新定义职业的灵活性，以及由此产生的要求和工资，需要依据各方利用资源的方式加以解释，这些资源是历史上发展的结构和关系的产物。所有这些可能都足够熟悉了。（然而，如果是这样的话，人们可能会被要求解释，新古典主义假设对我们关于市场的思考的影响。）

劳动力市场*确实是*一种市场；价格提供了关于选择的信息，但是工作（或工资）都不是新古典理论所理解的市场的"功能"。如果我们要解释劳动力市场的结果，就需要构建一个模型，这个模型界定了典型求职者和典型雇主的信念、知识、动机和能力。我们还需要界定历史、性别和种族关系、资格认证机构、工会等所施加的制约因素。更一般地说，劳动力市场的结果是许多相互关联的社会机制的产物，具体地说，包括政治制度及它的功能、解释种族主义和性别歧视的机制，以及使认证机构和工会能够影响结果的机制。[22]

但还有一点需要强调。新古典模式是不受时间影响的，但在实际市场中，时间却是一个关键的因素。

第十一节　作为过程的市场

哈耶克、冯·米塞斯（von Mises）、路德维希拉·赫曼（Ludwig M. Lachmann）等认识到时间在市场进程中的重要性。它以最有趣的（和最激进的）形式反对了下述观点，即存在或可能存在一般均衡。正如拉赫曼（Lachmann，1984：

---

22 例如，另见 Tilly and Tilly（1997）。

304）所写的：

> 均衡的概念在被限制在个体行动者（如家庭或公司）时很有意义，但它不太适用于对人际互动的描述。当它应用于非常简单的市场，如马歇尔（Marshall）的玉米市场时，它仍然有用。但是"产业的均衡"是一个很难处理的概念。
>
> "经济体系"的均衡是一个远离现实的概念，尽管瓦尔拉斯和帕累托表明了其逻辑一致性。动态的经济体系的均衡，"均衡增长"接近于是谬误。

144

市场不是（一般均衡理论所认为的）在其他条件均同的情况下，趋向均衡的"最终状态"，也不是非历史的可分析的封闭系统。关键的是，事件是实时发生的，而事件发生之前的事情会以对接下来的事情产生不可预测的影响的方式改变条件。一般均衡理论将时间视为一个"变量"，几乎类似于时间是天体力学中的一个变量。[23]市场也不是一个"外部变化"以"随机冲量"的形式对其产生影响的开放系统，该系统可能带有可变的时间滞后，试图"吸收"每一个随机冲量。正如拉赫曼所写的："有些人类行动有意识地要去产生一定的效果，它们是由可能而且往往会失败的期望所引起的，这些行动的存在使得我们不能以这种方式来看待市场过程。"（Lachmann，1984：305）

关键在于，市场结果是不同行为者有意识行动的意外产物，每个行动者都采用手头不同的材料来实现其经济目标。当然，这是我们对劳动力市场的另一种表述方式。对于拉赫曼来说，推动市场持续发展的原因是，那些以体现了未来的思维图景的计划为基础的行动，以及那些以体现了未来本身的计划为基础的行动之间存在着差距。如果所有互动的个体的计划是一致的（连同其他一些非常强的假设，如关于竞争条件的假设），那么一般均衡在逻辑上就是可能的；但是因为个体有不同的心理图景，所以存在连续的不可预知的变化，因此在任何有用的意义上都不存在"均衡"。但是存在着一些模式，这就意味着，存在一些可以确定的社会机制。[24]

145

23　为了应对这种情况，所谓的"复杂性理论"（如果适当的话）现在已被应用于经济建模。参见 Anderson 等（1988），特别是约翰·霍兰（John Holland）的文章——《全球经济作为一个适应过程》（The Global Economy as an Adaptive Process）。就他（仍然）发现了有价值的"不确定条件下的平衡动力学"而言，阿罗代表了主流关键却仍未改革的前沿。

在新古典理论中，每个行动者通过概率分布来判断未来的价格。正如 Littlefield 总结的那样："明天"可以被描述为随机变量的一个向量，其取值范围是今天已知的，更重要的是，变量集本身也是今天已知的。遗憾的是，这实在不靠谱，不值得评论。

24　Lewis 和 Runde（forthcoming）开辟了一条有趣的研究途径来考察拉赫曼的作品。在他们看来，拉赫曼应对了"在试图提出一种强有力的、一致的关于人类活动的主观主义观点的同时，不削弱对社会制度和社会经济秩序进行一致说明的可能性这一内在挑战"。他们认为，虽然拉赫曼的说明存在困难，但这些问题可以通过受巴斯卡尔启发的批判实在论版本来弥补。如果这样的话，其结果将非常接近这里争论的问题。

现有的市场即过程（market-as-process）理论和新古典理论一样，将竞争定义为许多买卖双方的条件，双方都意在实现利益，但对竞争的作用有着不同的理解。对于新古典理论而言，只有在均衡状态下，价格等于边际成本且市场清晰时，条件才是（完全）竞争的。以这种观点来看，竞争使生产者或消费者不能制定价格。不完全的竞争给了公司在价格/数量范围内的自由裁量权。寡头垄断企业可能被视为成本节约型企业（包括对威廉姆森等而言，是交易成本节约型企业）。

在过程概念上，我们仍然认为竞争使得生产者不能制定价格，但同时也认为，竞争是"一种发现的方法"。正如哈耶克（Hayek，1978：236）所说的："我们开始理解到，市场和价格机制（如新古典理论静态分析的那样）提供了……一种发现过程，它比其他任何已知的系统都能利用更多的事实，并为不断发现新事实提供动力，从而提高了对我们所处世界不断变化的环境的适应能力。"

重点强调三点。第一，哈耶克的观点仍然受制于竞争模式，尤其是边缘情况。但这一观点确实为我们思考市场打开了另一种思路。也就是说，它不仅反对静态均衡模型，而且还显示了价格体系（即使在不完全竞争的条件下）如何在协调经济行动中发挥作用。它把知识，更确切地说是高度分散的知识形式，置于协调问题的中心。哈耶克（Hayek，1978：182）写道：

对伴随着广泛劳动分工而广泛在社会中传播的知识的利用，不能依赖于个体对其个体环境中众所周知的事物可能被放置的所有特定用途的了解。价格直接关注各种商品的市场报价中值得发现的内容。

第二，或者像勃特克（Boettke，1997：30）所总结的，遵循柯兹纳（Kirzner，1985）的观点：

价格体系的协调属性的本质不在于它能够传达有关资源短缺和技术可能性的完全正确的信息，而在于"它能够传达有关其自身错误的信息通信属性的信息"……非均衡相对价格虽然不完善，但仍然为以静态均衡为前提的经济"信息"的形式模型的检测和纠正提供了一些指导。[25]

第三，将竞争视为发现的论据的一个前提，在市场经济中，经济状况是不断变化且不可预测的。"竞争之所以有价值，*只是*因为它的结果是不可预测的，

---

25 在这里，哈耶克的观点和许茨的许多观点有历史性的联系。值得一提的是，20 世纪 30 年代，许茨是冯·米塞斯在维也纳举办的私人研讨会的成员，参见 Augier（1999）。

勃特克指出，新信息经济学，如 Stiglitz（1994）和 Grossman（1989）的研究仍然致力于理性预期均衡分析，集中于"市场失灵"——市场未能达到模型所确定的效率。然而，勃特克还指出，"他们对价格的信息作用的研究，对正统经济理论中的许多基本问题进行了根本性的重塑"（Boettke，1997：29）。

且总体上不同于人们（已经或本可能）故意针对的目的。"（Hayek，1978：180）[26]

即使哈耶克的特殊理解存在缺陷，但关于市场的过程观点也有很多可取之处（Lawson，1997）。过程理论是正确的，因为它注意到，市场安排存在历史动态，市场中发生的事情不断改变未来决策的条件。即使在竞争不完全的市场中，价格体系也能为寻找和纠正经济决策所必需的信息提供指导。也许对哈耶克的启发理论最明显的反对意见是，它没有注意到（或者至少是没有认识到）决策是结构化的，因此，个体在做出决策方面拥有完全不同的（和不平等的）资源，新古典理论就没能注意到这一事实。这些结构也是过去活动的遗产，如今正在被复制和转化。当然，忽视了这一点，既忽视了制度（institutions）强大的秩序构建（ordering）能力（Lewis and Runde，forthcoming），也助长了广泛流传的竞争神话。   147

第十二节　更好的市场？

前述说明提出了一些重要的结论。首先，实际存在的市场（和市场经济）以及它们之间的差异（有时候是相当重要的差异）是行动者使用其手头资料的历史性产物——同时它们现在的构造可以得到解释（第五章）。[27]由此也可以得出，市场作为人类产物是可以被改变的，它没有什么是"自然的"。正如杜加（Dugger，1992：237）写道：

> 根据市场的神话，我们的命运起因于自然规律——市场中的供求关系——是不能改变的。这样，市场神话就削弱了那些改革市场的人的可信性，粉碎了那些受到市场剥削的人的希望，并且隐藏了那些受益于市场建立的特定方式的人。

考虑到历史和自然对世界上各种市场经济的制约，政府的作用在这里至关重要。虽然当下不适宜对此做出扩展性探讨，但可以很容易地看出，有很多政策选择，它们对现实世界中市场的构成产生了巨大的影响。如上所述，政府不可能不

26　哈耶克指出，"我们之所以使用竞争，其必然结果是，在竞争是有趣的情况下，该理论的有效性永远无法通过经验进行检验……如果我们不知道我们希望通过竞争来发现的事实，我们就永远无法确定，它在发现那些可能被发现的事实方面有多有效"（Hayek，1978：180）。因此，对竞争性市场的辩护是全球性的和历史性的："我们所能希望发现的是，总的来说，那些依赖于竞争来达到这一目的的社会比其他社会更成功地实现了其目标。"（Hayek，1978：180）这当然是有争议的，当然，这在很大程度上取决于对社会的"目标"是否清楚。但这一点可能没有实际意义，因为在一个拥有大型企业的世界里，要确保和维持竞争市场是完全不可能的。

27　当然，这项任务是由马克思和韦伯开始的。还有许多其他例子代表不同的理论，但与第五章的分析一致。其中包括 Tawney（1998）、Polanyi（1971，2001）、Shonfield（1965）、Brenner（1977）、North（1981，1990）、Pomeranz（2000）、Davis（2001）、Harvey（1987）。

*进行*干预，从而影响结果。在棒球比赛中，投手丘的高度对投手和击球手都有影响。没有办法做到"中立"。所以，就市场来说，"规则"不可避免地会牺牲掉一些人的利益，而使另一些人获利。因此，唯一的问题就是目标是什么，手段是否有效？确定目标必然是依据政治因素的。鉴于不可避免地会有*某些*政策选择，从而会有*某些*具体的市场制度化，我们在这里只能列出某些最明显的政策领域，并揭示其相关性：

（1）货币和财政政策。宏观经济政策的目标是什么？应该如何实施？

（2）产业政策。是否应该对某些行业（如飞行）进行激励？国防预算如何塑造关键市场？

148 （3）劳动政策，包括工作日的长短、最低工资、工会的组织和能力、反歧视政策以及有关职业健康和安全的法律。

（4）环境政策。我们应该将破坏自然环境的"成本"看作是私人生产的"外部效应"，还是将其作为对污染者的成本分析的一部分？

（5）能源政策。一些资源是否应该给予激励或限制？确保最便宜、最清洁的能源，从而最大限度地减少能源浪费的最有效手段是什么？

（6）农业政策。与能源政策一样，这些市场应该如何构建？可以证明对"农业企业"的补贴是合理的吗？对烟草的补贴也是合理的吗？

（7）金融市场政策。现行的证券交易委员会的规定鼓励了投资，还是助长了浪费和腐败？

（8）家庭政策。职业妇女有哪些权利，包括产假政策、育儿设施和防止歧视行为的保障措施？

（9）卫生政策。这些市场应该如何构建？第三方支付系统是否合理？

（10）教育政策。政府在培养具备必要技能的工人方面的保证是什么，以及应该如何完成？大众教育的私有化，通过例如代金券，是否可行或者是合适的吗？

（11）交通政策。商业依赖于交通基础设施。有没有办法利用结构合理的市场去实现必要的和理想的目标？这些应该是政府垄断吗？

（12）移民政策。替代政策对劳动力市场的影响是什么？

可以肯定的是，尽管存在学科分割的障碍，但对这些问题领域都进行了认真的调查。[28]但是，经济行为和市场的新古典模型在这方面却严重误导了许多思想

---

28 当然，所谓的"全球化"使这些问题严重复杂化。还存在全球市场，这些也是历史产物。此外，这个话题很大，参见例如 Barnet 和 Müller（1974）、Robertson（1992）、Barnet 和 Cavanaugh（1994）、Appadurai（1996）、Bauman（1998）、Sassen（1999）、Mittleman（2000）、Ritzer（2004）、Steger（2005）。对美国在近期全球化中所扮演角色的说明，参见 Gowan（1999）、Stiglitz（2002）、Brenner（2003）。

工作。希望前面的章节能够为社会科学研究的概念化和避免一些更明显的陷阱提供一个有用的方法。就本章的论点而言，社会科学家忽视了下述事实，即市场构成方式的不同，以及所描述的理想状态的事实是不负责任的。事实上，一般均衡 149 理论是一个神话，它"削弱了那些改革市场的人的可信性，粉碎了那些受到市场剥削的人的希望，并且隐藏了那些受益于市场建立的特定方式的人"。

最后一点：上述观点坚持认为，新古典市场理论存在致命缺陷，但它也指出，如果理解得恰当，将市场视为社会机制具有明显的好处。我们可以在此指出，对一般均衡理论的批判也导致了对集中计划的批判。集中规划的思想依赖于一般均衡理论的程度是值得注意的。黛安·埃尔森（Elson，1988）在批评曼德尔（Mandel，1986，1988）时提出，为了达到*事前*均衡，计划者扮演了瓦尔拉斯拍卖师的角色。但是，计划者不仅要了解更多的情况，而且事情也会随着时间的推移而变化，所以从理论上说，拍卖师永远不可能停业；一般均衡理论的奥地利批评者提出——他从来没有固定一个价格。历史经验表明，集中计划是行不通的——虽然显然我们的历史经验仅限于非民主政权，但是我们必须面对这样一个论点：集中计划者在理论上不可能获得所有相关的信息。[29]另一方面，各种形式的市场社会主义至少与这些论点是一致的。

一般说来，本章的论证应该鼓励我们相信，如果社会科学有时是问题的一部分，那么它必然是解决这一问题的关键。 150

---

29 Barone（1908）和 Pareto（1909）首先注意到了计划经济和市场经济在形式上的相似性。关于萨缪尔森和形式主义者对他们的研究的误解的说明，参见 Boettke（1997）。勃特克还指出，目前大多数的市场社会主义形式都具有一般均衡理论的假设，但与哈耶克相对，对于私有财产和理想化的竞争市场是否存在真正的现实世界替代方案，仍有争议。关于对一种独特的、历史上新颖的市场社会主义形式的辩护，参见埃尔森在 1988 年发表的一篇引人注目但被忽视的论文。

附录 A
多元回归的局限

人们常常认为，多元回归克服了脱离原因的问题，并允许我们权衡它们对结果的重要性。即使那些严谨的学者也常常对下列观点感到困惑：

（1）A（一些"变量"，如 IQ）与 B（另一些变量，如收入）相互关联。

（2）A 预测了 B。

（3）A 说明了 B 的方差。

（4）A 说明了 B。

（5）A 引发了 B。

我们可以将（4）和（5）放在一起处理。只有当我们可以说"A 引发了 B"的时候，才可以说（4），"A 说明了 B"。但是，首先，相关性并不能确定原因。原因是产生结果的"机制"。我们可以在没有可信的机制的情况下拥有相关性，例如，北京市场上鸡蛋的价格和纽约证券交易所微软股票的价格。其次，任何结果总会有很多原因。要点燃火，我们除了需要一些可燃物质外，还需要热源和氧气。没有这些，就不会点燃火。所以哪个更重要呢？只有具备*正确的组合*，我们才能得到火。（点燃乙烯基织物所需的温度远高于点燃棉花所需的温度。）如果我们选择将热源作为"原因"，那是因为我们假设了氧气和可燃物质的存在。我们忽略了氧气，并且认为火花"引发了"火灾。[韦伯将之称为"适当的因果关系"（adequate causation），不同于引发结果的现有状态。]这既实用又在情理之中。但事实是：*所有的*因素都很重要：缺少哪个因素，火都无法产生。接下来，我们思考一下萨拉（Sarah）在学术能力评估测试（Scholastic Assessment Test，SAT）上获得高分的能力。其"原因"是什么？哪个"因素"（原因）更重要？萨拉可能"很聪明"，但她也很有动力，受过一些极好的教育——而且她考试当天感觉良好。

（1）和（2）也可以一起处理。A 和 B 之间的相关性可以介于 0.0 和 1.0 之间。0.0 表示没有相关性；1.0 表示完全相关性：对于 A 中的每个变化，B 都有相应的变化。完全相关性确实很少见。这就引出了一个问题：相关性（或在多元回归中，一个"相关系数"）是何时"有意义的"。但我们需要在此区分"政策"或"科学意义"与"统计意义"——粗略地说就是，统计学家为了确保"良好的适应性"

而设计的举措。[1]在统计方面具有重要意义的发现可能有，也可能没有某些政策或科学意义。这通常是对因果性的判断。

当我们具有一个统计上显著的相关性时，我们便能够进行预测。例如，如果超级碗的冠军与总统选举中获胜的政党之间存在 0.7 的正相关性，那么一旦我们知道超级碗的冠军后，我们就可以预测获胜党。然而，没有迹象表明这两者存在因果关系。这种相关性是一种统计上的巧合。但出于预测的目的，这种关系是我们所需要的。当然也不是因为这里没有因果机制，所以我才可以通过指出赢得超级碗的球队来*说明*总统选举的胜利。

吸烟和癌症就是一个很好的例子。癌症的产生是由于*某些*因果机制在发挥作用，可能有几种，而吸烟通过某种我们尚不了解的方式与此相关联。有些人一生都在吸烟，却没有得癌症，有一些人从不吸烟却得了癌症。但我们知道，如果你吸烟，患癌症的概率会显著增加：A 预测了 B。

富有经验的科学家在谈论"说明方差"时往往显得不够谨慎。他们关于这一点的想法可以简要概括如下。假设有许多"因素"合在一起可能会"决定"某种结果。那么，我们的想法是要找出每个因素在"产生"这一结果方面的重要性。"产生结果"或"决定结果"的语言是因果语言。但实际上，这种语言完全是不恰当的。我们需要更深入地看看这里存在什么问题。

第一，假设一个标准回归方程，一组可靠的、有意义的自变量（a，b，…），它们与因变量（Y）具有线性关系。

$$Y = a + b_1 + b_2 + b_1 b_2 + e \hspace{3em} （公式1）$$ 152

假设"因变量""Y"是由自变量"$a + b_1 +...$"所"决定"的。那么问题就出在变量选择上。分析的目标是"良好的适应性"。如果我们的研究进行得顺利，我们最终得到的是"有用的统计描述，它可以反对貌似合理的替代性解释"（Achen，1982：13）。必须要强调的是，*最好的结果是统计描述*，这一点几乎总是被遗漏。结果最多能够对极为复杂的具体社会情境进行高度简化的描写或统计描述。例如，作为一种抽象的比率，犯罪率代表了现实世界中的犯罪图景。显然，它并非全面。另一方面，正如亚琛（Achen）所说："如果一张朋友的相片覆盖了一个足球场，并显示了每一个毛孔，那么这张照片是没有用的。人们寻找的是

---

1 关于"良好的适应性"，参见下文。Ziliak 和 McCloskey（2004：333）指出，"在 20 世纪 90 年代《美国经济评论》的 137 篇相关论文中，有 82%将统计上重要的系数错当成了经济上重要的系数"。事实上，情况越来越糟。在他们早期的研究（1996 年）中，发表在这本著名杂志上的 70%的论文没有区分这两者，"而且有整整 96%的论文以某种（我们应该说）重要的方式或其他方式滥用了统计检验"（Ziliak and McCloskey，2004：332）。这就是实证主义科学理论的力量。

一个可解释的信息量，省略了详细的工作。"（Achen，1982：13）至于犯罪率，"详细的工作"当然包括社会中*每个人*的具体结构化行动：罪犯和非罪犯。虽然众所周知，犯罪率是远距离的描述，但是所有其他统计结果，包括回归的结果也是如此。

一个有用的描述——良好的适应性——并不是那么容易实现的。其中一个检测是"相关系数"：R^2。通常，R^2 通过回归给出了因变量中"所说明的变化的百分比"。但是正如亚琛所评论的：这种表达"对于大多数社会科学家来说值得怀疑，但具有很大的修辞价值"（Achen，1982：58f）。修辞价值在于下述假设，首先，大的 R^2 保证了"良好的适应性"，其次，在更基础的困惑中，这个数字代表了回归中这一因素的因果重要性。

这两种假设都不是持久不变的。正如亚琛所说，R^2 "最好被认为仅仅描绘了回归点的几何形状"（Achen，1982：59）。很容易看出，为什么它仅仅描绘了这个。亚琛说："对于社会科学家来说，R^2 的核心困难在于自变量不受制于实验操纵。"（Achen，1982：59）在自然科学中，人们用实验来检验关于因果性的理论。实验试图"控制"条件，以观察假设的原因是否真的产生了理论所预测的结果。这在社会科学中是不可能的。"回归"假定"控制"变量，*在数学上*通常被认为是实验的恰当替代。

有某些论点表明，事实并非如此。其中一个论点是"总体方差是样本的函数，而不是潜在关系的函数"（Achen，1982：59）。也就是说，线性模型（公式1）是一种局部分析，其结果取决于抽样总体中变量的实际分布。因此，"在某些样本中，它们变化很大，产生了很大的方差；在其他情况下，观察结果被更紧密地分组，并且分散性很小"（Achen，1982：59）。（我们需要对统计分析有进一步的了解，才能充分理解这一批判。）因此，"它们不能像社会科学家通常使用的术语那样——作为衡量自变量的给定变化对因变量的影响有多大的指标——与关系的'强度'有任何实际联系"（Achen，1982：59）。

第二，存在一个假设问题，即假设被测变量"相加"为1.0，这涉及"可加性"和独立性问题。亚琛举了一个例子：

> 如果回归分析描述的是，比如说，国家的暴力描述为前几年的暴力加上经济条件的函数，那么我们能说哪一个变量在产生暴力方面更重要吗？在大多数情况下，答案是否定的。一个变量的单位是暴力/先前暴力的数量；另一个变量的单位是暴力/经济混乱的数量。只能说这完全是两码事。作为从历史环境中抽象出来的理论力量，它们无法通约。（Achen，1982：70）

公式1使我们相信变量是可加的和独立的（b_1 和 b_2 考虑了变量之间的互动效

应)[2]，但事实并非如此。说明这一一般原则的最好例子就是，看到在对遗传和环境的相对效应的毫无意义的讨论中存在着混乱。我们来思考一项类似的（理想化的）生物学研究，这一研究需要可控实验。

以通过近亲繁殖或克隆复制的基因型为例，这使得基因型的个体性最小化。把它们放在各种精心控制的环境中。因此，可以建立表型与基因型-环境组合之间的粗略对应表。这种被称为"反应规范"的结果，它们从来都无法预测。[3]它们是不可预测的，因为遗传和环境因素不是简单相加的（因此不能用线性方程表示）。它们是交互作用中的原因，确切地说，基因在不同的交互环境中导致不同的表型结果。

154

如果这些规范可以在人的发展中通过实验建立，那么在整个受控环境和（克隆？）基因型范围内，就可以将结果的变化与自变量的变化联系起来。由于因果关系不会突然变得可加，因此仍然无法提供因果关系的比例。但人们可以理智地谈论它们的相对"重要性"，也可以"解释方差"。更戏剧性的是，正如亚琛所说的，我们可能会进行一项实验，把一些孩子放在中产阶级家庭里，另一些放在壁橱里。在认知能力、人格等方面肯定会有差异。几乎可以肯定的是，环境将"说明"这些已实现的能力方面的大部分差异。相反，把他们全部（不可能的）放在同一个环境中，大多数的变异肯定会由遗传"说明"。当然，上述例子说明了（同卵）双胞胎研究的重要性及其局限性。

显然，除了同卵双胞胎外，不仅没有两种基因型相同，而且在具体的现实世界中，原则上也没有任何方法能够指出所有相关的环境"变量"，因为*这些变量并不独立*。社会世界是真实的，但它必然是由行动者的意识所介导的，这一事实使得我们无法说明行动者将如何体验和理解一个条件，以及它将对他及其行为产生什么影响。因此，多元回归不仅不会给出某些结果中所包含的因果性的比例，而且一般来说，它甚至不允许我们"解释方差"。事实上，个体之间的差异根植于我们的基因中，但是如果，例如，我们想说明现实世界中的不平等，我们最好是找别的办法。[4]

---

2 另见"路径分析"，它是回归分析的一种扩展，它做出与回归相同的假设，但"在模型中，对每个变量都进行回归分析，将其作为因变量，而其他变量则视为模型指示的原因，包括直接和间接原因"。因此，"路径系数被用来评估各种直接和间接因果路径对因变量的相对重要性"。

3 这遵循了 Lewontin（1974）的观点。另见 Lewontin（1982：22）对"反应规范"的重要性及其在人类定量研究中的缺失的更充分的说明："除了血型抗原的存在或缺失这样的特征之外……我们对任何人类特征都没有一个反应的规范。"

4 Whitfield 和 McClearn（2005：106）认识到，"任何特定表型的因果关系都可以看作是一个复杂的网络，有来自多个基因位点和环境因素的输入"。但是，他们仍然相信这样一个观点："定量遗传学中关于结构方程模型日益精致的统计设计，可以通过结合理论上相关的环境变量、特定的基因位点和因果关系的生理介质的测量，而被极大程度地扩充。"（Whitfield and McClearn，2005：112）

　　但所有这些并不是说定量方法在社会科学中没有地位，或者更离谱地说，它们在社会科学中没有一席之地。首先，它们在提供社会各方面的描述方面非常有用。我们需要各种事物的数字，包括人口、经济、政治和社会等方面的数据：美国人或夏威夷人的数量、收入分配状况、按收入和种族划分的选民数量、犯罪率等。当然，这里有相当多的方法论问题，甚至是认识论问题，最好由经验丰富的方法论者来处理。我们只需要知道，将因果说明与描述混淆是相当危险的。描述是必要的第一步，缺乏对社会现实的充分了解，即使在不危险的地方，说明也是毫无意义的。

155

　　其次，这些方法给了我们概括的能力，包括仅通过使用回归和类似方法才能发现的概括。正如坎普和霍姆伍德（Kemp and Holmwood，2003：12）所说的，"定量和统计技术可以用来揭示被其影响范围所掩盖的模式……同样地，即使是在分析之前还不知道各种影响的精确参数的情况下，统计技术有时也可用于提取数据中的揭示模式"[5]。如前所述，概括是说明性研究的材料：例如，我们如何说明投票中种族或收入的差异等。如上所述，界定这种模式并不能给我们带来因果关系，但正如坎普和霍姆伍德所写的那样，"这种模式的存在表明，可能存在结构性影响，我们可以进一步研究这一主张，以检验其合理性"（Kemp and Holmwood，

156   2003：12）。

---

5 另见 Olsen 和 Morgan（forthcoming）。

历史社会学通常采用比较作为研究策略。在接下来的内容中，我们将重点放在比较的概念上，并试图弄清楚它的用法——及对其的误用。受斯考切波的著作《国家与社会革命》（1979 年）的启发，近年来的深入讨论认为，穆勒所创立的方法恰当地促进了更"科学"的比较分析方法。最后，作为其中的一部分，我们将"叙述"的概念视为解释社会学的一种模式。这些问题是斯考切波和威廉·休厄尔近年来激烈争论的核心。[1]尽管两位学者似乎经常进行学术探讨，但一旦关键的假设和困惑得到澄清，就很容易找到解决方案。

我们可以通过考虑詹姆斯·马奥尼（James Mahoney）在其重要论文《名义、顺序和叙述性评价在宏观因果分析中的应用》（Nominal，Ordinal，and Narrative Appraisal in Macrocausal Analysis）中的观点来研究这些问题（Mahoney，1999）。[2]马奥尼对界定解释性概括很感兴趣，并提出，在他的文章标题中指出的三种策略可以，并且就是，被研究者联合使用的，尽管人们经常认为这项研究只使用一种策略。在马奥尼看来，"这三种不同的策略中的每一种都代表着一种*不同的*技术，可以用来评估同一因果关系"。因此，《国家与社会革命》被错误地认为只采用了一种基本策略，即"名义评估"。马奥尼认为，事实上，斯考切波成功地运用了所有这三种策略。马奥尼尽其努力尝试证明这一观点。但最终我们还是认为，他的努力失败了，事实上，虽然斯考切波确实使用了这三种不同的"策略"，但这使得她的叙述变得不连贯，而且明显给了她的书一种说服力，这种说服力与她关于名义和顺序方法的使用的一些关键性具体主张完全不兼容。[3]

157

---

1 参见 Sewell（1996）。这篇文章在 1991 年获得了一个奖项，但至今仍未出版，在《现代世界中的社会革命》（*Social Revolutions in the Modern World*，1994 年）的结语中，斯考切波对它进行了猛烈抨击。

2 参见他的《比较历史分析中的因果评估策略》（Strategies of Causal Assessment in Comparative Historical Analysis），载于 Mahoney 和 Rueschaemeyer（2003）。本卷中此文章的部分改编自早期的一篇文章，"Strategies of Causal Inference in Small-N Analysis，" *Sociological Methods and Research*，28（May 2000）。

3 为了预测，在对她的书的早期评论中，我指出，她的"叙述"使她的论点具有说服力，但事实上，它与马奥尼所说的"名义评价"是不连贯的，参见 Manicas（1981）。这实质上就是 Sewell（1996）重申的批判。下文我将对此展开进一步探讨。

第一节 名 义 比 较

马奥尼写道："名义（或范畴）比较需要使用相互排斥且总体上详尽的范畴。"
（Mahoney，1999：339）因此，斯考切波关注的是革命与非革命。继穆勒之后，
她希望建立"有效的因果关系"。要做到这一点，人们可以试图确定，几个案例
与要说明的现象有什么共同之处——穆勒的一致法（method of agreement）。或者，
我们可以把那些要说明的现象和假设的原因都已知的案例，与那些假设的原因和
结果缺失但其他方面都相似的案例进行对比。这是穆勒的差异法（method of
difference）。关于宏观历史现象，斯考切波指出，"在实践中……把这两种比较
逻辑结合起来往往是可能的，当然也是可取的"（Skocpol，1979：37）。

她有三个正面的案例需要说明：1789 年的法国大革命、1917 年的俄国革命和
1911 年的中国辛亥革命。在非常有趣的章节中，她进行了一次比较历史分析，她
在这一分析中考虑了这些，并且简单地探讨了三个"反面"案件，或没有社会革
命的情况。虽然她的重点在于正面的案例，但严格来说，她采用的是穆勒的联合
方法。[4] 她得出结论，三个正面的案例有共同之处"国家组织在遭受来自国外较发
达国家的强烈压力时容易受到行政和军事崩溃的影响，农业社会政治结构促进了
农民对地主的广泛反抗"（Skocpol，1979：154）。综合来看，她认为，这些是
158 这些革命的"特殊原因"。

逻辑很清楚。我们假设各种潜在的"原因"，然后排除一些既不必要也不充
分的原因。马奥尼认为，名义方法为"消除潜在的必要且充分的原因提供了合理
的逻辑基础"（Mahoney，1999：241f.）。不幸的是，由于很多原因，这是一个
过分乐观的结论。

我们可以从一致法开始，用穆勒的话来说：

如果一个现象的两个或多个实例有一个共同的环境，那么所有实例单独都满
足的环境才是给定现象的原因（或结果）。如图所示：

---

4 按照图示：

ABC $(x_1, x_2, \cdots) \rightarrow$ E $(y_1, y_2, \cdots)$

ADF $(x_1, x_2, \cdots) \rightarrow$ E $(y_1, y_2, \cdots)$

GH $(x_1, x_2, \cdots) \rightarrow$ not-E $(y_1, y_2, \cdots)$

MN $(x_1, x_2, \cdots) \rightarrow$ not-E $(y_1, y_2, \cdots)$

A 可能是 E 的原因（或"决定条件"）

事实上，这更契合斯考切波对穆勒的方法的使用。

ABC（x_1, x_2, $\cdots$）→E（y_1, y_2, $\cdots$）

ADF（x_1, x_2, $\cdots$）→E（y_1, y_2, $\cdots$）

A 可能是 E 的原因（"或决定条件"）

　　大写字母 ABC 等是假设确定的 E 的可能"原因"。括号中的小写字母表示情况中存在的未知数，但不属于分析的一部分。将 A 推断为可能的原因，取决于这样一个假设：B、C、D 和 F 不是*必要条件*（因为 E 是在它们缺失的情况下发生的），E *不是* ABC、BC、DF 和 ADF 联合运作的产物。这些条件并没有被排除为 E 的*充分条件*。

　　穆勒的差异法旨在消除非充分条件。他写道：

　　如果被研究的现象所发生的一个实例与没有发生的一个实例有共同的环境（除了这个实例发生在前者中），只有这两个实例不同的环境是现象的结果或原因，或原因的一个不可或缺的部分。

　　如图所示：

ABC（x_1, x_2, $\cdots$）→E（y_1, y_2, $\cdots$）

BC（x_1, x_2, $\cdots$）→non-E（y_1, y_2, $\cdots$）

A 可能是 E 的原因（"或决定条件"）

　　在*现实世界中，几乎不可能找到满足这种方法的案例。*事实上，休厄尔（Sewell，1996）坚持认为，斯考切波假设了他所说的"实验时间性"（experimental temporality），"为了让斯考切波的革命服从于她的比较方法，必须将它们概念化为类似于实验的单个'试验'（trials）。这意味着试验必须是等价且独立的"（Sewell，1996：258）。但要满足这些条件是完全不可能的。正是这个问题促使穆勒提出了他的联合方法，这种方法*不是*一致法和差异法的结合。穆勒的观点恰恰是，当没有一致法要求的终止条件以及差异法所需的条件时，它就是后备方法。重点是，由于大多数结果并非单个无意义充分条件的产物，因此这些方法在尝试解决这一问题时几乎没有帮助。另一方面，虽然它们可以在不必要的情况下消除非必要因素，*但如果有其他替代性路径可以产生结果，*这也不会有太大帮助。这是关于等价性的观点。例如，我们可以思考现代化的替代性路径（Moore，1966）。也就是说，在某个时间点，考虑到现有的条件，某些条件对于某些结果可能是"必要的"。但考虑到其他现有条件，在其他时间和地点可能没有必要。例如，在某个时间和地点，能够打破土地贵族抵制私有财产或许是商业发展的必要条件，但在其他时间和地点，考虑到（比如）城市中有丰富的商业资本，这就成了不必要的。

　　但还存在一个更为严重的问题。穆勒意在用他的方法来确定休谟对因果性的

159

理解中的原因：a 是 b 的原因，意味着 a 和 b 之间存在类规律的但偶然的联系（"恒常联结""不变关系"）。第二章中发展的实在论概念认为，a 引发了 b 意味着 a *产生*或促使了 b 的发生，并且这种关系不是偶然的。在休谟的文章中，因果性可以从必要和充分的条件来分析；在实在论的文章中，则不能这样分析。马奥尼也关注这一异议提出的问题，即使他并不认为这很重要。

正如他所说的，"即使存在确定必要和充分因果关系的逻辑方法，一些分析人士仍旧认为，这不是一种思考因果关系的有效方式"（Mahoney，1999：348）。为什么不是呢？C 对 E 来说是充分的，就是说："如果 C，那么 E"，并且将"如果……那么……"分析为物质条件：只有在 C 为真且 E 为假时条件句才是假的。C 是 E 的必要条件，意思是"如果非 C，那么就非 A"。（因此，逻辑上，如果 C 是 E 的充分条件，那么 E 就是 C 的必要条件，它们是对照的关系。）因此，支付停车罚单是毕业的必要条件；毕业就是已经支付了停车罚单的充分条件。

因果关系的分析在必要和充分条件方面既过于宽泛，又过于狭隘。它太宽泛了，因为它包括了非因果性的案例。一个人不是因为支付停车罚单而毕业，支付停车罚单并没有*导致*毕业。另一方面，更严重的是，真正的原因可能既不是必要条件也不是充分条件。[5]我们来思考一个探讨因果关系（和说明）的例子。

假设你是路易斯·巴斯德（Louis Pasteur），对确定发酵的原因感兴趣。你选择了一系列发酵液体，包括啤酒、葡萄酒、醋和苹果酒。显微镜检查显示，每一种都有一个特征性的微生物（结果证明是醋酸杆菌，一种酵母菌）。因而，你得出结论，这种微生物是发酵的原因。然后，比较斯考切波对穆勒方法的使用。

第一，在这两个例子中，显然都涉及相当多的理论，因为如果我们想知道要探寻什么、可能原因的特征以及如何确定它们，理论是必要的。巴斯德寻找微生物；斯考切波寻找"结构条件"，特别是政治经济、国家机构和国际政治经济环境。她本可以去其他地方探寻。例如，她可能没有看到"结构条件"，或者只是把它们放在背景中。相反，她可能会研究行动者的心理。或者她可能以不同的方式对"结构"进行了理论化，而没有专注于政治经济学，她可能考虑了长期的文化事实，如天主教会、宗教改革的作用等。[6]

160

---

5 更一般地说，因果性不服从于外延分析。因此，从外延分析来看，不一致的反事实都是真的："如果希特勒不入侵俄罗斯，他就会赢得战争"和"如果希特勒不入侵俄罗斯，他就会输掉战争"都是真的，因为两者的前因都是假的。

6 当然，她的结构主义专门回应的是她所称的"聚合心理学理论"（Skocpol，1979：9）。但正如我后来所说的，她无法逃避关于动机的假设。类似地，像许多提倡结构主义（和因果）说明的人一样，她的反解释主义偏见使得她取消了"文化"作为此说明的关键部分，见 McDonald（1996）。但正如第三章中所说的，尽管帕森斯主义者和结构主义马克思主义者有着共同的偏见，但"文化"很难与恰当理解的"结构"分离开来。

第二，在非常普通的意义上*醋酸杆菌*是发酵的原因。它是一个可识别的"物质"，在适当的情况下，*它产生了*发酵。正是这种普遍情况的不同*导致了*葡萄酒的变化。斯考切波的说明中有类比吗？当然，斯考切波认识到，她的"充分特殊原因"根本不像巴斯德的*酵母菌*。事实上，如果有什么可以跟酵母菌做对比的话，那只有可能是国王路易十六！她写道："众所周知，国王召开三级会议并不是为了解决皇家金融危机，而是为了发动革命。"（Skocpol, 1979: 65）"发动"是因果性的。难道我们不能像许多历史学家那样说，这是革命的原因吗（Hexter, 1971）？当然，他并非意在"发动一场革命"，我们只能猜测，如果国王选择不这样做（他当然可以这样做），事情会如何发展。另一方面，关于斯考切波对结构条件感兴趣，有一些是正确的，即使我们在想象中无法将它们看作休谟意义上的原因，即使它们对她来说是实在论意义上的原因。也就是说，*由于*现有的"结构条件"，国王召开三级会议的决定产生了其事实上的后果。对比生火："结构条件"是存在可燃材料和大量氧气。那么，要产生火，只需要一根点燃的火柴。这两个例子中都有相关的原因在发挥作用，事件和因果机制，一旦我们看到它们是如何结合在一起的，我们就可以解释结果。

第三，在酵母菌的例子中，从必要和充分条件的角度对原因的分析完全失败了。我们之前注意到，一致法消除了非必要条件。在这种情况下，我们能说*醋酸杆菌*是发酵的必要条件吗？事实上，我们不能。也就是说，有一整套有机体，在适当的环境中，产生了发酵。"发酵"是一个抽象的术语，我们需要知道，还有很多不同的发酵类型。因此，我们要看到我们的公式中 y_1、y_2 这些未知数的相关性……

我们也不能说（即使假设我们现在采用的是差异法），*醋酸杆菌*是除了发酵剂外的充分条件，因为发酵还需要许多其他条件的存在（或不存在）。其中一些可能过于理所当然，以至于人们都忽略了它们的存在，例如，存在可发酵液体；另一些可能不太明显，例如，允许过程开始和继续的温度范围，或一系列非事件，例如，实验室中没有发生会影响结果的事故。

马奥尼通过引入利伯森（Lieberson）关于酒驾司机的例子来认识这个问题。他写道："这些方法正确地表明，酒后驾车本身既不是汽车事故的必要条件，也不是汽车事故的充分条件。"（Mahoney, 1999: 349）但事实上，在某些特定的情况下，酒后驾车是交通事故发生的*原因*，而且人们确实通过指出司机喝醉了来说明交通事故。

这也表明了在提供真实和重要因果归纳概括方面存在严格限制。因此，"每当一个司机喝醉时，他就会发生事故""患癌症的人都是吸烟者""如果你把盐放在水中，它就会溶解"，这些都是错误的。那么，我们来思考斯考切波关于三次社会革命的覆盖律"说明"的结构：

如果一个容易受行政和军事崩溃影响的国家组织，受到国外发达国家的压力加剧，*并且在土地社会政治结构的推动下发生了广泛的农民起义*，那么社会革命就会爆发。

1789 年，法国受到了这样的压力，形成了促进农民起义的土地社会结构。

因此，1789 年法国发生了一场社会革命。

第一个前提是"说明性概括"，我们可以在第二个前提下用中国或俄国取代法国，从而"说明"它们的社会革命。

这个论点是一个完全有效的推论，因此，如果前提为真，那么根据覆盖律模型，斯考切波就会实现她所希望的"有效的、彻底的对革命的说明"。但是，如果条件不充分，第一个前提就为假。因此，国家的崩溃加上农民的大规模起义，以及不可避免的其他条件，可能导致旧秩序的恢复，而不是"新的社会政治整顿的出现"。例如，我们想想 1953 年的伊朗，在中央情报局的协助下，穆罕默德·摩萨台（Mohammed Mossadegh）的革命企图被挫败。另一方面，即使在国家没有"崩溃"的情况下，也可以进行社会革命，如古巴革命或桑地诺革命，它们之所以成功，是因为武装叛乱者能够击败现存国家的军队。[7]还有一方面，我们还可以通过提供相关的*其他条件均同*从句来"挽救"解释，例如："如果一个容易受到行政和军事崩溃影响的国家组织，受到国外发达国家的压力加剧，那么*除非它得到其他国际行动者的支持……*"但是现在有忽视这一说明的危险。这并不是说，我们永远无法提供真的重要概括来表达必要和/或充分的条件："只要有燃烧，就有氧气存在""当一颗子弹穿过大脑时，人就死了"。氧气的存在是燃烧中的一个重要"因素"；穿过大脑的子弹是死亡的充分原因。在这两个例子中，值得强调的是，我们不需要归纳论点以对这些概括充满信心，正是因为我们对相关的因果机制有很好的理解。

163

第二节　顺　序　比　较

马奥尼可以回应说，上述论点只表明了他所承认的，即名义方法是不够的。在他看来，这些需要用顺序比较来补充。

顺序分析包括根据现象出现的程度，使用具有三个或更多值的变量对案例进

---

7 关于沿着这些线路进行的批判性讨论，参见 Burawoy（1989）、Sewell（1996），借鉴 Burawoy（1989）。斯考切波（Skocpol，1994）对这些批评提出了异议，但她似乎不愿承认，鉴于她明确阐述的目标，这些批评完全是公平的。

行排序。这种分析有助于使用穆勒的共变法[8]，在这种方法中，分析学家试图通过观察顺序测量的说明变量的得分与顺序测量的结果变量的得分之间的关系，来确定因果关系。（Mahoney，1999：353）

这就是蒂利在谈到"教科书和学术论文"时的想法，这些文献认为所有有效的比较都是寻找差异的。这也是那些讨论"因变量"和"自变量"的定量方法的基本逻辑[9]（见附录 A）。

重要的是，因果性不是通过确定必要或充分条件，而是根据相关性来推断的。[10]马奥尼指出，在试图将这种方法与名义方法相结合的过程中，存在许多问题，感兴趣的读者应该仔细考虑。但这里要指出的关键点是我们要承认，虽然相关性可能是因果关系的*证据*，但因果性必须被推断出来。因此，"说明变量与序贯评估中的结果变量有关这一发现并没有表明，人们应如何解释这种关联的性质"（Mahoney，1999：354）。这是大家熟悉的内容，但最值得注意的是，他认为"过程追踪"是这一分析的关键部分。[11]这涉及"确定将说明变量与结果变量联系起来的因果机制"。正文中继续说道，"因果机制可以定义为说明变量对结果变量产生因果影响的过程和干预变量"（Mahoney，1999：363）。

这是一个令人费解的评论，因为它似乎重现了休谟和实在论者之间关于因果性的系统性歧义。"过程"表明实在论的因果性概念，"干预变量"则相反。再举一个酒后驾车的例子。假设说明变量 A、酒后驾车和结果变量 E、汽车事故之间存在相关性。这是真的，因为我们知道存在一种机制可以说明这种相关性。这将是一个复杂的因果故事，涉及酒精对大脑的作用，它如何影响运动控制和感知等。但我们知道，醉酒与事故之间存在因果关系，因为我们知道醉酒是实在论意义上的原因：它不仅与事故"联系"在一起，也不仅仅是"干预变量"；醉酒会*造成*事故（同样，通过众所周知的机制）。

还要注意，相关性不能说明所有事情。事故发生*后*，我们*不是*通过诉诸相关性，而是通过指出——在这种*特定*情况下，司机喝醉了，在背景中带我们对酒精和神经生理学的了解，来说明它的。同理，虽然统计显示吸烟者患肺癌的概率

8　在穆勒的表述中："无论何时，只要某一现象以任何方式变化，而另一现象以某种特定方式发生变化，它要么是该现象的原因或结果，要么是通过一个因果关系事实与之相联系。"

9　值得注意的是，涂尔干（Durkheim，1982）对使用穆勒版本的名义策略的问题非常敏感，并坚持认为马奥尼所称的"顺序评价"是最有用的技术。涂尔干写于线性回归模型发明之前，并遵循了穆勒所谓的共变法。正如马奥尼所写的："顺序分析实际上是比较历史研究者在试图确定少数案例中的线性相关性时，所采用的推理策略。"（Mahoney，1999：353）

10　更精致的线性回归模型也是如此，详见附录 A。

11　另见附录 A "路径分析"。

164

更高（这足以支持禁烟的公共政策），但当不吸烟的山姆患上癌症而吸烟的查理却没有时，相关统计数据就失去了解释力。如上所述，吸烟既不是患肺癌的必要条件，也不是充分条件，但在这里，我们仍然对使这种可能性成为现实的机制一无所知。尽管如此，我们仍然坚信存在这样一个机制。事实上，确定这种机制正是我们研究的目标。历史社会学中存在着类似的对比。但要明确这一点，我们首先需要看看马奥尼关于"因果叙述"的观点。

第三节　因　果　叙　述

这一概念最近变得流行起来，但正如斯考切波（Skocpol，1994：332）所评论的那样，既然"叙述可以以多种方式来结构化"，"建议人们写'叙述'实际上是没有提出任何建议"。马奥尼提出，"这一概念已经得到了人们的广泛研究"，"已经达成了一种共识，即在必须考虑时间顺序、特定事件和路径依赖的情况下，对因果性进行评估，叙述可以是有用的工具"（Mahoney，1999：1164）。但是叙述如何做到这些，目前尚不清楚。[12]对于所涉及的内容，可能有两个截然不同的概念。[13]下面总结了马奥尼对此事的看法。关于因果叙述的方法，他写道：

165

> 分析学家试图通过将变量"分解"为分解事件的组成序列，并对这些分解的序列进行时间比较，来证实整合的跨案例关联。通过叙述来分解整合的变量的目的，不仅是提供对案例的语境描述；而且其目标是在更分散的层次上支持跨案例论证。

> 这种方法依赖于历史叙述……然而，分析学家通过这一过程来决定叙述性说明是否支持因果关系模式，但这一过程尚未明确规定……关于叙述如何与因果推理相结合，事件–结构分析是最成熟的陈述。（Mahoney et al.，2003：365F）

我们可能会注意到两个问题。第一，分解是一种还原策略，旨在提供时间性，但正如休厄尔所写的（遵循布洛维），"通过将凝固的历史时间块分割成人工可

---

12 马奥尼提供了许多文献引用（Mahoney，1999：1164）。他希望弥补两个相当明显的缺陷：缺乏具体的例证，以及叙述与"其他"因果评估策略之间存在的鸿沟。他的例证非常直白，但是，至少在现在的学者看来，这一鸿沟仍然没有填补，见下文。

13 从有用的角度来看，休厄尔确定了概念化时间性的三种方式："目的论时间性""实验时间性""事件时间性"。我们这里不考虑"目的论时间性"，其目的是"抽象导致某种未来历史状态的超历史的过程"（Sewell，1996：247）。到目前为止，很难找到会为这个观点辩护的人，尽管他可能属于某些说明的背景中。但"实验时间性"很好地符合马奥尼对这个问题的看法，而在这里辩护的选项符合休厄尔的"事件时间性"。

互换的单元"，历史"被刻板化"（Sewell，1996：258）；正如休厄尔所说的，
假设的时间性类似于经验语境下可用的那种。这不仅是比较历史片段而对事件进
行"分组"的问题，而且是一个消除时间作为过程的问题。正如布洛维所坚持认
为的那样，它无法弄清楚案例中独特的、连续的展开过程。第二，通过名义和顺
序方法建立的"因果模式"将通过叙述的方式得到"支持"，但"叙述"如何做
到这一点仍不清楚，除非注意到，"非正式叙述表述的清晰性"与"明确图解的
叙述说明的严格性"之间存在"复杂的权衡"（Mahoney et al.，2003：367）。马
奥尼在"明确的图解"上所做的努力并不能简单地转化成因果叙述——除了作为
年表——因为从实在论的理解上，我们有连接项而不是原因。也就是说，我们有
"一系列相互关联的事件"，而不是因果关系的故事。我们也可以注意到，常识战
胜了最仔细的学者。谈到叙述，很容易陷入因果机制的暗示，或未兑现的本票。
事实上，尽管有关于因果性的"官方"学说，但这种引用在社会科学文献和日常
思维与话语中都是司空见惯的。

　　上述假设的对休谟因果性概念的否定之后，出现了一个全然不同的概念。简
单地说，说明结果需要了解事件和决策是如何通过时间受到主流社会机制（过程）
的约束和支持的。要做到这一点，唯一的方法是用历史叙述，将行动、事件和机制
整合成一个具有证据说服力的"故事"。[14]在这种观点上，仍然采用比较法，但它
不是用来寻找必要和充分条件的，而是用来确定在特定情况下运行的因果机制。

　　这些"因果叙述"的概念之间的差异是休厄尔和斯考切波争论的根源。正如
马奥尼所说的，斯考切波*确实*采用了名义和顺序的方法，同时，她也采用了叙述
的方法，但正如这里所说的，穆勒的方法没有也无法产生她所希望的结果。另一
方面，她的叙述与前一段中的描述非常吻合。休厄尔对此的评价十分恰当："她
的书的大部分不是由对比较证据的严格权衡组成，而是由详细构建的因果叙述组
成，这些因果叙述说明了在她的三个案例中社会革命是如何发生的。"（Sewell，
1996：260）正如他所指出的，对她叙述策略的最佳陈述是在脚注中，她说："对
革命的社会科学分析从来没有……给予最初单独确定的过程的联合、展开的相互
作用以足够的分析权衡。"（Skocpol，1979：320，引自 Sewell，1996：260）事
实上，如果我们不谈用穆勒的方法来确定社会革命的"充分特殊原因"，斯考切
波的书中所剩下的东西，正如休厄尔所认同的，是相当有价值的。

　　斯考切波的说明的优势之一在于，对她所认为的现存的社会科学革命理论做

14　将一个说明描述为一个"故事"可以识别它的修辞手法。尽管后现代主义有所借用，"故事"仍可根据其
真实性进行评估，这里的真实性取决于证据、合理性和连贯性。但事实上，可能存在几个相当不错、令人信服的、
合理的说明，见 Hexter（1971）。

166

出了回应。对她来说，"与目前流行的理论所使用的说明模式相比，社会革命应该从结构的角度进行分析"（Skocpol，1979：5）。但这意味着由于实在论的说明概念，说明性概括已被抛弃。她没有系统地分析她对结构概念的使用，但显然受到马克思的影响，而且很明显，她的结构主义所反对的"当前流行的理论"就是她所说的"聚合-心理学理论"。然而，从她对结构的看法来看，更关键的是，它在她的说明中是如何起作用的，我们能够对她的思想做出一些重要的推断。对她来说，结构是确定的关系，客观且不带个人色彩的。它们"决定"、"构型"和"限制"情境中的行动者，尽管它们不同于行动者的实际行为或交易。结构也有"动态"和"逻辑"，这些都可以被发现（尤其是第 14ff 页及以后）。

但事实上，如果我们按照第四章所探讨的对机制的分析来考虑"结构"，我们将拥有她的结构主义观点的所有优点，而没有明显的缺点。也就是说，我们拒斥"唯意志主义"，因为行动者是授权的、受限制的，无论他们是"结构"的典型行为者（"金融家"、"统治阶级"成员等），还是君主和有权势的其他人的行为——在赖特·米尔斯看来，他们这些人是具有重要社会意义的决策者。我们反对具体化的"结构"，并且不认为它有因果地位。相反，社会机制是由人的行动来维持（和改变）的、表征的。但是，尽管行为既受约束又是授权的，但它们并没有被"决定"，这一点适用于典型行为者的行动，以及关键个体或群体的因果行为。偶然性仍然是实际结果的重要特征。

斯考切波没有敏锐地感觉到这个问题。她在每个案例的叙述中都会解决这个问题，包括用机制的本票和关键行为者的关键决策。[15]例如，在注意到"大多数波旁王朝的国王在债务和破产中坚持下来"之后，她想知道为什么"路易十六的麻烦演变成了一场重大危机"（Skocpol，1979：63）。这种机制（以本票的形式）相当简单：在过去，法院可以免除金融家的债务。但当"高级会计师"成为"贵族"并与传统的统治阶级融合时，这就不再可能了。因此，当战争成本上升时，相应地就出现了金融危机。但金融危机也可能得到控制。继而，在 1787 年，另一种机制开始发挥作用："关于君主制财政危机的消息在统治阶级内部引发了普遍

---

15 斯考切波指出，休厄尔"正确地表明，我在 1979 年应该花更多的篇幅来讨论《国家与社会革命》中的调查和表述所涉及的比较结构方法论与情境叙述方法论之间的联系"，她还指出：多年前，马尼卡斯在 1981 年对我的书的一篇评论里（最佳评论之一）提出了一个非常相似的观点。马尼卡斯非常赞赏她的豁达，但现在更清楚的是，问题在于试图将结构分析/情势分析（包括关键的可识别行动者的偶然行为）与旨在提供"社会革命的充分原因"的"解释性概括"结合起来。另一方面，如果休厄尔相信，《国家与社会革命》的叙述成就是存在的——或者本来可能达到的——除了宏观因果比较分析之外"（Skocpol，1994：313），那么，正如她所认为的，他就"大错特错了"。休厄尔正确地看到，宏观因果分析并没有为社会革命提供充分必要条件。但至少在我看来，他并没有否认正确设想的比较的重要性。

的信任危机。"（Skocpol，1979：64）但是，这一叙述仍然十分不完整。因此，"众所周知,国王召开三级会议并不是为了解决皇家金融危机,而是为了发动革命"（Skocpol，1979：65）。她的叙述中充满了这种实例。事实上，如果不提及（典型的）人的行为和主要行为者的因果结果所维持和改变的因果机制，就无法完全解释社会结果。这个故事永远都是复杂和不完整的。

第四节　比较的作用

关于比较在历史社会学中的应用，我们可以通过斯考切波的观察得出结论。她写道：

"比较的历史"通常是相当松散地用来指任何和所有将两个及以上的民族国家、机构复合体或文明的历史轨迹并列起来的研究。在这个非常宽泛的意义上，这一术语指的是具有不同目的的研究。一些……旨在表明特定的一般社会学模型适用于不同的国家语境。另一些研究……则主要利用"比较"来在作为整体的国家和文明之间进行对比。但是有第三种情况……它最重要的意图是发展、测试和完善有关事件或结构的因果、说明性假设，这些假设是民族国家等宏观单位所不可或缺的。（Skocpol，1979：36）

我们同意斯考切波的观点，即第一个目的，即证明一般模型是成立的，但不能持久（见第五章）。第二个目的过于狭隘。第一，我们没有理由限制对被理解为整体的国家或文明进行比较。重要的是尽力去比较社会机制、路径和过程，无论是因为它们的"相似性"，还是它们的差异。第二，其明显的目标是解释这些差异——正如韦伯和巴林顿·摩尔坚持认为的那样。那么，第三个目标是正确的——如果人们放弃了覆盖律模型，而将"因果说明性假设"视为关于社会因果机制的假设。

因此，比较法起着多种作用，但它并没有给出说明性的概括：它确实提出了因果假设（关于因果机制的假设），并且正如斯考切波所说的，"比较历史分析确实为理论推测提供了有价值的检验或锚定"（Skocpol，1979：39）。她恰当地把自己的努力描述为遵循了巴林顿·摩尔提出的路径，但正如我试图表明的那样（第五章），巴林顿·摩尔从根本上讲是韦伯式的历史说明。他的叙述对现代化的三条路径进行了因果说明；斯考切波对现代社会革命的三条路径进行了叙述。如前所述，不同的路径总是会有"相似性"，并且也总是会有重要的差异。

斯考切波的结论是适度的。她对她所定义的"广泛相似性"是否可以应用于她所关注的三个案例之外提出了疑问，并回答"绝对'不可以'"。她给出了两

169

个理由。首先，正如赖特·米尔斯所认为的那样，"变革的机制……随着我们所考察的社会结构而不同"，其次，"革命因果关系的模式和结果必然受到国家权力的基本结构和基础的世界历史变化的影响"（Skocpol，1979：288）。但是为什么停在这里？为什么不断言这对于*所有历史、所有案例、所有结构*都是如此的呢？"相似性"就是：它们既不是充分条件，也不是必要条件。它们没有做出说明。

休厄尔在总结他所谓的"事件社会学"时，很好地总结了问题：

无论是寻找关于所有社会的永恒真理，还是寻找有限历史时期的必然趋势，或是归纳出某些社会现象类别的规律，社会学对社会规律的史诗式探索都是虚假的。社会进程……本质上是偶然的、不连续的和开放的。庞大而烦琐的社会过程永远无法完全免于被动荡和局部社会过程中的微小变化影响。"结构"是由人类行为构造的，而"社会"、"社会形态"或"社会系统"则是由人类创造者的创造力和顽强精神不断塑造和重塑的。（Sewell，1996：272）

170

附录 C
理性选择理论与历史社会学

理性选择理论不仅在一般社会学中，而且在历史社会学中，都已经成为争论的重要组成部分。本附录选取了前几章的几个主题，通过《美国社会学杂志》的近期争论及一部新编论文集展开讨论。[1]希望通过这一争论，既能使问题更加突出，又能进一步证明经验主义科学哲学深远而广泛的影响。

第一节　*AJS* 争论：实在论和因果性

卡尔霍恩正确地指出，这场争论与早期争论之间的一个关键差异是，争议各方都赞同历史社会学中因果解释的中心地位，特别是他们都接受"近年来对'实在论'科学哲学的流行标签"（Calhoun，1998：847）。这里有两个关键问题。

在这场争论中，与之前的争论形成鲜明对比的是，小组中没有人为斯考切波所谓的"解释性历史社会学"辩护。在他们 1991 年的文章中，埃德加·凯泽（Edgar Kiser）和迈克尔·赫克托（Michael Hector）声称："在整个社会科学中存在广泛的共识……因果性是充分解释的第一要求。"（Kiser and Hector，1991：4）这是一个非常可疑的经验主张（萨默斯和卡尔霍恩都提到了）。[2]它通过武断的方式排除了*所有*解释社会学——这种人文科学中至今仍具有重要地位的替代性研究范式。

如第三章所述，解释主义者在他们的解释工作中坚持意义的重要性和思想的重要性，这并非错误：问题在于，如韦伯所指出的，这些是否需要成为更大的因果论证的一部分。解释主义者恰当地拒斥了占主导地位的经验主义解释框架，包

171

1　《美国社会学杂志》（1998 年 11 月，第 104 卷）上的专题讨论起源于 1989 年美国社会学协会会议上的一个历史和理论专题小组。草稿在一些重要作家之间传阅。其结果就是 *AJS* 上的专题讨论，有玛格丽特·萨默斯、埃德加·凯泽、迈克尔·赫克托、克雷格·卡尔霍恩和杰克·戈德斯通（Jack Goldstone）的文稿。在下文中，除非另有说明，对这些作者的引用均来自已发表在专题讨论上的文章，另见 Gould（2004）。

2　卡尔霍恩（Calhoun，1998）的观点可能是正确的，即使在那些从原因的角度来思考解释的人当中，也很少有人批判性地反思这是什么意思——这一点在本卷的大部分内容中都有论述。事实上，正如他后来跟随布东所写的，"社会科学中大多数被认为是因果分析的东西，实际上是对统计变量之间或多或少的'弱蕴涵'的确定"（Calhoun，1998：866）。

括休谟的因果性和覆盖律模型，但是他们没有看到与他们对人类行动的理解相一致的其他选择，他们把婴儿连同洗澡水一起泼了出去。

这是 *AJS* 争论的第二个关键特征。双方，凯泽和赫克托以及萨默斯，都说自己是"实在论者"。这表明曾经占支配地位的经验主义科学哲学正在衰落——至少在一些社会学家中是这样。正如凯泽和赫克托关于解释的主张一样，这也是值得怀疑的——至少如果实在论包括一些关于解释的关键论题。实在论，被理解为一种本体论立场，认为实在并不局限于"经验中"的东西。因此，正如第一章所述，因果机制是不可观测的。这是朝着正确方向迈出的有意义的一步，但这本身不会使大多数社会科学家或大多数普通人感到兴奋。由于其本体论立场，实在论也是一种认识论立场，可以（并且通常确实）接受现在标准的对经验主义认识论的库恩式批评。*AJS* 争论的双方都认为，他们对此有着非常不同的看法——我将在之后重新来探讨这一点。但他们的实在论最明显的问题是因果性的概念和他们的"实在论"解释观。

目前尚不清楚研讨会的学者是否充分吸收了实在论的因果性概念，即本书第一章探讨的任务。[3] 正如第一章所述，在实在论的概念上，原因是*产生*结果的*生成*力量。它们可以用单一的因果陈述来表示，例如"山姆压碎了饼干"，或者用机制的本票来表示："铁因氧化而生锈。"当然，这里的机制在分子化学中得到了充分发展。在这两种情况下，因果关系都不能被理解为类规律的偶然规律。因此，其解释不采用覆盖律模型的形式。萨默斯很清楚这一点，而凯泽和赫克托则表述得不够清晰。因此，卡尔霍恩指出："当凯泽和赫克托提到解释时，他们理所当然地认为这意味着覆盖律模型中的因果解释。"（Calhoun，1998：856）在他们1991年合著的论文中有大量的文本证据证明了这一点，但在他们1998年的论文中却少有。在1991年的文章中，问题似乎源于他们对因果关系的理解——在其间的几年里，这种理解可能发生了变化。例如，在1991年，他们写道："因果一致性意味着事件之间存在类规律的关系……从本质上讲，因果解释是通过将事件归入因果律之下来进行的……因果律，反过来又衍生自一般理论。"（Kiser and Hector，1991：6）

由于实在论的因果性并*不是*依据事件之间的类规律关系来理解的，因此因果解释不包括类规律陈述下的事件，因此这些评论几乎没有任何疑问——至少就1991年他们的立场而言是这样的。萨默斯有充分的理由，坚持认为凯泽和赫克托

172

---

3 卡尔霍恩指出，凯泽和赫克托没有利用巴斯卡尔的研究。萨默斯却这样做了，但他恰恰否定了巴斯卡尔说明的核心观点："因果性存在于实体的*本质属性*中。"（Calhoun，1998：note 13，743f.）见下文。双方似乎都没有意识到罗姆·哈瑞作品中对实在论因果性的广泛发展，特别是与社会科学相关的（Varela and Harré，1996）。

无条理地接受了下述思想，即通过覆盖律模型的科学解释，以及通过机制的"抽象模型"方式的解释——这是明显的实在论方式。第一章提出，这些事实上是不一致的。基本问题可以概括为：覆盖律模型认为待解释项是解释项的*逻辑结果*；本书中辩护的实在论观点认为这是错误的关系：当我们知道什么*产生了*结果时，我们才做出了解释。[4]

　　问题在于，尽管他们经常使用这个术语，但进行讨论的所有学者都无法清楚地阐明他们所说的"因果机制"是什么。凯泽和赫克托注意到，至少在自然科学中，"机制一般通过援引低于所关注结果的分析层级的现象来解释结果"（Kiser and Hector, 1998：790）。但至少在某种程度上，由于一直执着于覆盖律模型，人们并没有关注对因果性和理论的实在论理解如何让我们发挥理解力。在这一点上，萨默斯做得比较好，他举了一个例子。"既然食物含有卡路里，而卡路里就是能量，当我们减少摄入时，身体从外部获取的能量就更少了，所以它就必须转向内部来源，即脂肪的储存，因而，当身体吸收那部分能量时，它就会消耗脂肪，以此类推。"（Somers, 1998：770）正如她所说的，这是一个"因果叙述"，当然，由一系列理论观点所表征的一组粗略的因果机制。大概，在社会科学中会有类似的情况。

第二节　一　般　理　论？

　　凯泽和赫克托（Kiser and Hector, 1998）认为，自己或多或少遵循了一种标准的实在论的理论解释。因此，他们赞同以下两个定义："[理论]是为有关*经验事实*的'为什么'问题提供*可理解的*答案的因果解释"；其次，"理论可以被视为意味着一组假设或主张——人们通过它来接近经验世界的某些部分，以及一组从假设中产生的命题，这些命题涉及世界中这些部分运作的方式，并与对该部分世界的观察进行了对比"（Kiser and Hector, 1998：793, note 20）。这些公式有点像演绎主义，但是用实在论来解释也太过于含糊。如上所述，我们需要更多地

---

　　4 卡尔霍恩表示，"理性选择理论在鼓励更多地强调覆盖律或因果关系，以及因果机制方面发挥了重要作用"，这表明他接受这两种观点可以融合。但他还指出，"凯泽和赫克托实际上对这里涉及的内容有些模糊"（Calhoun, 1998：note 5, 851）。正如卡尔霍恩所暗示的，这里有很多风险。他的注释的其余部分是有帮助的，尤其是他观察到："他们的语言在将机制视为必然从类规律的陈述中推导出来，以及将其视为仅仅是类规律陈述，但不同于蕴涵或相关的关系的陈述之间有所变化。"（Calhoun, 1998：note 5, 851）将机制视为"必然从类规律的陈述中推导出来"，表明存在根本的误解。类规律陈述没有蕴含任何关于机制的性质的内容。它们是理论的问题，并且"事实"（包括已证实的"类规律"的陈述）不足以决定理论。说机制是"不同顺序"的"类规律"陈述也没有帮助，即使机制的各个方面可以用数学表征。见第一章和参考文献。但是因果陈述与蕴涵关系（如 D-N 解释模型中）或"相关"的顺序不同，这一说法是正确的。

了解，理论是如何表征"机制"的，以及它们是如何解释的。

但是，关于"一般理论"的问题，以及凯泽和赫克托到底是什么意思，还存在一个先验的问题。要清楚这一点很重要，因为很可能有充分的理论来解释特定历史的机制，从而产生特定历史的结果，但可能没有有用或有趣的一般理论，来随意地适用于此类结果。正如斯考切波（上文第五章）和本书作者所指出的，这是萨默斯对此事的看法。凯泽和赫克托的立场还不清楚。

在此，我们比较一下分子化学和马克思的《资本论》。分子化学无疑是一个一般理论，因为它提供了一个适用于*所有化学物质*的机制——这些物质无论何时何地，都是化学的：这些机制是永恒的。但马克思的《资本论》中所阐述的理论*只*适用于资本主义社会。事实上，理论化的机制也无法普遍化到对非资本主义政 174 治经济的理解。

凯泽和赫克托写道："尽管科学哲学家认为机制是抽象的和永恒的（Bunge，1996），但我们的批评者[即萨默斯等]更希望它们具有历史特定性。"（Kiser and Hector，1998：796）但是，与凯泽和赫克托的观点相反，科学哲学家必须认真考虑，社会科学中不存在永恒机制，是不是自然世界和社会世界在本体论上存在关键差异的结果。本书的一个主要目标是表明，两个领域中的解释（和理解）都需要对机制进行说明。但同时，本书的一个重要主题也指出，由于本体论上的考虑，两者之间存在重要的不相似性。

凯泽和赫克托希望我们清楚，"[他们的]文章的主要主张是，一般理论在历史解释中是有用的，因为它是因果解释的重要来源。一般理论既提供了激活语境模型的永恒定律（原文如此）……也提供了解决特定实质性问题的必要指导"（Kiser and Hector，1998：793）。这一观点令人费解，特别是我们需要"永恒规律"，并且这些"激活了语境模型"的想法。凯泽和赫克托对他们没有帮助，至少部分是因为对他们是否仍然致力于覆盖律模型感到困惑。

但紧接着引用的文本后面有一个脚注，它开启了新的可能性。他们引用库恩的话写道："'一般理论'为群体提供了首选或允许的类比和隐喻。通过这样做，它们有助于确定将被接受的解释和解决方案；相反，他们也有助于确定有哪些未解决的谜题，并且评估每个谜题的重要性。"（Kiser and Hector，1998：note 21，引自 Kuhn，1970：184）库恩引用的文本并没有提到"一般理论"，而是特别提到了"模型"——"启发式"和"本体论"模型，在这种语境下，库恩明确地提到了，在他放弃了"范式""学科基质"的模糊概念之后，他所指的是什么。这是库恩的一个重要观点，现在在很大程度上是当前科学社会学和实在论科学理论的一部分（Pickering，1992）。

如果"一般理论"是"学科基质"，那么这一困惑是可以解决的。因此，在库恩的框架内，社会科学以*相互矛盾*的学科基质的存在为标志。凯泽和赫克托旨在提供本书中所称的人文科学的元理论：试图阐明什么*应该*被接受作为社会科学的解释和谜题解决方案。事实上，他们明确断言，对他们来说，"所有好的社会学解释必须由单独的论点组成——它们首先是关于个体行动者的动机，其次是关于他们行动发生的语境的模型"（Kiser and Hector, 1998：799-800）。在这篇文章中，他们的 175 "一般理论"告诉我们在哪里寻找原因，以及*社会*机制必须包括什么。在这篇文章中，理性选择理论只是一系列可能的"行动者作为机制"理论之一——包括一些有效地否定了历史的强版本。当然，行动者一直是受驱动的，它们具有生产力——事实上，这一假设对我们理解人是"必要的"。但是它允许产生一些替代机制理论，包括，明确地说，那些在历史上立足于并受限于其应用的理论。正如凯泽和赫克托所说的，它提供了一个可以"激活语境模型的来源……以及解决特定实质性问题所必需的指导"（Kiser and Hector, 1998：793）。同样被排除在外的是替代的"一般理论"——学科基质、元理论——它们在其他地方寻找原因，例如，在社会结构中。[5]

　　同样令人困惑的是，他们认为"从一般理论中得出的机制是可一般化的——它们可用于不同的实体领域和历史时期"（Kiser and Hector, 1998：706）。在这里，他们可能会想到强历史版本的理性选择理论。在任何情况下，人们都会怀疑一般化是否与抽象相混淆。也就是说，从具体到抽象的转变（即抽象化）不应该与从特定实例到所有此类实例的一般化相混淆。因此，如果认为解释日本失业的机制可以适用于理解美国的失业问题，甚至更糟的是，适用于理解中国的失业问题，那就错了。另一方面，至于美国和日本（而不是中国），马克思对资本主义机制的高度抽象的说明适用于所有（且只有）资本主义。这将涉及发现日本和美国的失业机制——但同样，不涉及中国。也就是说，由于良好的历史原因，日本和美国资本主义在关键的相关方面有着*具体的*不同，因此，解释日本失业的机制将不同于解释美国失业的机制，即使资本主义机制在这两国中运行着。同样，假设一个抽象机制的原则是霍布斯主义的观念，即人们寻求权力。如果这不是无意义的（通常是这样），那么为了使它具有解释性，我们必须详细说明人的特殊条件、特定动机和能力。例如，即使在某种高度抽象的层面上人们普遍追求权力，解释君主制继承的社会 176 机制与解释共和制下行政首长权力交接的逻辑框架仍存在本质差异。

　　如前所述，存在着替代性的"一般理论"（"学科基质"）。帕森斯的"一般理论"就是一个明显的替代者。[6]它给出了一个永恒的社会概念，即社会是一个相互

---

5 这种解读很可能被凯泽和赫克托所拒绝。如果是这样，那么或许还有一个持续留存着的覆盖律观点。

6 毫无疑问，"一般理论"这个概念是社会学的发明，受启发于帕森斯的普遍性理论。默顿（Merton, 1957）提出了一个著名的观点，即社会学需要"中层理论"，"一般理论"暗示了这些理论，但它们旨在解决历史上的具体问题。当然，默顿仍然坚持结构功能主义。

连接的系统的集合，每个系统都有不同的功能。它告诉我们，解释是通过识别这些的具体实例，然后显示功能障碍是如何产生的，例如，人格系统的结构和社会系统。事实上，尽管她可能会否认这一点，但萨默斯不可否认也有一个"一般理论"——这里将之理解为一个元理论，它定义了一个好的社会学解释必须包含什么。如前所述，凯泽和赫克托坚持认为，"所有好的社会学解释必须由单独的论点组成——它们首先是关于个体行动者的动机，其次是关于他们行动发生的语境的模型"（Kiser and Hector，1998：799F）。这正是萨默斯所否认的。不幸的是，这场争论被误认为是关于理性选择理论的争论。我们需要澄清这一点，并且提出她的替代性选择。最后，还有一个问题，叙述（若存在的话）在历史社会学的解释中必须发挥什么作用。

第三节　评 价 争 论

我们应该注意到，首先，凯泽和赫克托关于"所有好的社会学解释必须包含什么的"概念与第四章的论点是完全一致的；其次，它反对替代概念，如功能主义理论；最后，正如萨默斯所说的，它不可避免地包括了一些本体论承诺。可以肯定的是，我们可以拒绝这些承诺，但如果是这样，那么就必须做出一些替代的承诺。[7]萨默斯完全理解了凯泽和赫克托元理论的本体论承诺——即使有时她以某种扭曲的方式来表达这些承诺。

177

因此，她写道，"存在对因果本体论的一种承诺，在这种本体论中，行动者的意向性被假定为社会世界中运行的先验因果力/机制"（Somers，1998：750）。事实上，行动者的意向性*被*假定为社会世界中起作用的因果力，但是，我们可能会问，为什么这种假设是先验的？当然，经验中的*每件事物*都表明，行动者是原因，而行为是"有意向的"，即使它并不总是自我意识的，即使它的结果也并不是有意的？[8]

她的一些批评似乎很有道理，但与"行动者是原因"，或"因果机制必须是行动发生的语境的模型"的基本观点相比，又似乎*没有*道理。她的批评与理性选

7　萨默斯写道："尽管有一些社会科学家的声明，但所有的知识理论都或多或少在，作为社会分析基本单位的个体或社会结构之间做出了明确的本体论选择。"（Somers，1998：750）本卷的论点站在"个体"这一边，认为它是社会中唯一的因果力，但也坚持认为，对社会结构吉登斯式解释给了我们所需要的一切来避免"方法论个体主义"的陷阱。但这似乎意味着，如果萨默斯拒绝将行动者作为原因，那么社会结构就会进行解释。

8　同样不清楚的是，行动者的因果能力是"外源的"（Somers，1998：750）是什么意思，除非或许她依据心灵主义术语来思考行动者的因果关系。因此，"这一理论的解释工作是由倾向性的行动者意向性的这个不变的因果机制来进行的，这种机制必然（在没有约束的情况下）导致意图转化为行动，无论它们是理性的还是非理性的"（Somers，1998：751）。此外，行为者有理由采取他们的行动，并且理由是相当合法的原因。但这并不需要笛卡儿的形而上学。事实上，它们并不一致。

择理论的版本相比是恰当的——至少在她看来是这样的。因此，她抨击了"本质主义"和霍布斯主义的"前社会"概念，该概念假定"不仅存在固定的唯我论身份，而且存在生来就预先设定的本体论实体，是通过本质内在的因果机制（作为原因的理由）来驱动它们自主动力的行动"（Somers，1998：764）。但是，以行动者为中心的本体论（包括有趣的理性选择理论版本）并没有*要求*，人是"前社会"的，或者他们有固定的唯我身份。当然，人们的行为是有理由（reason）的，正如第二章所述，理由被恰当地理解为原因。

可以肯定的是，许多理性选择理论都是霍布斯主义的，而且就卢梭所说的，霍布斯主义理论存在错误而言，总是存在错误的。[9]另一方面，如果它被足够弱化，那么尽管它能看到行动者是原因，但它是否不再是它自己所声称的那种理论，我们尚不清楚。[10]

第四节　"理论实在论"和"关系实在论"

这些术语是萨默斯的，正如凯泽和赫克托所看到的，"尽管她声称我们都坚信认识论上的实在论，但我们与萨默斯的哲学有着深刻的差异"（Somers，1998：88）。本节主要致力于探讨一种本体论，萨默斯以之来替代凯泽和赫克托的"行动者作为机制"的本体论。但要做到这一点，我们需要更详细地探讨，萨默斯如何看待这两种实在论。　　　　　　　　　　　　　　　　　　　　　　　　　　　　178

首先，萨默斯似乎认为，后实证主义的、后库恩主义的认识论将"理论实在论"与"关系现实主义"区分了开来，但这一点还并不明晰。一方面，尽管她拒斥理论本身旨在表征现实的观点，但她也认为，"关系实在论者相信决定哪些理论更能表征现实具有重要意义"（Somers，1998：745）。[11]因此在这一点上，萨默斯与凯泽和赫克托之间不存在争论。她承认，坚持理论旨在表征现实的实在论

9　在他那本很少被人阅读的《论人类不平等的起源》（*Discourse on the Origin of Inequality*）中。

10　其中的例子是关于所谓的"交换理论"的著作，例如，Blau（1964）和 Coleman（1988，1990）。另见 Chai（2001）。

11　她还写道，这两种实在论的不同之处在于，"虽然理论实在论将本体论的真理归于*理论*现象（例如，电子理论或市场均衡理论），但关系实在论关注现象本身的关系效应（例如，假设的电子对其环境的影响，或假设的市场力量对可观测数据的影响）"（Somers，1998：745）。这令人费解。这句话有点像经验主义者把理论实体理解为"方便的虚构"。但毫无疑问，如果电子要有"影响"，那么它就必须存在。只有当理论化的实体及其权力是理论本体论的一部分时，机制才能解释经验结果。另一方面，萨默斯对新古典理论所提供的解释的批判，正是站在这一立场上的。她写道，人们无法用基于边际成本的管理决策来解释价格，这正是因为管理者"丝毫不了解，生产某种产品的边际成本到底是多少"。她恰当地指出："要有解释的原因，这个原因就必须存在。"（Somers，1998：770）

者，例如巴斯卡尔，也对"任何给定的关于世界的理论的绝对真理持有不可知论的观点"（Somers，1998：744）。所以，尽管她偶尔会夸张地攻击凯泽和赫克托的"理论实在论"，但这也不是什么问题。最后，目前，双方可以就对经验主义认识论的标准批评达成一致，包括后库恩社会学家和科学知识哲学家进行的转向。因此，他们可以反对培根的归纳概念、波普尔的证伪概念，并同意库恩的观点，即"在任何给定时间，只有某些类型的机制被相关科学共同体认为是合理的"（Kiser and Hector，1991：6）。

　　两种观点之间的差异在萨默斯的论述中最为明显，例如，她说"不存在普遍有效的逻辑推理原则，只有问题导向的原则"（Somers，1998：766），并且她否认"本质主义"，即"一种寻求事物的'本质'以获取有关事物'真实'本质和行为的信息的哲学"（Somers，1998：764）。这些都是实质性的差异，事实上，凯泽和赫克托毫无理由地做出推断，如果逻辑是"文化约束的"，那么萨默斯则致力于一个极端相对主义的认识论立场——她似乎在其他地方否认这种立场。更重要的是，考虑到她对这些问题的看法，我们尚不清楚她的"关系实在论"是否能够像实在论哲学或科学知识社会学目前所理解的那样，对科学实践进行合理的说明（Hacking，1992，2000）。另外，由于他们利用了现在被广泛接受的对实证主义科学哲学的批评，所以对凯泽和赫克托努力确定理论可接受性的标准的一些攻击是正中靶心的。[12]与此同时，萨默斯替代凯泽和赫克托观点的方案最初的大部分合理性都是她从库恩的研究中汲取的，包括她关于"解释结构中的路径依赖和因果叙事"（Somers，1998：731）的主要主张。[13]

　　但是，在研究这一重要的思路之前，我们需要考察萨默斯的关系实在论本体论替代"行动者作为机制"的本体论。不幸的是，在这里我们几乎无法得到什么帮助。她写道：

　　首先，假设我们既不是单细胞生物也不是自我推进的实体，而是"社会建构的身份之间偶然、短暂的联系"（Tilly，1995：1595），关系实用主义本体论认为社会分析的基本单位既不是个体行动者（行动者、行为者、个人、公司），也不是整体结构（社会、秩序、社会结构），而是身份之间相互作用的关系过程。（Somers，1998：767）

　　12 参见戈德斯通对这些问题的有益评论。萨默斯对"理论实在论"的一些批评依赖于对凯泽和赫克托的观点的扭曲（就像他们坚持的那样）。

　　13 值得称赞的是，萨默斯在这里提出了一些新颖的见解，但人们可能对她关于库恩遗产的许多主张表示怀疑。例如，大量的反实在论者，甚至后现代主义的反科学思想都得益于对库恩的解读。理查德·罗蒂（Richard Rorty）的一些著作就是很好的例子。

如前所述，在以行动者为中心的方法的学者的纲领中，没有任何内容要求人是"单细胞生物"（自足的、完整的和独立的），因此，也没有任何内容要求否认身份是社会建构的，或者人们处于本身是偶然的和变化的关系中。当然，如果自我推进意味着能够行动的话，那么人肯定是自我推进的。因此，我们尚不清楚，她的假设是否算作一个论证——甚至是支持她的替代性本体论的论证的开始。

很明显，萨默斯想要反对这样的观点，即通过消除二分法的任何一端来"解决"行动者/结构二元论；尽管她有着良好的意图，但她似乎非常想产生一种结构主义本体论，这种本体论（沿袭了她对凯泽和赫克托的本体论的拒绝）确实消除了能动性。[14]实际上，我们很难看出她思考的是什么样的机制。她写道，"因果性的基本机制不在离散的行动者中，而是在*行动者相互作用的途径中……*"（Somers，1998：768）这里的关键词似乎是"途径"，因为很明显，"行动者作为机制"的观点侧重于"行动者相互作用"。[15]那么，"途径"的力量是什么？更糟的是，她似乎陷入了一种黑格尔式的陷阱。她写道： 180

> 关系实在论用一种网络的语言和关系的语言，代替了一种本质的和内在因果属性的语言，这些网络和关系不是预先确定的，而是由未确定的研究对象决定的。关系主体彼此之间没有关联，只是经验上相连；它们是本体上相关的，因此一个身份只能通过其在网络中与其他身份相关的"位置"而被解释。（Somers，1998：767）

从表面上看，这似乎与蒂利文章中的关于"社会建构的身份之间的偶然的、短暂的联系"的文本相矛盾。至少看起来，如果关系是"偶然的和短暂的"，那么它们就不可能在本体论上是相关的。事实上，她的观点似乎至少把我们直接引向了历史唯心主义所推动的古老的本体论争论："内部"与"外部关系"的相关性。[16]黑格尔（和黑格尔式的马克思主义者）认为*所有*关系都是内部的：真理是

14　她关于这一点的一些评论很难理解。例如，她的第一个"限制原则"是"对某种理论社会动态（如性别、效用最大化、阶级斗争）因果力的信念独立于对任何一个特定理论的信念"（Somers，1998：766）。这似乎意味着，她所支持的本体论是理论中立的——当然，事实并非如此。如果性别歧视和阶级斗争不能依据行动者使用手头材料的行动来理解，那么如何理解它们呢？同样，"关系实在论者会用实用主义的推理来论证，不管任何特定的理论概念，如'性别角色'、'性别分工'或'性别'的宿命或方式——每一个都代表着一个不可观察的假设现实的不同的因果概念——我们有理由相信某些术语的因果力，这些术语出于一个原因在很大程度上试图表示：当我们给婴儿穿蓝色衣服时，我们可以观察到，人们对待这个婴儿的方式不同于我们给这个婴儿穿粉红色衣服"（Somers，1998：744）。好吧，但是哪个机制理论帮助我们理解这一点呢？ 181

15　在一个脚注中，她注意到，她的关系实在论"在网络理论中找到了分析的归宿"（Somers，1998：note 29，768），但是人们仍然可以寻找机制，仍然可以提供一个行动者即机制的说明。

16　如果 *a* 和 *b* 是什么取决于其存在于关系 *aRb* 中，那么关系 *aRb* 就是内在的。相反，如果 *a* 和 *b* 是什么独立于 R，那么关系 *aRb* 是外部的。

整体的。因此，这是一个深刻的现实关系概念。相反，经验主义者认为所有的关系都是外部的，世界上没有什么是本质的。实在论者认为，存在着内部关系，如兄弟/姐妹、资本家/工薪工人，这些关系是理解他们"动态"的关键部分。[17]然而，这一切与"身份"问题有何关系就是另一个问题了。

第五节　历史的形而上学

显然，萨默斯非常希望保留历史中的偶然性，但尚不清楚这如何理解。问题在于*路径依赖*的概念。戈德斯通首先指出，这个术语是从严格意义上的系统属性中借用的。[18]但如果萨默斯并未假设社会是这种意义上的系统，那么我们必须认为这更像是一个隐喻。但是，路径依赖作为一个隐喻的主要概念并不明显：它不可能意味着一旦走上一条路径，就注定要继续走下去。这将使"路径"变成没有出口的高速公路！[19]或许下面这样的描述更合适：因为"结构"体现在行动中，而行动始终是历史的产物，所以历史中既有变化又有连续性。路径依赖似乎可以简化为一个近乎不证自明的真理：即使有变化，也会有连续性，过去是无法重复的。当然，确实发生了巨大的变化，而且这些变化有时的确标志着一条新路径出现，因为一些重要的之前的可能性被取消了，而另一些则成为可能。发动战争是一个明显的例子。至于戈德斯通所指的系统，我们可以说是"另一次运行"。但这在历史上是不合理的。不存在一套历史进行的"初始条件"，不仅因为不存在"初到之日"（day one），而且因为*每一个*行为和事件都有助于"创造"历史。从目前的观点来看，由于它采取了与历史分析不同的假设，"路径依赖"充其量只是一个误导性的隐喻。"路径"是历史遗留下来的，它可以激发和限制当前的行动；但是由于我们没有"被锁定在路径中"，因此它们也就不能决定未来。

萨默斯也正确地认识到，在历史中，既没有规律，也没有一套条件可以进行182　确定性计算。因此，戈德斯通认为：

---

17 "自然类"也是如此。若不溶于水，就不是盐，参见 Kripke（1982）。

18 戈德斯通总结道："路径依赖是系统的一个属性，使得在一段时间内结果不由任何一组特定的初始条件所决定。相反，在表现出路径依赖性的系统中，结果与初始条件随机相关，并且在系统的任何给定'运行'中获得的特定结果，依赖于初始条件和结果之间的中间事件的选择或结果。"（Goldstone，1998：834）但其中没有任何内容涉及解释中间事件的选择或结果的努力。

19 另见劳森（Lawson，1997：251）写道："我担心的是，在不注意表述方式的情况下，所辩护的方法允许，甚至鼓励这样一种推论，即一旦提供了一种社会组织形式或一种技术是如何建立起来的说明，这或多或少就是严肃考察的终结……它促进了这样一种观点，即一旦一种技术或社会结构到位，那么它就可以被视为永久固定的；过去不仅持存，而且完全是决定的。"

萨默斯和其他理性选择理论批评者所回应的是，一些理性选择理论实践者倾向于极度简化初始条件的实际复杂性，以便对社会结果进行确定性计算……许多初始条件和相互作用都是不确定的——比如波利亚瓮（Polya urn）的路径依赖。大多数 RCT 理论家对这样的问题不感兴趣……这种研究旨趣上的差异正是导致理论经济学家和经济史学家之间冲突或误解的原因。（Somers，1998：840）

但这种差异不仅仅是"研究旨趣"的问题，更深层的原因是在解释和历史的形而上学上的差异。也就是说，RCT 理论家和数学经济学家一样，接受了 D-N 解释模型，他们是历史无关的，他们没有看到闭合的缺失会造成什么样的后果。人们通过从前提集合中计算结果来获得"确定的"结果，但是，正如历史学家所认为的那样，这并不是历史结果产生或解释的过程。

第六节　"普遍规律"和机制

为了解释一些*实际的*结果，我们需要回到过去，并依次确定相关的原因，因为它们结合在一起产生了结果。这需要一种叙述，将关键行动和事件与依据社会机制来控制的现行社会过程联系起来。

戈德斯通认为我们需要"规律"来做到这一点。他举例说明了理性选择理论的"规律"，即"人们通过与他人互动，力求将他们的幸福最大化，而幸福通常以财富、权力或地位来定义"（Goldstone，1998：833）。第一，在这种情况下（以及其他类似情况）存在一种持续的诱惑，即将规律还原为重言式：任何事情都可以算作追寻权力的一个实例。[20]第二，这种"类规律"的断言是一种概括，而不是一种规律，因为如果它不是重言式的话，就没有"规则性"的含义。[21]可以肯定的是，它可能仍然是一个有用的*概括*：有些行为确实是出于追寻权力的动机。戈德斯通坚信，萨默斯的假设是错误的，因为尽管她拒绝"普遍规律"，但她仍　　183

20　韦伯在《罗雪尔与克尼斯》（1975 年）一书中，有一段关于历史解释中"规律"概念的讨论。他引用了幽默作家布施（Busch）的一句话："无论谁非要在痛苦时表现得很高兴，都不会使其他人感觉到高兴。"韦伯指出，布施正确地认识到这不是"一个必然真理"：它是一个非法则的概括。他还指出，任何一个被适当社会化的人都会有一堆这样的概括——否则他们很难在社会中继续下去。那么，"（解释性学科）规定旨在实现抽象的特殊概括和所谓的'规律'是否有科学意义？……这个方案有望产生与它们具体问题相关的新的有用见解吗？*一般来说*，这绝不是不证自明的事实"（Weber，1975：107）。

21　"类规律"一词的危害是无穷无尽的。大多数都只是概括，即使是真的，也不能声称必然性——法则的关键属性。历史中有很多概括，但没有历史性"规律"，因为行动者总是可以采取其他的行动。

然诉诸它们。根据他所说，她一定是错误的，因为"不主张必然的或可能的联系，就*没有*因果解释——它就是那样发生的"（Somers，1998：833）。但戈德斯通似乎受到了休谟的因果性的束缚，在休谟的因果性中，真的类规律的句子提供了因果联系。关于反射定律，他说，"实证主义者可以陈述说明所有观察结果的普遍规律，并对此感到满足。然而，实在论者可能希望进一步解释是什么事件或原则支配了这一结果"（Somers，1998：833）。但即使给定入射角和反射角之间有完美的观测相关性，这也不能说明观测结果（即使它允许预测）。当然，一旦我们有了机制，我们就可以"说明"观测结果。事实上，考虑到对机制的理解，这种关系被证明是规则性的：它*必须是*它本来的样子。

但即使我们把这个问题搁置一边，戈德斯通也承认，这种霍布斯式的"规律"对于解释特定国家历史为何会形成特定发展轨迹几乎无能为力（Somers，1998：833）。因此，为了解释18世纪英格兰超过荷兰的原因，"我们必须通过*特定历史背景下特定历史行为者*的行动来追溯这一特定原则的功能"（Somers，1998：834）。的确如此。但是，我们不需要"规律"来表明，他们的行动不是"以这种方式发生的"。当我们知道某个特定的行为者做出选择的特定动机、期望和特定条件时，我们对该特定行为者的特定决定有了*因果解释*。大致来说，如果人们有理由采取行动，因为理由是原因，所以行动不需要覆盖律。虽然在某些特定的情况下，可能行为者有动机去追寻权力，但并不要求这一"原则"对于解释来说是必要的，也不要求"原则"在任何情况下都适用。

同样，关于戈德斯通的观察，萨默斯认为"早期的制度不可避免地会给后来的制度留下深刻的印象"。这种被戈德斯通称为"历史沉淀规律"的概括，就像霍布斯"规律"一样，并没有带我们走多远：同样，我们需要特定的社会机制。因此，为了解释复制*和*变化，我们需要（正如戈德斯通似乎同意的那样）了解14世纪英国、法国或荷兰特定群体和关键行为者的动机、期望和行动条件。尽管我们的叙述毫无疑问会提到行为者的决定，正如赖特·米尔斯所说的，这些决定具有重要社会意义，但不仅仅"创造了历史"。我们不能在没有提到路易十六的行为的情况下解释法国大革命，也不能在不理解巴黎无套裤汉、法国贵族和法国农村农民行动的情况下说明法国大革命。但这假设了（如果是自然的）*典型行为者*的观点——他们每一个人都依靠手头的材料行事。

184

*AJS*争论表明，即使是在高度自觉和富有经验的学者中，仍存在相当多的粗陋的经验主义哲学。如果前面的分析和批评恰当，那么争论的双方，虽然名义上是"实在论者"，却看不到实在论的因果性概念与传统的休谟的恒常联结观点之间的深刻区别。事实上，它在理论和解释方面的影响是巨大的。同样地，虽然凯泽和赫克托在解释社会结果时正确地坚持能动性的因果优先

性，但理性选择理论作为一种"一般"理论却不能完成他们想要的工作。最后，萨默斯有充分的理由拒绝一般理论，并且坚持历史在说明中的重要性，但她的"相对主义"——显然是无行动者的，相比它能解决的问题，反而会引发更多的问题。

185

附录 D
新古典模型

对于感兴趣的读者来说，本附录为新古典经济学的讨论增添了一些细节和论据。按照豪斯曼（Hausman，1984）的观点，将"均衡理论"与"一般均衡理论"区别开来可能比较方便。静态均衡理论可根据以下基本假设进行定义。这些构成了主流微观经济学的核心：

（1）对于任何个体 A 和任意两个选项 x 和 y，以下有且只有一个是正确的：A 喜欢 x 胜过 y，A 喜欢 y 胜过 x，A 对 x 和 y 无差异。

（2）A 在选项中的偏好是可传递的。（如果 A 喜欢 x 胜过 y，喜欢 y 胜过 z，则 A 喜欢 x 胜过 z。）

（3）当且仅当 A 喜欢 x 胜过 y 时，A 喜欢 x 胜过 y 时，A 试图最大化他或她的效用。如果 A 对两种选项无差别，则它们的效用相等。

（4）如果选项 x 正在收购商品束 x'，而选项 y 正在收购商品束 y'，并且 y 至少包含与 x 相同的商品，并且至少有一种商品比 x 更多，那么所有经济行为者都喜欢 y 胜过 x。

（5）商品 c 对经济行为者 A 的边际效用是 A 所拥有的 c 数量的递减函数。

上述假设定义了行为者的合理性。以下则定义了生产假设。

（6）当我们增加对生产的投入时，在其他条件相同的情况下，产量会增加，但在某一点之后，增长速度会变慢。

（7）增加所有投入到生产中会使产量增加相同的比例。生产集是缓慢凸状递增的。

186　（8）企业试图通过降低与收入相关的成本来实现利润最大化。

正如豪斯曼所指出的，这个简短的总结是粗糙的、错误的和不完整的：粗糙是因为该理论可以更准确地进行表述，错误是因为新古典经济学家并不总是利用所有这些假设，不完整则有两个原因。首先，作为背景的一部分，对常用的数学方法做出了假设。事实上，这个理论的全部力量在于，它可以进行数学表征。这是归于"物理嫉妒"的一个特征，在"物理嫉妒"中，对物理的理解是依据实证主义科学理论的。其次，更明显的是，必须做出一系列强有力但更狭隘的假设。在竞争的市场模型中，我们必须假定每个市场都有许多买方和卖方，并且每个买

方和卖方都可以轻易进出。在"不完全竞争"的条件下，这些都比较宽松。这包括
垄断，即"不完全竞争"的极限状态，以及寡头垄断，即几家大型公司主导市场，
存在进入壁垒，供应商生产相对类似的产品。一般均衡理论进一步假设，每个人都
有所有相关信息，许多市场之间存在相互依赖关系，商品（包括劳动力）是无限可
分割的。最后一个是至关重要的，因为微积分是编写和求解定义均衡的方程组的必
不可少的工具。但是，举例来说，如果劳动没有边际产品，而只有平均或分段产品，
那么劳动的边际生产率是一种数学虚构，对计算有用，但缺乏经验现实。

以典型的"演绎主义"的方式，许多命题可以严格地从前面推导出来，例如，
当供不应求时，价格会上涨。让我们描绘一下这是如何进行的。

如前所述，命题（1）至（5）定义了合理性。然后我们构建了"无差异曲线"，
它表征了行为者对两个项目（如苹果和香蕉）的偏好。在两人交换中，当两人都
是理性的，并且追求极大极小策略时，就达到了均衡（看不见的手）。例如，如
果我们对苹果的测量表示在垂直线上，对香蕉的测量表示在水平线上（图 1），
则会有无穷多的苹果和香蕉束，O 对这些保持中立。距 O 点较远的每束都表示偏
好（曲线 O_2 胜过 O_1）。曲线是凸状的，因为我们假设苹果和香蕉的边际效用在
减少。也就是说，经过一定的量（一个人不能吃那么多香蕉）之后，商品的每一
次额外消耗都会有递减的效用。对于 X 而言同理，画出它对这一束凸向 X 的无差
异图。如果他们是理性的，他们将不会在 P 或 S 点停止交易，因为有一方会意识
到交易对他不利。它们在 T 点达到均衡：任何一方都无法在不使另一方受损的情
况下获得更多收益，即帕累托最优的定义。[1]

187

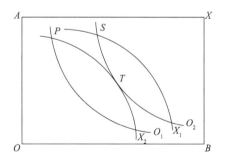

图 1 行为者对香蕉和苹果的偏好示意图

---

1 无差异曲线分析归功于经济学家兼社会学家帕累托。正如戴克所展示的，为了构建一条无差异曲线，我们
必须假设选择是成对进行的，并且这假设了无关选项独立性，偏好可以按顺序排列。因此，选择只依赖于将一个
系列与另一个系列进行比较。关键是我们很少处于这种状况。例如，在两种早餐麦片之间做选择可能是一种"纯
粹的偏好"，但在一种所需药物和一种早餐麦片之间的选择通常不是。正如戴克指出的，选择一个事物而非另一个
事物有很多原因，包括可用性、未来需求、预算限制等。戴克的说明（Dyke，1981：114-116）非常好。

如果我们引入货币作为"价值标准"，我们在垂直轴上表示（比如）苹果的价格（图2）。这是 O 对苹果的需求曲线，她会以什么价格购买什么苹果。因为买家是理性的，所以它是下降的。价格代表机会成本，即其他商品必须牺牲。考虑到一定数量的收入（预算），O 的问题是分配她的钱，以使效用最大化（根据合理性的假设）。我们可以表示 X 的供给曲线，她将以什么价格供应什么。由于她也是理性的（在纯粹竞争的情况下），供应曲线会向上倾斜。作为边际生产率下降的条件，供给曲线呈上升趋势。

弹性的概念在这里是有意义的。当需求量（或供应量）回应价格时，曲线是弹性的。奥克斯费尔迪特（Oxenfeldt）提出，经济学家关于需求弹性的观点的贡献"可能是负值"。第一，尽管理论承认这种弹性在需求曲线的相关延伸上（在需求曲线既不是垂直的也不是水平的）并不一致，但总是做出简化假设。这会造成相当大的危害。第二，商人使用了一种更为简单的替代方法："降价对单位产品销售额的影响可以用增加的单位数量来表示，这些增加的单位是由于给定的美元以降价形式的'支出'而卖出去的。"（Oxenfeldt，1963：73）

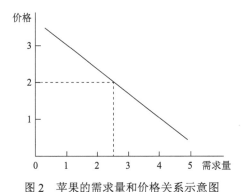

图 2　苹果的需求量和价格关系示意图

第一节　不完全竞争

但更糟糕的是，在不完全竞争的条件下，不仅弹性在供求曲线的相关延伸上不均衡，而且在"短期"内，曲线将极度缺乏价格弹性：对于某些商品，如电力，存在公共垄断，消费者别无选择，只能购买该服务。同样地，生产者在短期内不经常增加产量以应对更高的需求：反而，他们会获得意外利润。[2]但是这里的重点不是垄断或寡头垄断是否如该理论所定义的那样效率低下（见下文）；只有在不

---

2 长期是一个绝佳的理论逃避，但正如约翰·凯恩斯（John Keynes）所言："从长期来看，我们都会死。"

完全竞争中，竞争均衡模型不成立，所以，价格不是倾斜的供求曲线的交叉点，因为它们是由该理论构造的。

189

众所周知，没有适当的寡头竞争经济理论来说明价格和产量是如何确定的，除非是说公司不参与明显的相互破坏的价格竞争，并且它们仍然处于一种竞争环境中，在这种环境中，它们必须不断地采用非价格竞争形式（Galbraith，1968；Baran and Sweezy，1968）。另一方面，由于对于主流而言，不完全竞争仍然被视为"特殊情况"，缺乏严格的理论并不被视为灾难。[3]但当然，不参与价格竞争的公司的行为对于理解当代市场资本主义具有相当重要的意义，包括"消费主义"、全球不平等和持续存在的系统稳定性问题。

在纯粹竞争的市场中，主流理论告诉我们，广告只提供信息是没有收益的，因为响应市场需求的公司会生产相同的产品，并以均衡价格出售所有的产品。同样，在主流观点中，所有的成本——包括相应的促销的巨大成本——都是"必要的"。但这引发了托斯丹·范伯伦提出的关于系统合理性的问题：他写道：

生产商一直在不断地关注产品的可销售性，因此，账面上作为生产成本出现的大部分应适当计入可销售外观的生产中。工艺和销售技巧之间的区别已经以这种方式模糊了，因为市场上生产的许多产品的车间成本主要由可销售的（通常是华而不实的）外观产生。[4]

190

范伯伦在 1923 年的著作中写道，他只看到了这个"模糊"的开始，而这种模糊随着近年来广告的急剧增长，使得生产单位成了营销部门的"奴仆"。巴兰（Baran）和斯威齐（Sweezy）引用了一位赞同这一戏剧性变化的辩护者的话：

事实上，广义地说，销售或营销可以包括从产品设计到定价和广告，再到上

3　约瑟夫·熊彼特（Joseph A. Schumpeter）说："在所有种类的市场模式中，纯垄断或完全垄断和纯竞争或完全竞争由于某些属性而突出——其中最重要的是，这两种情况适于通过相对简单和（通常）唯一确定的理性图式来处理——另一方面，在实践中发生的绝大多数情况都只不过是这两种情况的混合和混杂，那么接受纯垄断和纯竞争是两种真正的或基本的模式，并着手调查它们是如何运作的，似乎是很自然的。"（Schumpeter，1954：975）不幸的是，现实是为了严格而牺牲的。见 Schumpeter（1954：962-985，1150-1152），另见 Brakman 和 Heijdra（2001）。编者注意到，垄断竞争理论有两次"革命"，第一次是由罗宾逊（Robinson，1969）和张伯伦（Chamberlin，1962）在 20 世纪 30 年代发起的，第二次是由迪克西（Dixit）和施蒂格利茨（Stiglitz）在 1977 年发起的。根据他们的说法，第一次失败了，因为它缺乏一个合适的模型。第二次尝试"引入了一种形式化，它具有垄断竞争的所有特征，但更容易运作"（Brakman and Heijdra，2001：1-2）。但他们也注意到，这种形式化存在严重的问题，即使对他们来说，它也表现出了希望。

4　Baran 和 Sweezy（1968：133），引自 Veblen, *Absentee Ownership and Business Enterprise in Recent Times*, p. 300. 巴兰和斯威齐的说明也利用了 Chamberlin（1962）和 Kalecki（1965）的观点，仍然是非常有用的。

门推销和特价清仓的整个营销活动范围，它不仅是自由社会的象征，而且是在我们这个特别自由的社会中日益增长的运营的必然性。[5]

可以肯定的是，消费主义是"我们这个特别自由的社会"的一个衡量标准，是"运营的必然性"，但马克思已经对此做出了说明，凯恩斯也曾暗示过这一点，同时，这也是巴兰和斯威齐的中心主题。常识告诉我们，如果该系统要自我复制，就必须出售生产的商品，除非以某种方式保证消费，否则该系统就会陷入危机。正如亨利·福特（Henry Ford）所指出的那样，问题在于，工人阶级不仅有意愿购买正在生产的产品，而且他们必须有足够的收入来购买。当然，对于马克思主义者来说，这是一个资本主义无法提供彻底解决方案的问题（Harvey，1987）。

第二节　微观和宏观理论

现在是概括凯恩斯的贡献的好时机。尽管误解凯恩斯在所难免，但他在理论上并不激进，保留了马歇尔和庇古留下的大部分思想元素。事实上，尽管他的研究与他的主要担忧有关，但 20 世纪 30 年代早期琼·罗宾逊（Joan Robinson）和张伯伦对传统价格理论的抨击没有对其研究造成影响。"正如罗伯特·卢卡斯在20 世纪 70 年代初反复指出的那样，研究生在周一/周三的微观经济课程中学习一种东西，在周二和周四的宏观经济课程中学习另一种东西。"（Boettke，1997：36）[6]萨缪尔森（Samuelson，1947）是使得该系统运行起来的关键人物，但他对新古典主义传统和凯恩斯的综合是否是连贯的，仍然受到了很多争议。正如勃特克所写的："萨缪尔森的综合创造了一个相当奇怪的一般均衡经济学与凯恩斯宏观经济学的混合体。"（Boettke，1997：36）事实上，对于巴兰和斯威齐来说："彻底重新整合这两个层次的分析所产生的影响——用垄断价格体系取代传统的竞争体系，并且分析其对整个经济的影响——对资本主义将之视为理性社会秩序的主张是毁灭性的，这一主张有助于促进其成员福利和幸福。"（Baran and Sweezy，1968：56）

古典理论与凯恩斯的观点之间的联系在于劳动力市场。据推测，依照标准的观点，在商品和劳动力市场完全竞争的情况下，减薪会扩大就业，从而扩大消费。

---

5 Baran 和 Sweezy（1968：124），引自 Dexter M. Keezer and Associates, *New Forces in American Business*, p. 90. 相比之下，人们会想到万斯·帕卡德（Vance Packard）的重要著作《浪费的制造者》（*The Waste Makers*，1960 年）。

6 理性选择论者倾向于持更为乐观的观点，并且认为在经济学中，微观和宏观的差距已经缩小。

总是存在一个工资率，不管有多低，都会产生充分就业。与新古典主义传统最关键的背离是凯恩斯对萨伊定律的颠覆，即在竞争性市场中，由于供给创造了其需求，一般的供过于求或失业是不可能发生的。[7]但是，正如勃特克指出的："如果劳动力市场处于竞争均衡状态，这意味着已达到充分就业的产出水平，即没有宏观经济问题。"（Boettke，1997：36）以下是凯恩斯对这个观点的反驳：

当就业增加时，总实际收入也会增加。共同体的心理是这样的：当总实际收入增加时，总消费增加，但没有收入增加得多。因此，如果所有增加的就业都致力于满足增加的即时消费的需求，雇主将蒙受损失。因此，为了满足任何数量的就业，必须有足够的现有投资来吸收总产出的超额部分，也就是当就业处于给定水平时，总产出超过共同体选择消费的部分。因为除非有这么多的投资，否则企业家的收入将少于诱导他们提供给定数量的就业所需的收入。因此，考虑到我们所谓的共同体的消费倾向，就业的均衡水平将取决于当前投资量。而当前投资量又取决于我们所谓的投资诱因；投资诱因则取决于资本边际效率的计划与各种期限和风险贷款的复杂利率之间的关系……一般来说，我们没有理由期望［就业的均衡水平］等于充分就业。与充分就业相关联的有效需求是一种特殊情况，只有当消费倾向和投资诱因彼此之间存在特定关系时才会实现……但是，只有当当前投资提供的需求量刚好等于充分就业产生的产出的总供应价格，超过社会在充分就业时选择在消费上花费的金额时，它才能存在。（Keynes，1960：27）

当然，"消费倾向"受到凯恩斯所说的"主观因素"的影响，即"人性的心理特征以及那些社会实践和制度，这些社会实践和制度是不易改变的，除非是在异常或革命环境中，否则不可能在短时间内发生实质性变化"（Keynes，1960：91）。当然，"主观因素"的存在给一些具体的实证研究留下了巨大的空间。但是凯恩斯没有注意到，例如，广告和对欲望的操纵如何影响这些"主观"因素。在他的书中，凯恩斯并不例外地将主观因素视为"给定的"，并假定"消费倾向仅取决于'客观因素'的变化"，即新古典理论定义的"变量"。但值得称赞的是，与萨缪尔森相反，凯恩斯并不是一个致力于研究数学经济学的形式主义者。凯恩斯想要模型，但对他来说，建立模型需要"对我们的系统的实际运行进行严格的观察"。事实上，"将模型转换为定量公式，破坏了它作为思想工具的效用"

192

7　这条以让-巴蒂斯特·萨伊（Jean Baptiste Say，1803 年）命名的"规律"是古典主义和新古典理论的关键。李嘉图简洁地表述道："没有人（原文如此）不是为了消费或销售而生产，也没有人不是为了购买其他商品而销售……通过购买，他必然成为自己商品的消费者，或者成为其他人的商品的购买者和消费者。产品总是由产品或服务购买的。"（引自 Lekachman，1964）这是一本非常有用的入门书籍。

（Keynes，1984）。这个结论可以得到强有力的支持！

凯恩斯主义的国家政策包括：政府可以通过降低利率（如增加货币供应量）的货币政策，或通过在不增税的情况下增加公共支出，或不减少公共支出而减少税收的财政政策，来影响总支出和总就业。这种有限的政府干预并没有威胁到资本主义市场，因为主流理论建立了关于它们的理论。同样，关于直接"公共支出"方面，只要它符合国防利益，就称为"战争资本主义"（与"福利资本主义"相反）。但在这一观点上达成的共识并没有持续多久。

虽然在这里不能继续探讨这一点，但萨缪尔森的新凯恩斯主义模型通过"工资黏性"和"货币幻象"试图去"解决这一难题"（Boettke，1997：37）。然而，这些假设不仅是临时的，而且是不可信的，它们使得这一模型容易受到芝加哥学派"通过清除凯恩斯主义的杂质来净化综合理论的超形式主义尝试"的攻击（Boettke，1997：38）。最近的新自由主义就是其结果。勃特克总结得很好：

193

> 萨缪尔森对微观经济理想类型与非自愿失业的调和，连同凯恩斯主义规则，都被否定了，学者们认为，不可能存在非自愿失业，因此政府的行动是不必要的。其结果是对不干涉主义结论的教条主义推导，这些结论被形式主义革命推翻了；经济学现在已经从为现实主义而引入的凯恩斯主义的杂质中清除了。（Boettke，1997：38）[8]

第三节　上述模型的市场效率

但对于回报来说，商品的供求曲线只是无限多个体（无论是生产者还是消费者）曲线的集合。均衡价格是两条曲线相交的价格（图3）。市场将以这个价格"清空"：所有进入市场的东西都将被购买。[9]

---

8 理性预期理论也发挥了作用。人力资本理论（由加里·贝克尔提出）努力将劳动力重新置于价格拍卖框架内，参见 Thurow（1983：chapter 7）。

9 瑟罗（Thurow，1983）认为，问题不在于市场是否清晰，甚至不在于市场是否是竞争性的。他坚持认为，真正的问题是市场是否根据价格的波动而变得清晰（Thurow，1983：9）。同样，正如希克斯所说的，我们可以假设竞争，但一旦我们认真对待库存在定价中起关键作用的观点，我们可以看到：

市场价格至少在某种程度上由供求关系决定这一传统观点现在已经被放弃。如果将需求和供给[不再]解释为，正如以前似乎是充分的，是来自外部的流动需求和供应，那么在任何特定时期内，它们不再有均衡的趋势；如果它们之间的差异不太大，则可以通过库存的变化来匹配。当然，下述观点为真，即如果不区分来自股东的需求和来自外部市场的需求，那么在此包容性意义上的需求和供给一定始终相等。但这个等式是无意义的。依据瓦尔拉斯或马歇尔的方式，它不能用来确定价格（Hicks，1989：11）。

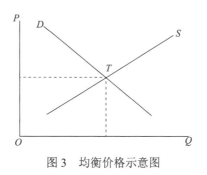

图 3　均衡价格示意图

194

　　根据定义，均衡是效率的一个条件（"获得定价权"）。效率是帕累托最优。"如果有办法让某些人更好，而不让其他人更糟，那么商品分配或生产计划就没有效率。"（Rawls，1971：67）我们可以把这两个部分分开。当没有办法生产更多的某种商品而不生产更少的其他商品时，生产就是有效的。然而，由于存在"消费者主权"，市场具有竞争性，因此消费者决定生产的产品。但是，既然我们处于均衡状态，分配也将是有效的：分配无法在某些人的情况正在恶化的时候，改善另一些人的境况。

　　我们首先需要看到有许多有效的分配。假设在 x 和 y 之间分配了固定的库存。

　　根据 AOB 内所有凸集合点的定义，除了 AB 线上的点外，可以增加 X 或 Y（或两者）而不会使其相反点随变化而减少（图 4）。例如，在 C 点，Y 的条件可以在 X 不变的情况下得到提高。在 D 点，X 和 Y 都比在 F 点时高。D 是有效的，G 也是有效的。实际上，AB 线上的所有点都是有效率的，因为在该线上的任何点上都不可能通过改变分配，从而使一些人（至少一个）在没有使得其他人变糟糕的情况下经济状况变得更好。同一时间导致另一方的情况恶化。如果（假设）X 拥有所有（A 点），那么如果 Y 想要得到任何东西，他就必须失去。事实上，"贸易意愿表明，有一种重新安排可以改善一些人的境况，而不会伤害任何其他人"（Rawls，1971：70）。A 是有效率的，因为 X 得到了所有，所以 Y 没有什么去进行交易！[10]

195

　　在现代政治经济中，一个强有力的政策选择动机是，市场是有效率的。然而，不难证明，即使理论条件得到满足，我们是否具有效率也是值得怀疑的。就此存在许多不同的论点。

_____

　　10 因此，萨缪尔森认为："无形之手会使社会总效用最大化，前提是国家干预，使得美元选票的初始分配在道德上是合适的。"（引自 Lachmann，1984：310）哈耶克的追随者们正确地写道："当然，在市场进程开始之前（正如主流理论所假设的那样），不存在'初始分配'这样的事情。在任何时间点依资产价值的财富分配都是过去的市场过程的累积结果。"（Lachmann，1984：310）我在这里说"正确地"是因为拉赫曼（像哈耶克）和萨缪尔森一样，认为市场进程总是一个竞争性的市场进程。因此，正是由于这个原因，只有当国家不寻求使"美元选票的初始分配在道德上是合适的"时，"看不见的手"才能使社会总效用最大化（Lachmann，1984：310）。

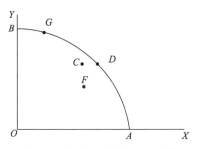

图4　有效分配的分布示意图[11]

　　关于外部性有一个论点。大致而言，外部性是指第三方的副作用、溢出成本或收益。钢厂产生的烟尘污染是一种负外部性。显然，随着外部性的出现，将出现资源配置不当。如此一来，生产钢铁的（实际）成本没有包括在供应计划中，因此，社会效用没有得到优化。我们可以引入之前关于市场的一个观点。我们需要知道财产关系的类型，以确定某些"外部性"，例如空气污染，是否是帕累托相关的。这不是一个既定的事实：它总是被决定的，并且引发了一个问题：谁决定的它？[12]

　　其次，微观理性的形式多种多样，它导致了宏观非理性。例如，囚徒困境表明，两个理性的经济行为者[满足（1）至（5）的行为者]不会得到最好的结果。
196　因此，人们需要表明，这种情况从未或很少出现，例如，通货膨胀压力并不能通过工人和消费者追求的理性策略得到最好的解释。

　　同样，如果假设新古典理论，那么在一个完全竞争的市场中，"尽管所有的公司都对行业产品的更高价格有共同利益，但为了每个公司的利益——依据产出的必要减少方面——其他公司要支付为了获得更高的价格而需要的成本"（Olson，1971：9）。事实上，"唯一能阻止价格按照这个过程下跌的因素……是外部干预。政府价格支持、关税、卡特尔协议等可能会使处于竞争市场中的公司无法采取违背其利益的行为"（Olson，1971：10）[13]。但是，如果认为努力游说是获得政府帮助的必要条件，则会出现一个相同的问题：正如生产商限制产量是非理性的一

　　11　原著中图题缺失，此处为译者所加。——译者注

　　12　在交易成本方面也是如此。勃特克认为"科斯的纲领……在很大程度上被形式主义新古典经济学所误解。科斯的研究没有强调现实世界制度在正交易成本的世界中的功能重要性，而是被解释为描述了零交易成本世界的福利影响"（Boettke，1997：21）。相反，它应该导致人们思考，通过使用规律建立的市场如何解决现有市场引起的许多问题。正如勃特克所指出的，科斯的研究必须与波斯纳（Posne，2004）的研究形成对比，波斯纳从事的是将新古典理论应用于规律问题的相反任务。

　　13　当然，这一切都假设企业在进行价格竞争，但我们不应该假设这一点。事实上，不仅联合企业和非价格竞争是理性的，而且在许多行业，为了防止（垄断企业的）巨额暴利或极低利润，例如在农业领域，政府会很乐意通过监管委员会、价格支持、面积控制等来介入，以确保这些"偏离常规的"行业保持健康的利润率，见 Baran 和 Sweezy（1968：64-66）。

样，他们假设雇佣说客的任何成本也是非理性的——所谓的"搭便车问题"。

　　最后，还有赫希（Hirsch，1976）所说的"相加"（adding up）问题。对于"位置商品"，例如，驾驶私家车上班，或建造高楼以吸引想欣赏海景的买家，"经济发展的机会，当它们依次呈现给一个接一个人时，并不构成所有人经济发展的同等机会。每个人都能实现的，所有人无法同时实现"（Hirsch，1976：4）。踮着脚尖以获得更好的视野会带来即时优势，但是如果每个人都这样做，那么每个人的境况都会变得更糟。当新司机驶入高速公路时，最初的利益会在交通堵塞中损失掉。更一般地说，对于许多"位置商品"，因为"经济产出的标准概念只适用于真正的私人商品，不同个人消费之间没有相互依赖的因素"（Hirsch，1976：7），所以没有办法将个体提高转化为整体提高。因此，在这些环境下个体的最大化行为会适得其反。对我们每个人来说，争夺是合理的，因为个体从来没有比较，"因超越他人而获得的东西，与所有人共同进步而获得的东西之间的区别"（Hirsch，1976：10）。这里涉及的不仅仅是分配问题。更广泛的参与不仅影响人们能从赢得争夺中获得什么，而且影响争夺本身的性质。如果攻读学士学位的目标是找一份更好的工作，并获得更好的收入，那么，虽然获得学士学位仍然是合理的，但其结果是减少了这一学位的价值。从某个时刻起，就收入的成本和收益而言，每个人的境况都变得更糟了。当然，我们希望相信，这项努力并非完全是目的性的，教育经历所获得的不仅仅是一份证书（Thomas，2004）。

　　更普遍地说，亚当·斯密及其追随者的传统是错误的。正如赫希总结的那样："在自由市场中，独立个体之间的竞争，会给他人带来隐性成本，最终也会给自己带来隐性成本。这些成本对于所有人来说都是无谓成本，并且都涉及社会浪费。"（Hirsch，1976：5）的确，与上述*所有*问题一样，集体行动是唯一的解决办法。

　　第三个论点是阿罗悖论。在新古典主义观点中，我们有个人偏好，并且通过市场机制产生了社会偏好。阿罗建立了一系列条件，即"社会选择功能"，这些条件限制了社会偏好从个人偏好中衍生出来的方式。所有这些都是相当明显的：合理性，即随着越来越多的人选择某种替代选择，那么这种替代选择不应该作为一种社会偏好而失去基础；"不相关的替代选择"必须是独立的（如上所述）；并且存在"非支配性"——没有一个人的偏好能够自动地定义社会偏好。独立条件表明，"从任何环境中做出的社会选择都只取决于个人对该环境中的替代选择的排序"。（这排除了替代品和重复品，并在上述假设 1 中做出了假设。）阿罗表明，"没有哪个满足这些条件的社会选择功能可以当社会中有两个以上的个体和两个以上的替代选择时，保证取得令人满意的结果"（Dyke，1981：113）。这对民主理论有影响；但我认为，它显然表明，均衡理论的一个基本错误是它假

197

设市场行为仅包含了商品之间的成对选择：假设无关选项独立性。[14]

　　最后，新古典理论假定效率可以用交换价值来定义。但可以肯定的是，这不是一个合理的概念。一个经济体可以"高效"地（如上所述）生产，但同时是*浪费性*和破坏性的。破坏但高效的生产会损害环境，可能使其不适合人类生活。浪费但高效的生产会产生不能满足人类需求和欲望的商品，或者不能像它本可能做到的那样。星球大战技术是前者的一个很好的例子；劣质住房是后者的一个例子。但是，当然，与新古典理论相反，消费者不是主权者，所以，这是可以预料的。

　　但正如本附录和第六章所述，数理经济学并非一门成功的社会科学典范的最佳选择。自相矛盾的是，这正是它如此吸引人的原因：它似乎比任何其他社会科学更像物理学。然而，本书认为，经验主义科学哲学对成功自然科学的实际实践描述得很差，而构成社会机制的个体——这些机制将帮助我们理解社会——在主流理论中被严重错误地理论化了。

---

14 相反，"市场失灵"这一概念本身是否成立亦值得商榷，相关研究参见 Pitelis（1991）。

Abrams, Philip (1983) *Historical Sociology*. Ithaca: Cornell University Press.

Achen, Christopher (1982) *Interpreting and Using Regression*. Beverly Hills: Sage.

Achinstein, Peter (1981) "Can There be a Model of Explanation?" *Theory and Decision* 13. Reprinted in David-Hillel Ruben, *Explanation*. Oxford: Oxford University Press.

Alexander, Jeffrey (1987) "The Importance of the Classics, " in Anthony Giddens and Jonathan Turner (eds.), *Social Theory Today*. Oxford: Polity Press.

(1998) *Neofunctionalism and After.* Oxford: Basil Blackwell.

Anderson, Perry (1974) *Lineages of the Absolutist State*. London: New Left Books.

Anderson, P. W. , Arrow, Kenneth J. and Pines, David (eds.) (1988) *The Economy as an Evolving Complex System*. Redwood City: Addison-Wesley.

Appadurai, Arjun (1996) *Modernity at Large: Cultural Dimensions of Globalization*. Minneapolis: University of Minnesota Press.

Archer, Margaret (1995) *Realist Social Theory: The Morphogenetic Approach*. Cambridge: Cambridge University Press.

Aronson, Gerald (1984) *A Realist Philosophy of Science*. New York: St. Martin's Press.

Ashley, Richard K. (1989) "Living on Border Lines: Man, Poststructuralism, and War, " in James Der Derian and Michael Shapiro (eds.), *International /Intertextual Relations*. Lexington, MA: Heath.

Atkins, Peter (2003) *Galileo's Finger*. New York: Oxford University Press.

Augier, Mie (1999) "Some Notes on Alfred Schütz and the Austrian School of Economics: Review of Alfred Schütz's *Collected Papers*, Vol. IV. Edited by H. Wagner, G. Psatha and F. Kersten, " *Review of Austrian Economics* 11.

Bakan, Joel (2004) *The Corporation: The Pathological Pursuit of Power*. New York: Free Press.

Balough, Thomas (1982) *The Irrelevance of Conventional Economics*. New York: Liveright.

Baran, Paul A. and Sweezy, Paul M. (1968) *Monopoly Capital: An Essay on the American Economic and Social Order.* New York: Monthly Review Press.

Barnes, S. B. (1977) *Interests and the Growth of Knowledge*. London: Routledge & Kegan Paul.

Barnet, Richard J. and Cavanaugh, John (1994) *Global Dreams: Imperial Corporations and the New World Order*. New York: Simon and Schuster.

Barnet, Richard J. and Müller, Ronald E. (1974) *Global Reach: The Power of the Multinational Corporations*. New York: Simon and Schuster.

Barone, Enrico (1908) "The Ministry of Production in a Collectivist State, " in F. A. Hayek (ed.), *Collectivist Economic Planning* , London: Routledge & Kegan Paul.

Bauman, Zigmunt (1998) *Globalization: The Human Consequences*. New York: Columbia University

200

Press.

Bendix, Reinhard (1976) "The Mandate to Rule: An Introduction, " *Social Forces* 55.

(1978) *Kings or People*. Berkeley: University of California Press.

(1990) *Force, Fate, and Freedom: On Historical Sociology*. Berkeley: University of California Press.

Berger, Peter L. and Luckmann, Thomas (1967) *The Social Construction of Reality*. New York: Anchor Books.

Berle, Adolf A. and Means, Gardiner C. (1968) *The Modern Corporation and Private Property*, revised edition. New York: Harcourt, Brace and World.

Bhaskar, Roy (1975) *A Realist Philosophy of Science*. 2nd edition, 1978. Atlantic Highlands: Humanities Press.

(1978) "On the Possibility of Social Scientific Knowledge and the Limits of Naturalism, " *Journal for the Theory of Social Behavior* 8, 1.

(1979) *The Possibility of Naturalism*. Atlantic Highlands: Humanities Press.

(1986) *Scientific Realism and Human Emancipation*. London: Verso.

Bickerton, Derek (1990) *Language and Species*. Chicago: University of Chicago Press.

Biggart, NicoleWesley (2002) *Readings in Economic Sociology*. Oxford: Blackwell.

Blau, Peter (1964) *Exchange and Power in Social Life*. New York: John Wiley.

Bloor, David (1976) *Knowledge and Social Imagery*. London: Routledge & Kegan Paul.

Boettke, Peter J. (1997) "Where Did Economics Go Wrong? Modern Economics as Flight from Reality, " *Critical Review* 12.

Bohm, David (1984) *Causality and Chance in Modern Physics*. New edition. London: Routledge & Kegan Paul.

Bonham, Vence L. , Warshauer-Baker, Esther and Collins, Frank S. (2005) "Race and Ethnicity in the Genome Era: The Complexity of the Constructs, " *American Psychologist* 60, 1.

Boudon, Raymond (1998a) "Social Mechanisms Without Black Boxes, " in Peter Hedström and Richard Swedberg (eds.), *Social Mechanisms: An Analytical Approach to Social Theory*. Cambridge: Cambridge University Press.

(1998b) "Limitations of Rational Choice Theory, " *American Journal of Sociology* 104, 3.

Bourdieu, Pierre and Wacquant, Loïc, J. D. (1992) *An Invitation to Reflexive Sociology*. Chicago: University of Chicago Press.

Brakman, Steven and Heijdra, Ben J. (eds.) (2001) *The Monopolistic Competition Revolution in Retrospect*. Cambridge: Cambridge University Press.

Brenner, Robert (1977) "The Origins of Capitalist Development: A Critique of Neo-Smithian Marxism, " *New Left Review* 104.

(2003) *The Boom and the Bubble: The US in the World Economy*. London: Verso.

Brodbeck, May (ed.) (1968) *Readings in the Philosophy of the Social Sciences*. New York: Macmillan.

Brown, Harold I. (1977) *Perception, Theory and Commitment: The New Philosophy of Science*. Chicago: University of Chicago Press.

Bourgois, Phillipe (1997) "In Search of Horatio Alger, " in Craig Reinerman and Harry G. Levine (eds.), *Crack in America: Demon Drugs and Social Justice.* Berkeley: University of California Press.

Bunge, Mario (1979) *Causality and Modern Science.* New York: Dover.

(1996) *Finding Philosophy in Social Science.* New Haven: Yale University Press.

(2003) "How Does it Work? The Search for Explanatory Mechanisms, " *Philosophy of the Social Sciences* 34, 2.

Burawoy, Michael (1989) "Two Methods of Search in Science: Skocpol versus Trotsky, " *Theory and Society* 18.

(1998) "The Extended Case Method, " *Sociological Theory* 16, 1.

Burian, Richard (1989) "The Influence of the Evolutionary Paradigm, " in Max Hecht (ed.), *Evolutionary Biology at the Crossroads.* Flushing, New York: Queens College Press.

Calhoun, Craig (1996) "The Rise and Domestication of Historical Sociology, " in Terrence McDonald (ed.), *The Historic Turn in the Human Sciences.* Ann Arbor: University of Michigan Press.

(1998) "Explanation in Historical Sociology: Narrative, General Theory, and Historically Specific Theory, " *American Journal of Sociology* 104, 3.

Calhoun, Craig, Gerteis, Joseph, Moody, James, Pfaff, Steven and Virk, Indermohan (eds.) (2002) *Contemporary Social Theory.* Oxford: Basil Blackwell.

Camic, Charles (1987) "The Making of a Method: A Historical Reinterpretation of the Early Parsons, " *American Sociological Review* 52.

Campbell, D. A. and Misanin, J. R. (1969) "Basic Drives, " in P. H. Mussen and M. R. Rosenzweig (eds.), *Annual Review of Psychology*, vol. 20.

Cartwright, Nancy (1989) *Nature's Capacities and Their Measurement.* Oxford: Oxford University Press.

Cavalli-Sforza, Luigi Luca (2000) *Genes, Peoples and Languages.* New York: North Point Press.

Cavalli-Sforza, Luigi Luca and Cavalli-Sforza, Francesco (1995) *The Great Human Diasporas.* Cambridge, MA: Perseus Books.

Chai, Sun-Ki (2001) *Choosing an Identity: A General Model of Preference and Belief Formation.* Ann Arbor: University of Michigan Press.

Chakrabarty, Dipesh (1989) *RethinkingWorking Class History: Bengal 1890-1940.* Princeton: Princeton University Press.

Chamberlin, E. H. (1962) *The Theory of Monopolistic Competition: A Re-Orientation of the Theory of Value.* 8th edition. Cambridge, MA: Harvard University Press [1933].

Chandler, Alfred D. (1962) *The Visible Hand: The Managerial Revolution in Modern Business.* Cambridge: Belknap Press.

Chisholm, Roderick (1946) "The Contrary to Fact Conditional, " *Mind* 55.

Clifford, J. and Marcus, G. E. (eds.) (1986) *Writing Culture: The Poetics and Politics of Ethnography.* Berkeley: University of California Press.

Clough, P. T. (1992) *The Ends of Ethnography: From Realism to Social Criticism.* Newbury Park, CA: Sage.

Coase, R. H. (1995) "The Institutional Structure of Production, " in R. H. Coase, *Essays on Economics and Economists*. Chicago: University of Chicago Press.

Cole, Stephen (1994) "Why Sociology Doesn't Make Progress Like the Natural Sciences, " *Sociological Forum* 9.

Coleman, James S. (1988) "Social Capital and the Creation of Human Capital, " *American Journal of Sociology* 84.

(1990) *Foundations of Social Theory*. Cambridge, MA: Belknap Press of Harvard University Press.

Collier, Andrew (1994) *Critical Realism: An Introduction to Roy Bhaskar's Philosophy*. London: Verso.

Collingwood, R. G. (1969) "The A Priori Impossibility of a Science of Man, " the title given to a section of his *The Idea of History*, excerpted in Leonard J. Krimerman (ed.), *The Nature and Scope of Social Science*. New York: Appleton-Century-Crofts.

Collins, Patricia Hill (2000) *Black Feminist Thought: Knowledge, Consciousness, and the Politics of Empowerment*. 2nd edition. London: Taylor and Francis, Inc.

Collins, Randall (1979) *The Credential Society*. New York: Academic Press.

(1980) "Weber's Last Theory of Capitalism: A Systematization. " *American Sociological Review* 45, 6.

Conley, Dalton (2001) "The Data in Your Lap: How to Interpret Naturally Occurring Experiments, " http: //chronicle. com/weekly/v50/i17/17b02001. htm

Craver, Carl F. (2001) "Role Functions, Mechanisms and Hierarchy, " *Philosophy of Science* 68.

Davis, Mike (2001) *Late Victorian Holocausts: El Niño Famines and the Making of the Third World*. London: Verso.

Davis, William L. (2004) "Preference Falsification in the Economics Profession, " *Economic Journal Watch* 1.

Debreu, Gerard (1984) "Economic Theory in a Mathematical Mode: The Nobel Lecture, " *American Economic Review* 74, 1.

Delanty, Gerard and Esin, Ingin F. (eds.) (2003) *Handbook of Historical Sociology*. New York: Sage.

Denzin, Norman and Lincoln, Yvonne S. (eds.) (1994) *Handbook of Qualitative Research*. Thousand Oaks: Sage.

Dobbin, Frank (ed.) (2004) *The New Economic Sociology: A Reader*. Princeton: Princeton University Press.

Drechsel, Emanual (1991) "The Invalidity of the Concept 'Race,'" in M. Tehranian (ed.), *Restructuring for Ethnic Peace*. Honolulu, Hawai' i: Matsunaga Institute for Peace.

Dretske, Fred (1977) "Laws of Nature, " *Philosophy of Science* 44.

Dugger, William M. (1992) *Underground Economics: A Decade of Institutionalist Dissent*. Armonk: M. E. Sharpe.

Duhem, Pierre (1954) *The Aim and Structure of Physical Theory*. Princeton: Princeton University Press.

203   Durkheim, Emile (1972) *Selected Writings*, ed. introd. Anthony Giddens. Cambridge: Cambridge

University Press.

(1982) *Rules of Sociological Method*, ed. Steven Lukes, trans. W. D. Halls. New York: Free Press,

Duster, Troy (2004) "Selective Arrests, an Ever-Expanding DNA Forensic Debate and the Spector of and Early Twenty-First-Century Equivalent of Phrenology, " in D. Lazer (ed.), *The Technology of Justice: DNA and the Criminal Justice System.* Cambridge, MA: MIT Press.

(2005) "Race and Reification in Science, " *Science* 307, 5712.

Dyke, Charles F. (1981) *Philosophy of Economics.* Englewood Cliffs: Prentice-Hall.

Eisenstadt, S. N. (1961) *Essays on Sociological Aspects of Political and Economic Development.* The Hague: Mouton.

Elias, Norbert (1939) *The Civilizing Process*, vol 1. New York: Pantheon.

(1982) *The Civilizing Process*, vol 2. Oxford: Basil Blackwell.

Elson, Diane (1988) "Market Socialism or Socialism of the Market, " *New Left Review* 172.

Etzioni, E. and Etzioni A. (eds.) (1973) *Social Change.* New York: Basic Books.

Etzioni, Amitai and Lawrence, Paul R. (1991) *Socio-Economics: Toward a New Synthesis.* Armonk: M. E. Sharpe.

Fabian, Johannes (1991) "Ethnographic Objectivity Revisited: From Rigor to Vigor, " *Annals of Scholarship* 8, 3-4, ed. by Allan Mcgill.

Feinberg, Gerald (1973) *Social Philosophy.* New York: Prentice-Hall.

Feyerabend, Paul K. (1975) *Against Method.* London: New Left Books.

Frankfort-Nachmias, Chava and Nachmias, David (1992) *Research Methods in the Social Sciences.* 4th edition. New York: St. Martin's Press.

Franklin, R. L (1983) "On Understanding, " *Philosophy and Phenomenological Research* 43, 3.

Friedman, Michael (1974) "Explanation and Scientific Understanding, " *Journal of Philosophy* 81, 1.

Friedman, Milton (1968) "The Methodology of Positivist Economics, " in May Brodbeck (ed.), *Readings in the Philosophy of the Social Sciences.* New York: Macmillan.

(1991) "Old Wine in New Bottles, " *The Economic Journal* 101.

Galbraith, John Kenneth (1968) *The New Industrial State.* Boston: Houghton Mifflin.

Gambetta, Diego (1998) "Concatenations of Mechanisms, " in Peter Hedström and Richard Swedberg (eds.), *Social Mechanisms: An Analytical Approach to Social Theory.* Cambridge: Cambridge University Press.

Gemes, Ken (1994) "Explanation, Unification, and Content, " *Nous* 28, 2.

Geneen, Harold, with Moscow, Alvin (1984) *Managing.* New York: Doubleday.

Geertz, Clifford (1956) *The Development of the Javanese Economy: A Socio-cultural Approach.* Cambridge, MA: MIT Press.

(1973) *Interpretation of Cultures.* New York: Basic Books.

(1983) *Local Knowledge: Further Essays in Interpretative Anthropology.* New York: Basic Books.

Giddens, Anthony (1976) *New Rules of Sociological Method.* London: Hutchinson.

(1979) *Central Problems in Social Theory.* London: Macmillan.

(1981) *Contemporary Critique of Historical Materialism.* Berkeley: University of California Press.

(1984) *The Constitution of Society.* Berkeley: University of California Press.

Giddens, Anthony and Turner, Jonathan (1987) *Social Theory Today*. Oxford: Basil Blackwell.

Gillespie, Alex (2005) "G. H. Mead: Theorist of the Social Act, " *Journal for the Theory of Social Behavior* 36.

Gilroy, Paul (2000) *Between Camps: Nations, Cultures and the Allure of Race*. London: Allen Lane.

Glassner, Barry (2000) *The Culture of Fear*. New York: Basic Books.

Glennan, Stuart S. (1996) "Mechanisms and the Nature of Causation, " *Erkenntnis* 44.

Goffman, Erving (1961) *Asylums*. Garden City: Anchor Books.

Goldstein, Paul, Brownstein, Henry H. , Ryan, Patrick J. and Belluci, Patricia (1997) "Crack and Homicide in New York City, " in Craig Reinerman and Harry Levine (eds.), *Crack in America: Demon Drugs and Social Justice*. Berkeley: University of California Press.

Goldstone, Jack A. (1998) "Initial Conditions, General Laws, Path Dependence, and Explanation in Historical Sociology, " *American Journal of Sociology* 104, 3.

Goldthorpe, John H. (1991) "The Uses of History in Sociology: Reflections on Some Recent Tendencies, " *British Journal of Sociology* 42. See also the special issue discussion of Goldthorpe's essay in the same volume.

Gould, Roger V. (ed.) (2004) *Rational Choice Controversy in Historical Sociology*. Chicago: University of Chicago Press.

Gould, Stephen Jay (1981) *Mismeasure of Man*. New York: W. W. Norton.

Gowan, Peter (1999) *The Global Gamble: Washington's Faustian Bid forWorld Dominance*. London: Verso.

Granovetter, Mark and Swedburg, Richard (eds.) (1992) *The Sociology of Economic Life*. Boulder: Westview.

Granovetter, Mark and Tilly, Charles (1988) "Inequality and Labor Process, " in Neil Smelzer (ed.), *Handbook of Sociology*. Beverly Hills, CA: Sage.

Grathoff, Richard (ed.) (1978) *The Theory of Social Action*. Bloomington: Indiana University Press.

Green, Donald and Shapiro, Ian (eds.) (1996) *Pathologies of Rational Choice Theory: A Critique of Applications in Political Science*. New Haven: Yale University Press.

Grossman, Sanford (1989) *The Informational Role of Prices*. Cambridge, MA: MIT Press.

Hacking, Ian (1983) *Representing and Intervening: Introductory Topics in the Philosophy of Natural Science*. Cambridge: Cambridge University Press.

    (1992) "The Self-Vindication of the Laboratory Sciences, " in Andrew Pickering (ed.), *Science as Practice and Culture*. Chicago: University of Chicago Press.

    (2000) "What about the Natural Sciences?" in *The Social Construction of What*. Cambridge, MA: Harvard University Press.

Hall, John R. (1999) *Cultures of Inquiry: From Epistemology to Discourse in Sociohistorical Research*. Cambridge: Cambridge University Press.

Hall, Peter and Soskice, David (2001) *Varieties of Capitalism*. Oxford: Oxford University Press.

Hamouda, O. F. (1993) *John R. Hicks: The Economist's Economist*. Oxford: Basil Blackwell.

Hannaford, Ivan (1996) *Race: The History of an Idea in the West*. Baltimore: Johns Hopkins University Press.

Hanson, Norwood (1958) *Patterns of Discovery*. Cambridge: Cambridge University Press.

Harré, Rom (1970) *Principles of Scientific Thinking*. Chicago: University of Chicago Press.

  (1986) *Varieties of Realism*. Oxford: Basil Blackwell.

Harré, Rom and van Langenhove, Luk (1999) *Positioning Theory: Moral Contexts of Intentional Action*. Oxford: Basil Blackwell.

Harré, Rom and Madden, Edward (1975) *Causal Powers*. Oxford: Basil Blackwell.

Harré, Rom and Secord, Paul (1973) *The Explanation of Social Behavior*. Totowa, NJ: Littlefield, Adams.

Harris, Judith Rich (1998) *The Nurture Assumption*. New York: Free Press.

Harvey, David (1987) *The Condition of Post-Modernity*. Oxford: Basil Blackwell.

Hausman, Daniel (1984) "Are General Equilibrium Theories Explanatory, " in Daniel Hausman (ed.), *Philosophy of Economics*. Cambridge: Cambridge University Press.

Hayek, F. A. (ed.) (1935) *Collectivist Economic Planning*. London: Routledge & Kegan Paul.

  (1978) *New Studies in Philosophy, Politics, Economics and the History of Ideas*. Chicago: University of Chicago Press.

Hedström, Peter and Swedberg, Richard (eds.) (1998) *Social Mechanisms: An Analytical Approach to Social Theory*. Cambridge: Cambridge University Press.

Hempel, C. G. [1950] (1965) "Theoreticians Dilemma, " in C. G. Hempel, *Aspects of Scientific Explanation*. New York: Free Press.

Henningsen, Manfred (2004) "Die europaeische Schrumpfung der Menschheit. Die Aufklaerung und die Entstehung des transatlantischen Rassismus, " in Aram Mattioli, Markus Ries and Rudolph Enno (eds.), *Intoleranz im Zeitalter der Revolutionen. Europa 1770-1848*. Zürich: Orell Fuessli Verlag.

Hernes, Gudmund (1998) "Real Virtuality, " in Peter Hedstrom and Richard Swedberg (eds.), *Social Mechanisms: An Analytical Approach to Social Theory*. Cambridge: Cambridge University Press.

Hesse, Mary (1970) *Models and Analogies in Science*. Notre Dame: University of Notre Dame Press.

Hexter, Jack H. (1971) *The History Primer.* New York: Basic Books.

Hicks, J. R. (1989) *A Market Theory of Money*. Oxford: Clarendon Press.

Hintikka, Jaako and Halonen, Ilpon (1995) "Semantics and Pragmatics for Why- Questions, " *Journal of Philosophy* 92.

Hirsch, Fred (1976) *Social Limits to Growth*. Cambridge, MA: Harvard University Press.

Hirshman, A. O. (1985) "Against Parsimony, " *Economics and Philosophy* l.

  (1997) *The Passions and the Interests*. Princeton: Princeton University Press.

Hobbs, Jesse (1993) "Ex Post Facto Explanations, " *Journal of Philosophy* 90, 3.

Holton, Gerald (1970) "Mach, Einstein and the Search for Reality, " in R. S. Cohen and R. J. Seeger (eds.), *Ernst Mach, Physicist and Philosopher*. Dordrecht: Reidel.

Hull, David (1974) *Philosophy of Biological Science*. Englewood Cliffs, NJ: Prentice Hall.

Hume, David (2000) *A Treatise of Human Nature*, eds. David and Mary Norton. Oxford: Oxford University Press.

206

Jorde, Lynn B. and Woodling, Stephen P. (2004) "Genetic Variation, Classification and Race, " *Nature Genetics* 36, 11.

Kalecki, Michal (1965) *Theory of Economic Dynamics*. London: G. Allen&Unwin.

Kantor, Rosabeth Moss (1977) *Men and Women of the Corporation*. New York: Basic Books.

Kemp, Stephen and Holmwood, John (2003) "Realism, Regularity and Social Explanation, " *Journal for the Theory of Social Behavior* 33, 2.

Keynes, John Maynard [1937] (1960) *General Theory of Employment, Interest and Money*. London: Macmillan.

(1984) "Economic Model Construction and Econometrics, " excerpts from correspondence of Keynes to Roy Harrad [1938]. In Daniel Hausman (ed.), *Philosophy of Economics*. Cambridge: Cambridge University Press.

Kim, Jaegwon (1987) "Causal Realism and Explanatory Exclusion, " *Midwest Studies in Philosophy* 12. Quoted from the reprint in David-Hillel Ruben (ed.), *Explanation*. Oxford: Oxford University Press.

Kirzner, Israel M. (1985) "Prices, the Communication of Knowledge, and the Discovery Process, " in Kurt Leube and Albert Zlabinger (eds.), *The Political Economy of Freedom: Essays in Honor of F. A. Hayek*. Munich: Philosophia Verlag.

Kiser, Edgar and Hector, Michael (1991) "The Role of General Theory in Comparative-Historical Sociology, " *American Journal of Sociology* 97, 1.

(1998) "The Debate on Historical Sociology: Rational Choice Theory and Its Critics, " *American Journal of Sociology* 104, 3.

Kitcher, Philip (1976) "Explanation, Conjunction, and Unification, " *Journal of Philosophy* 73.

(1981) "Explanatory Unification, " *Philosophy of Science* 48.

Knorr-Cetina, Karen (1981) *The Manufacture of Knowledge: An Essay on the Constructivist and Contextual Nature of Science*. Oxford: Pergamon.

(1999) *Epistemic Cultures: How the Sciences Make Knowledge*. Cambridge, MA: Harvard University Press.

Kripke, Saul (1982) *Naming and Necessity*. Cambridge, MA: Harvard University Press.

Kuhn, Thomas (1970) *The Structure of Scientific Revolutions*. Chicago: University of Chicago Press.

Lachmann, Ludwig M. (1984) "Methodological Individualism and the Market Economy, " in Daniel Hausman (ed.), *Philosophy of Economics*. Cambridge: Cambridge University Press.

Langlois, Richard N. (ed.) (1986) *Economics as a Process: Essays in the New Institutional Economics*. Cambridge: Cambridge University Press.

Latour, Bruno (1987) *Science in Action*. Cambridge, MA: Harvard University Press.

Latour, Bruno and Woolgar, Steve (1979) *Laboratory Life: The Social Construction of Scientific Facts*. Beverly Hills: Sage.

Lawson, Tony (1997) *Economics and Reality*. London: Routledge.

Lazarsfeld, Paul F. and Rosenberg, Morris (eds.) (1955) *The Language of Social Research: A Reader in the Methodology of Social Research*. New York: Free Press.

Lazonik, William (1991) *Business Organization and the Myth of the Market Economy*. Cambridge:

Cambridge University Press.

Leamer, E. E. (1983) "Let's Take the Con out of Econometrics, " *American Economic Review* 73.

Lekachman, Robert (1964) *Keynes and the Classics.* Boston: D. C. Heath.

Lentin, Alana (2004) *Racism and Anti-Racism in Europe.* London: Pluto Press.

Leontief, Wassily (1971) "Theoretical Assumptions and Nonobserved Facts, " *American Economic Review* 61.

    (1982) Letter in *Science* 217.

Lewis, David (1987) "Causal Explanation, " in David Lewis, *Philosophical Papers.* New York: Oxford University Press. Quoted from the reprint in David-Hillel Ruben (ed.), *Explanation.* Oxford: Oxford University Press.

Lewis, Paul (2000) "Realism, Causality and the Problem of Social Structure, " *Journal for the Theory of Social Behavior* 30, 3.

Lewis, Paul and Runde, J. H. (forthcoming) "Subjectivism, Social Structures and the Possibility of Socio-Economic Order: The Case of Ludwig Lachmann, " *Journal of Economic Behavior and Organization.*

Lewontin, Richard (1974) "The Analysis of Variation and the Analysis of Causes, " *American Journal of Human Genetics* 26. Reprinted in Richard.

Levins and Richard Lewontin (1985) *The Dialectical Biologist.* Cambridge, MA: Harvard University Press, and in Ned Block (ed.) (1976) *The IQ Controversy.* New York: Pantheon.

    (1982) *Human Diversity.* New York: Scientific American Library.

    (2004) "Dishonesty in Science, " *New York Review of Books* 52.

Lindblom, Charles E. (1977) *Politics and Markets.* New York: Basic Books.

Lipset, Seymour Martin and Richard Hofstadter (eds.) (1968) *Sociology and History: Methods.* New York: Basic Books.

Littlechild, S. C. (1988) "Three Types of Market Process, " in Richard N. Langlois (ed.), *Economics as a Process: Essays in the New Institutional Economics.* Cambridge: Cambridge University Press.

Lorenz, Edward (1996) *The Essence of Chaos.* Washington: University of Washington Press.

Luhmann, Niklas (1997) "Limits of Steering, " *Theory, Culture and Society* 14, 1.

Lukes, Steven (1972) *Emile Durkheim: His Life and Work.* New York: Harper & Row.

Lynch, M. (1985) *Art and Artifact in Laboratory Science.* London: Routledge & Kegan Paul.

Lynch, M. , Livingston, E. and Garfinkel, H. (1983) "Temporal Order in Laboratory Life, " in C. Knorr and M. Mulkay (eds.), *Science Observed: Perspectives on the Social Study of Science.* Beverly Hills: Sage.

Mach, Ernst (1959) *The Analysis of Sensations.* New York: Dover.

Machamer, Peter, Darden, Lindley and Craver, Carl F. (2000) "Thinking about Mechanisms, " *Philosophy of Science* 67.

MacRaild, Donald M. and Taylor, Avram (2004) *Social Theory and Social History: Theory and History.* London: Palgrave Macmillan.

Mahoney, James (1999) "Nominal, Ordinal, and Narrative Appraisal in Macro-Causal

208

Analysis, ”*American Journal of Sociology* 104.

Mahoney, James, and Rueschemeyer, Dietrich (eds.) (2003) *Comparative Historical Analysis in the Social Sciences*. Cambridge: Cambridge University Press.

Mandel, E. (1986) "In Defense of Socialist Planning, ” *New Left Review* 159.

(1988) "The Myth of Market Socialism, ” *New Left Review* 179.

Manicas, Peter T. (ed.) (1977) *Logic As Philosophy*. New York: Van Nostrand.

(1981) "Review Essay of Skocpol, *States and Social Revolutions,* ” *History and Theory* 10.

(1987) *A History and Philosophy of the Social Sciences*. Oxford: Basil Blackwell.

(1989a) "Explanation and Quantification, ” in Barry Glassner and Jonathan Moreno (eds.), *The Qualitative–Quantitative Distinction in the Social Sciences*. Dordrecht: Kluwer.

(1989b) *War and Democracy*. Oxford: Basil Blackwell.

(1989c) "Comment on Burian, 'The Influence of the Evolutionary Paradigm, ' ” in Max Hecht (ed.), *Evolutionary Biology at the Crossroads*. Flushing, New York: Queens College Press.

(1992) "Nature and Culture, ” *Proceedings and Addresses of the American Philosophical Association* 66, 3, reprinted in John Ryder (ed.) (1994) *American Philosophical Naturalism*. Amherst, NY: Prometheus Books.

Manicas, Peter T. and Rosenberg, Alan (1985) "Naturalism, Epistemological Individualism and 'The Strong Programme' in the Sociology of Knowledge, ” *Journal for the Theory of Social Behavior* 15, 1.

(1988) "The Sociology of Scientific Knowledge: Can We Ever Get it Right?" *Journal for the Theory of Social Behavior* 18, 1.

Manicas, Peter T. and Secord, Paul (1984) "Implications of the New Philosophy of Science: A Topology for Psychology, ” *American Psychologist* 38, 4. http: //www. geocities. com/Athens/5476/ N_T_abs. htm.

Mann, Michael (1986) *The Sources of Social Power*. Cambridge: Cambridge University Press.

Margolis, Joseph, Manicas, Peter T. , Harré, Rom and Secord, Paul (1986) *Psychology: Designing the Discpline*. Oxford: Blackwell.

Marx, Karl (1970) *Capital, Vol 1*. London: Lawrence and Wishart.

Marx, Karl and Engels, F. (1956) *The Holy Family: A Critique of Critique*. Moscow: Foreign Language Publishing House.

Mauss, Marcel (2000) *The Gift: The Form and Reason for Exchange in Archaic Societies*. New York: W. W. Norton.

May, Tim *et al.* (2002) "Symposium: Rom Harré on Social Structure and Social Change, ” *European Journal of Social Theory* 5, 1.

McAdam, Doug, Tarrow, Sidney and Tilly, Charles (2001) *Dynamics of Contention*. Cambridge: Cambridge University Press.

McDonald, Terrance J. (ed.) (1996) *The Historic Turn in the Human Sciences*. Ann Arbor: University of Michigan Press.

McLean, Scott L. , Schultz, David A. and Steger, Manfred B. (eds.) (2002) *Social Capital: Critical Perspectives on Bowling Alone*. NewYork: NewYork University Press.

209

Mead, George Herbert (1967) *Mind, Self and Society*. Chicago: University of Chicago Press.

Merton. RobertK. (1957) *Social Theory and Social Structure*. Glencoe: Free Press.

Mills, C. Wright (1956) *The Power Elite*. New York: Oxford University Press.

(1959) *The Sociological Imagination*. Middlesex: Penguin.

Mirowski, Phillip (1991) "The When, the How and the Why of Mathematical Expression in the History of Economic Analysis, " *Journal of Economic Perspectives* 5, 1.

Mittleman, James H. (2000) *The Globalization Syndrome: Transformation and Resistance*. Princeton: Princeton University Press.

Moore, Barrington (1966) *Social Origins of Dictatorship and Democracy*. Boston: Beacon Press.

Morgan, John P. and Zimmer, Lynn (1997) "The Social Pharmacology of Smokeable Cocaine, " in Craig Reinerman and Harry Levine (eds.), *Crack in America: Demon Drugs and Social Justice*. Berkeley: University of California Press.

Mulkay, Michael (1985) *The Word and the World: Explorations in the Form of Sociological Analysis*. London: Allen & Unwin.

Murray, Martin (1998) *Methodological Approaches to Historical Inquiry*. Perseus Books.

Münch, Richard (1987) "Parsonian Theory Today: In Search of New Synthesis, " in Anthony Giddens and Jonathan Turner (eds.), *Social Theory Today*. Oxford: Basil Blackwell.

Nagel, Ernest (1961) *The Structure of Science*. New York: Harcourt Brace.

Nelson, Benjamin (1981) *On the Roads of Modernity*, ed. T. Huff. Totowa, NJ: Rowman and Littlefield.

North, Douglas C. (1981) *Structure and Change in Economic History*. New York: W. W. Norton.

(1990) *Institutions, Institutional Change and Economic Performance*. Cambridge: Cambridge University Press.

Nove, Alec （1989） "Socialism, Capitalism and the Soviet Experience, " in E. F. Paul *et al*. （eds. ）, *Socialism*. Oxford: Basil Blackwell.

Nussbaum, Martha and Glover, Jonathan (eds.) (1995) *Women, Culture and Development: A Study of Human Capabilities*. Oxford: Clarendon.

Ogbu, John (1978) *Minority Education and Caste: The American System in Cross-Cultural Comparison*. New York: Academic Press.

Olsen, Wendy and Morgan, Jane (forthcoming) "A Critical Epistemology of Analytic Statistics: Addressing the Sceptical Realist, " *Journal for the Theory of Social Behavior.*

Olson, Mancur (1971) *The Logic of Collective Action*. Cambridge, MA: Harvard University Press.

Outhwaite, William and Bottomore, Tom (1992) *Blackwell Dictionary of Social Thought*. Oxford: Basil Blackwell.

Oxenfeldt, Alfred R. (ed.) (1963) *Models of Markets*. New York: Columbia University Press.

Paige, Jeffrey M. (1999) "Conjuncture, Comparison and Conditional Theory in Macrosocial Inquiry, " *American Journal of Sociology* 105, 3.

Pareto, Wilfredo (1909) *Manual of Political Economy*. New York: Augustus M. Kelly.

(1935) *Mind and Society*, 4 vols. New York: Harcourt.

Parsons, Talcott [1937] (1968) *The Structure of Social Action*. New York: Free Press.

Passmore, John (1957) *A Hundred Years of Philosophy*. Harmondsworth: Penguin Books.

Pendergast, Christopher (1986) "Alfred Schütz and the Austrian School of Economics, " *American Journal of Sociology* 92, 1.

Pickering, Andrew (ed.) (1992) *Science as Practice and Culture*. Chicago: University of Chicago Press.

Pitelis, Christos (1991) *Market and Non-Market Hierarchies: Theory of Institutional Failure*. Oxford: Blackwell.

Polanyi, Karl (1971) *Primitive, Archaic, and Modern Economies: Essays of Karl Polanyi*. Boston: Beacon Press.

(1992) "The Economy as an Instituted Process, " in Mark Granovetter and Richard Swedberg (eds.), *The Sociology of Economic Life*. Boulder: Westview.

(2001) *The Great Transformation*. 2nd edition. Boston: Beacon Press.

Polanyi, Karl, Arensberg, C. M. and Pearson, H. W. (eds.) (1957) *Trade and Market in the Early Empires: Economies in History and Theory*. Glencoe: Free Press.

Pomeranz, Kenneth (2000) *The Great Divergence*. Princeton: Princeton University Press.

Porpora, Douglas (1989) "Four Concepts of Social Structure, " *Journal for the Theory of Social Behavior* 19, 2.

Posner, Richard A. (2004) *Catastrophe: Risk and Response*. New York: Oxford University Press.

Putnam, Robert D. (2000) *Bowling Alone*: *The Collapse and Revival of American Community*. New York: Simon & Schuster.

Quine, W. V. [1950] (1961) "Two Dogmas of Empiricism, " inW. V. Quine, *From a Logical Point of View*. New York: Harper Torch books, revised edition.

Ragin, Charles, and Zaret, David (1983) "Theory and Method in Comparative Research: Two Strategies, " *Social Forces* 61, 3.

Ravetz, Jerome (1971) *Scientific Knowledge and its Social Problems*. New York: Oxford University Press.

Rawls, John (1971) *A Theory of Justice*. Cambridge, MA: Harvard University Press.

Reinerman, Craig, and Levine, Harry (eds.) (1997) *Crack in America: Demon Drugs and Social Justice*. Berkeley: University of California Press.

Ridley, Matt (2003) *Nature Via Nurture: Genes, Experience and What Makes us Human*. New York: HarperCollins.

Ringer, Fritz (1989) "Causal Analysis in Historical Reasoning, " *History and Theory* 28.

(1997) *Max Weber's Methodology: The Unification of the Cultural and Social Sciences*. Cambridge, MA: Harvard University Press.

(2002) "Max Weber on Causal Analysis, Interpretation, and Comparison, " *History and Theory* 41.

Ritzer, George (2004) *The Globalization of Nothing*. Thousand Oaks: Pine Forge Press.

Robertson, Roland (1992) *Globalization: Social Theory and Global Culture*. London: Sage.

Robinson, Joan (1969) *The Economics of Imperfect Competition*. 2nd edition. London: Macmillan.

Rorty, Richard (1981) *Philosophy and the Mirror of Nature*. Princeton: Princeton University Press.

Rosaldo, R. (1989) *Culture and Truth: The Remaking of Social Analysis*. Boston: Beacon Press.

211

Rosenberg, Alex (2005) "Lessons from Biology for Philosophy of the Social Sciences, " *Philosophy of the Social Sciences* 35, 1.

Roth, Guenther and Schlucter, Wolfgang (1979) *Max Weber's Vision of History: Ethics and Methods.* Berkeley: University of California Press.

Rothstein, Richard (2004) "Must Schools Fail?" *New York Review of Books* 51.

Rotimi, Charles N. (2004) "Are Medical and Non-medical Uses of Large-scale, Genomic Markets Conflating Genetics and 'Race' ?" *Nature Genetics* 36, 11.

Ruben, David-Hillel (ed.) (1993) *Explanation.* Oxford: Oxford University Press.

Sahlins, Marshall (2004) *Apologies of Thucydides: Understanding History as Culture and Vice Versa.* Chicago: University of Chicago Press. (2005) *Stone Age Economics.* 2nd edition. London: Routledge.

Salmon, Wesley (1978)"Why Ask 'Why?' " Presidential Address. *American Philosophical Association* 51.

(1984) *Scientific Explanation and the Causal Structure of the World.* Princeton: Princeton University Press.

Samuelson, Paul (1947) *Foundations of Economic Analysis.* Cambridge, Mass.: Harvard University Press.

Sassen, Saskia (1999) *Globalization and Its Discontents: Essays on the New Mobility of People and Money.* New York: New Press.

Sawyer, R. Keith (2003) "The Mechanisms of Emergence, " *Philosophy of the Social Sciences* 34, 2.

Sayer, Andrew (1992) *Method in Social Science.* London: Routledge.

Sayer, Derek (1979) *Marx's Method: Ideology, Science and Critique in Capital.* Sussex: Harvester Press.

(1987) *The Violence of Abstraction.* Oxford: Basil Blackwell.

Schor, Juliet B. (1992) *The Overworked American.* New York: Basic Books.

(1999) *The Overspent American: Why We Want What We Don't Need.* New York: Perseus Books.

Schumpeter, Joseph A. (1954) *History of Economic Analysis.* New York: Oxford University Press.

Schütz, Alfred (1954) "Concept and Theory Formation in the Social Sciences, " *Journal of Philosophy* 51, 9.

(1970) *On Phenomenology and Social Relations*, ed. and introd. Helmut R. Wagner. Chicago: University of Chicago Press.

Scriven, Michael (1959) "Truisms as Ground for Historical Explanations, " in P. Gardiner (ed.), *Theories of History.* New York: Free Press.

(1962) "Explanations, Predictions and Laws, " in H. Feigl and G. Maxwell (eds.), *Minnesota Studies in the Philosophy of Science*, vol. 3. Minneapolis: University of Minnesota Press.

Searle, John R. (1983) *Intentionality: An Essay in the Philosophy of Mind.* New York: Cambridge University Press.

(1992) *The Rediscovery of Mind.* Cambridge, MA: MIT Press.

(1995) *The Construction of Social Reality.* New York: Free Press.

Sellars, Wilfred (1963) *Science, Perception and Reality.* London: Routledge & Kegan Paul.

Sen, Amartya K. (1977) "Rational Fools: A Critique of the Behavioral Foundations of Economic

212

Theory, " *Philosophy and Public Affairs* 6.

Sewell, William H. Jr. (1992) "A Theory of Structure: Duality, Agency and Transformation, " *American Journal of Sociology* 98, 1.

(1996) "Three Temporalities: Toward an Eventful Sociology, " in Terrance J. McDonald (ed.), *The Historic Turn in The Human Sciences*. Ann Arbor: University of Michigan Press.

Shelling, Thomas C. (1998) "Social Mechanisms and Social Dynamics, " in Peter Hedström and Richard Swedberg (eds.), *Social Mechanisms: An Analytical Approach to Social Theory*. Cambridge: Cambridge University Press.

Shonfield, Andrew (1965) *Modern Capitalism: The Changing Balance of Public and Private Power.* London: Oxford University Press.

Simon, Lawrence H. (1994) *Karl Marx: Selected Writings*. Indianapolis: Hackett.

Skocpol, Theda (1979) *States and Social Revolutions*. Cambridge: Cambridge University Press.

(1984) "Emerging Agendas and Recurring Strategies, " in Theda Skocpol (ed.), *Vision and Method in Historical Sociology*. Cambridge: Cambridge University Press.

(1994) *Social Revolutions in the Modern World*. Cambridge: Cambridge University Press.

Skocpol, Theda and Margaret Somers (1980) "The Uses of Comparative History in Macrosocial Inquiry. " *Comparative Studies in Society and History* 22.

Slater, Don and Tonkiss, Fran (2001) *Market Society: Markets and Modern Social Theory*. Oxford: Polity Press.

Smelzer, Neil (1964) "Towards a Theory of Modernization, " in A. Etzioni and E. Etzioni (eds.), *Social Change*. New York: Basic Books.

Smelzer, Neil and Swedberg, Richard (eds.) (1994) *The Handbook of Economic Sociology*. Princeton: Princeton University Press.

Smith, Charles W. (1989) *Auctions: The Social Construction of Value*. New York: Free Press.

(forthcoming) "Markets as Definitional Mechanisms: A Robust Alternative Sociological Paradigm. "

Smith, Dennis (1991) *The Rise of Historical Sociology*. Cambridge: Polity Press.

Solow, Robert (1980) "On Theories of Unemployment, " *American Economic Review* 70, 1.

Somers, Margaret (1998) " 'We're No Angels': Realism, Rational Choice, and Relationality in Social Science, " *American Journal of Sociology* 104, 3.

Steele, Claude (2004) *Young, Gifted, and Black: Promoting High Achievement Among African American Students*. Boston: Beacon Press.

Steger, Manfred B. (2005) *Globalism: Market Ideology Meets Terrorism*. 2nd edition. Lanham: Rowman and Littlefield.

Stewart, A. , Prandy K. and Blackburn, R. (1980) *Social Stratification and Occupations*. London: Macmillan.

Stiglitz, George (1994) *Whither Socialism*. Cambridge, MA: MIT Press.

(2002) *Globalization and Its Discontents*. New York: W. W. Norton.

Stinchcombe, Arthur (1978) *Theoretical Models in Social History*. New York: Academic Press.

(1983) *Economic Sociology*. New York: Academic Press.

(1998) "Monopolistic Competition as a Mechanism, " in Peter Hedström and Richard Swedberg (eds.), *Social Mechanisms: An Analytical Approach to Social Theory*. Cambridge: Cambridge University Press.

Suppe, Frederick (1977) *The Structure of Scientific Theory*. 2nd edition. Urbana, IL: University of Illinois Press.

Swedburg, Richard (1993) *Explorations in Economic Sociology*. New York: Sage.

Tawney, R. H. [1912] (1998) *Religion and the Rise of Capitalism*. New Brunswick, NJ: Transaction Books.

Thomas, Scott L. (2004) "Globalization, College Participation, and Socioeconomic Mobility, " in Jaishree K. Odin and Peter T. Manicas (eds.), *Globalization and Higher Education*. Honolulu: University of Hawai' i Press.

Thompson, E. P. (1978) *The Poverty of Theory and Other Essays*. London: Merlin Press.

Thurow, Lester (1983) *Dangerous Currents*. New York: Random House.

Ticktin, Hillel (1992) *Origins of the Crisis in the USSR*. Armon, New York: M. E. Sharpe.

Tilly, Charles (1982) *As Sociology Meets History*. New York: Academic Press.

(1984) *Big Structures, Large Processes, Huge Comparisons*. New York: Russell Sage.

(1992) "Coercion, Capital and European States, " in Craig Calhoun *et al.* (eds.), *Contemporary Social Theory*. Oxford: Basil Blackwell.

(1995) "To Explain Political Processes, " *American Journal of Sociology* 100, 6.

(1997) *Roads From Past to Future*. Lanham: Rowman and Littlefield.

(2001) "Mechanisms in Political Processes, " *Annual Review of Political Science* 4.

Tilly, Chris and Tilly, Charles (1997) *Work Under Capitalism*. Boulder: Westview.

Tobin, James (1972) "Inflation and Unemployment, " *American Economics Review* 62.

Toulmin, Stephen (1953) *The Philosophy of Science*. New York: Harper & Row.

(1961) *Foresight and Understanding*. New York: Harper and Row.

Turner, Jonathan H. (1987) "Analytical Theorizing, " in Anthony Giddens and Jonathan Turner (eds.), *Social Theory Today*. Oxford: Basil Blackwell.

Varela, Charles, and Harré, Rom (1996) "Conflicting Varieties of Realism: Causal Powers and The Problem of Social Structure, " *Journal for the Theory of Social Behavior* 26, 3.

Voegelin, Eric [1933] (2000) *Race and State*. Baton Rouge: Louisiana State University Press.

Wagner, Helmut (1983) *Alfred Schütz: An Intellectual Biography*. Chicago: University of Chicago Press.

Wagner, Peter, Wittrock, Bjorn and Whitely, Richard (eds.) (1991) *Discourses on Society: The Shaping of the Social Science Disciplines*. Dordrecht: KluwerAcademic Publishers.

Wallace, William A. (1974) *Causality and Scientific Explanation*, 2 vols. Ann Arbor: University of Michigan Press.

Wallerstein, Emmanuel (1974) *The Modern World System: Capitalist Agriculture and the Origins of the European World*. New York: Academic Press.

Weber, Max (1949) " 'Objectivity' in Social Science, " in Max Weber, *On the Methodology of the Social* Sciences. New York: Free Press.

214

(1958) *The Protestant Ethic and the Spirit of Capitalism*. New York: Charles Scribner's Sons.

(1968) *Economy and Society*, ed. Guenther Roth, 3 vols. New York: Bedminster Press.

(1975) *Roscher und Kneis*, trans. Guy Oakes. New York: Free Press.

(2003) *General Economic History*. New York: Dover.

Weiss, Paul A. (1968) *Dynamics of Development: Experiments and Inferences*. New York: Academic Press.

(1971) *Hierarchically Organized Systems in Theory and Practice*. New York: Hafner.

(1972) *Order and Understanding: Three Variations on a Common Theme*. Austin, TX: University of Texas Press.

Whitfield, Keith E. and McClearn, Gerald (2005) "Genes, Environment and Race: Quantitative Genetic Approaches, " *American Psychologist* 60, 1.

Wight, Colin (2003) "Theorizing Mechanisms of Conceptual and Semiotic Space, " *Philosophy of the Social Sciences* 34, 2.

Williams, Malcolm (2005) "Situated Objectivity, " *Journal for the Theory of Social Behavior* 35, 1.

Williams, Terry (1989) *The Cocaine Kids: The Inside Story of a Teenage Drug Ring*. New York: Addison-Wesley.

Willis, Paul E. (1981) *Learning to Labor: How Working Class Kids Get Working Class Jobs*. Morningside Edition: Columbia University Press.

Wimsatt, W. C. (1976a) "Reductionism, Levels of Organization and the Mind Body Problem, " in G. G. Globas, *et al.* (eds.), *Consciousness and the Brain: A Scientific and Philosophical Inquiry*. New York: Plenum Press.

(1976b) "Complexity and Organization, " in Marjorie Grene and E. Mendelsohn (eds.), *Topics in the Philosophy of Biology*. Dordrecht, Holland: Reidel vol. 27, Boston Studies in the Philosophy of Science.

Woodward, James (1984) "A Theory of Singular Causal Explanation, " *Erkenntnis* 21. Quoted from the reprint in David-Hillel Ruben (ed.), *Explanation*. Oxford: Oxford University Press.

Woolgar, Steve (ed.) (1988) *Knowledge and Reflexivity: New Frontiers in the Sociology of Knowledge*. Beverly Hills: Sage.

Zafiroski, Milan (2003) *Market and Society: Two Theoretical Frameworks*. New York: Praeger.

Ziliak, Stephen T. and McCloskey, Deirdre N. (2004) "Size Matters: The Standard Error of Regressions in the *American Economic Review*, " *Economic Journal Watch* 1, 2.

215

216

索 引

（数字为原书页码）